公共课堂书系

特级教师开课啦

上海市特级教师特级校长联谊会
上海图书馆　　　　编
解放日报

序 一

为了更公平而有质量的教育

教育是奠基未来的事业,随着信息技术的迅猛发展和日益普及,万物互联、大数据、人工智能、新材料、生物医药等发展建构着新的社会生态。社会在发展,时代在变化,理念在更新,方法在迭代,亘古不变的是教育的规律。新时代对人才新的标准正推动教育的深刻变革,构建一个灵活、多样、开放、终身的现代教育体系,"努力让每个孩子都能享有公平而有质量的教育"不仅是广大教育工作者孜孜以求的目标,更是整个社会的共同愿景。

习近平总书记在党的十九大报告中指出,"推进教育公平""努力让每个孩子都能享有公平而有质量的教育"。最近,基础教育领域接连出台的《关于新时代推进普通高中育人方式改革的指导意见》《关于深化教育教学改革全面提高义务教育质量的意见》以及《关于学前教育深化改革规范发展的若干意见》等一系列重要文件,都在更高制度层面上既关注教育资源的优质均衡,更致力于育人理念和模式的变革,积极推动以人为本、大规模因材施教的实施和落地,教育公平也得到了越来越好地实现。

在新时代,我们需要更进一步理解"教育公平"的内涵。教育公平是社会公平的重要基础。传统意义上的教育公平必然应具有新的内容,形成目标更高、要求更高、标准更高的教育公平观——更加公平而有质量的教育是为每一个学生提供最适合的教育,也就是让每个孩子在最有天资、最感兴趣的领域,以最适合的学习方式、最正确的方法,实现个人的也是对社会的最大价值! 新的教育公平是使孩子拥有独创性与个性化的学习经历,允许孩子有个性化的学习方式,并促成他们的终身学习和可持续发展。提升教育的适应性与多样性,这也是实现"高质量的教育公平"的路径创新。

上海的教育体系,得益于国际化、外向型的城市发展,一直处在中国教育改革的前沿。在OECD组织的国际学生评估项目(PISA)中,上海学生的表现名列前茅,实现了优质高效均衡。上海学校体系的另一个关键特征是高质量的教师培养,连续两次的教师教学国际调查(TALIS)中,以初中教师为代表的上海教师群体在各项指标中都表现优异。这些都让我们更有耐心去思考和探索,从优秀教师的脱颖而出,到高层次教师的培养的专业机制的基础上,如何让已经形成了各自独特的教学风格的、高层次、复合型的教师代表——上海市特级教师,将其先进的教育理念、扎实的专业知识、深厚的教育情怀向更大范围辐射?由上海市教育委员会、解放日报、上海图书馆主办,上海市特级教师特级校长联谊会、上海教育新闻中心承办的"特级教师开课啦"系列讲座,是让特级们从学校里"走"出来,将他们的理念向大众有效传播的一次尝试,也正是我们从"教育公平"新内涵出发,做出的一次崭新尝试。

汇聚优质教育资源,传播先进教育理念,是"特级教师开课啦"系列讲座的初衷。特级教师走出学校大门,走进公共图书馆,首先实现的是优质教育资源的共享。特级教师不仅对本专业有着深刻而独特的理解,而且教育教学技能趋于炉火纯青。广大学生、家长和青年教师在系列讲座中,可以领略他们的学养和胸襟,这是不可多得的宝贵机会。

特级教师营造的"公共课堂",有效实现了先进教育理念的共享。面对"教育焦虑"心态,"抢学""抢教"的现象,特级教师们为我们带来了一股强劲的清风,可以吹散焦虑的雾霾。无论是"护长容短",还是"人生教育与君子养成",强调的都是教育的育人本质,都是对"人"本身价值的尊重与回归。

特级教师群体先进的教育理念,帮助家长"了解孩子的认知规律","从陪读走向陪伴",注重学生的心灵成长与德性的发展,"帮助孩子成为最好的自己","鼓励孩子勇敢地做自信的自己",这是对孩子个性化和多样性的极大肯定,也是对教育功利化的深刻反思。

这样的声音,对于推进全社会关注学生的身心健康成长,关注学生的理想信念的培养,关注良好习惯的养成,聚焦孩子面向未来的必备品格和关键能力的培养,指向孩子全面而有个性的发展,将有着积极的影响。无论校内校外,还是体制内外,多元主体、多样需求能在求同存异中把握规律、实现健康发展,这是我们肩负的重要使命。

建设"更公平而有质量的教育",我们将不断努力。

上海市教育委员会副主任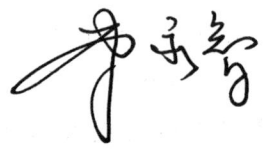

序 二

走进上海的城市教室

讲座服务是图书馆开展社会教育工作最重要的方式之一。"上图讲座"一直致力于为广大市民和求知者开拓获取知识与信息的渠道，搭建专家、学者与普通大众广泛交流的平台。"上图讲座"每年吸引和汇聚200多位海内外名家、学者，"停靠"在上海图书馆这座文献资源的"大码头"。"上图讲座"紧扣时代脉搏，已成为深受公众好评的"城市教室"和"市民课堂"。

关切社会文化需求是上图讲座永恒的宗旨。每年的4、5月份，对上海的学子和家长来讲，是一段焦躁难耐的日子，因为临近紧张的考试季，意味着总有一些孩子要接受学业上的阶段性检验，这牵动着家长、牵动着家庭；而每年的9、10月份，对于许多家庭来讲，同样有着一份不安、迷茫和无助，因为进入崭新的开学季，面对新的学习环境和学习要求，不是每个孩子都能应对自如。于是自2015年起，每年在学生和家长最需要的时候，上海图书馆开设"特级教师开课啦"系列讲座，由上海市教育委员会、解放日报和上海图书馆共同主办。

五年来，"特级教师开课啦"系列讲座为一批批公众带来了有益的指导，践行了"汇聚优质教育资源、传播先进教育理念"的初心。优秀的特级教师和校长代表了当下上海教育的最高水准，他们参与到本系列讲座中，为听众带来了30多场讲座活动。丰富的内容，多样的主题收获了老师、家长与学生的一致好评。讲座效果出乎意外的好，700人的报告厅常常座无虚席。听众有的是上海本地的，也有从长三角地区专程赶过来的；有莘莘学子，也有耄耋老人；有正在伴读的家长，也有教育工作者。教育家陶行知先生说过："教活书，活教书，教书活"，上海图书馆是一座社会大课堂，每当一位特级教师或特级校长在上海图书馆的讲台上开讲的时候，传递给人们的是这样的信息：任何教育都是一种人文精神的活动，一切教育规律最深刻的基础总是思想和智慧。

面对公众日益增长的、对教育本质和规律的认识需求，"上图讲座"承载着沉甸甸的关注和期待，肩负着为教育者和受教育者架起桥梁的时代责任。"上图讲座"将继续携手专业教育机构，携手优秀的教育工作者，继续打造"教育大课堂"，帮助社会公众体验教育文化的内涵，理解深远的教育追求，让每一个孩子的成长能伴随有益的指导，让每一个家庭能顺利达到预设的教育目标。

感谢所有对"特级教师开课啦"系列讲座给予无私奉献和支持的领导和老师们，感谢上海图书馆工作团队的精致服务。

上海图书馆副馆长 何毅

序 三

在循循善诱的引导中,履行媒体应尽的社会责任

教育关乎百姓的切身利益。随着生活水平的不断提高,百姓对教育的需求不断提高,教育问题日益成为全社会的关注焦点之一。每年全国和地方"两会",教育领域的话题都是最多的。2016年7月,上海社会科学院发布的一项民生民意调查报告显示,11.1%的上海市民为子女择校特意购买"学区房",逾六成上海家庭子女教育消费占家庭收入比例超过15%,这与高收入家庭经济基础更佳、低收入家庭借助教育改变子女前途的意愿更强烈有关。在这种趋势下,教育新闻也逐渐成为各媒体关注的一大热点。眼下,教育方面的信息来源芜杂,真假难辨,引发舆情的沸点很低,稍有不慎,就可能加剧家长的焦虑情绪。

作为上海市委机关报,《解放日报》在融合转型的过程中,如何履行主流媒体的社会责任和担当?2015年,上海市教育委员会、解放日报、上海图书馆三家单位联合举办"特级教师开课啦"系列公益讲座,与学生、家长和教师共同直面教育和成长中的焦点问题,为社会大众提供专业、权威、持续的公益服务。

特级教师是一群最优秀的教育工作者,业务出色,在教书育人上展现了高水准。在一部分特级教师逐渐走上教育管理岗位后,社会上可能存有认识误区:特级教师是否渐渐远离了三尺讲台?上海特级教师、特级校长中的四分之一左右身挑管理工作重任,大部分仍耕耘在教学一线,没有离开三尺讲台。虽然特级教师群体本身不大,但从某种程度上说,他们集中展示了申城优秀教师的魅力、才艺和修养。

特级教师、特级校长的讲座到底有何不同?当复旦附中语文特级教师、复旦五浦汇实验学校校长黄玉峰主讲"人生教育与君子养成"时,在现场观众中,一位来自宁波的小学生独自一人提着拉杆箱,乘坐3个半小时的长途汽车,提前1个多小时赶来。上海市实验幼儿园的年轻幼儿教师,每逢学前教育特级教师讲座,场场必听。不少幼儿教师说,特级教师的讲座就是不一样。"不局限于单一学科,更

多从学习方法入手来阐述，即使涉及学科，也侧重于分析方法。"不少学生这样说。

不同于社会培训机构的讲座，近五年来，"特级教师开课啦"系列公益讲座完全不收费，也没有任何营销行为，纯属公益性质。每到招生季、考试季和开学季，总有学生、家长和老师一到周五晚上，就相约来到上海图书馆，聆听特级教师、特级校长的公益讲座。各学段的特级教师、特级校长们，将自己最深切的教育领悟向大众娓娓道来，给学生、家长和老师启发和引导，也解开了他们成长和教育过程中的诸多疑惑。

特级教师们的讲座，从学前教育覆盖到高中学段，并非简单的应试指导，除了学习方法，更注重引导家长的教育理念。"好习惯让孩子一生受益""从陪读走向陪伴""如何让孩子成为最好的自己"等多场公益讲座，不约而同地传递出"教育不能太功利，欲速则不达"的育人观。在特级教师、特级校长的循循善诱中，家长和学生都受益匪浅。

作为一项为社会大众提供专业权威教育服务的公益活动，"特级教师开课啦"系列公益讲座近五年来连续举办了近40场，向全社会展示了特级教师、特级校长的讲台风采，传递了先进教育理念，让大众感受到特级教师、特级校长"接地气"的专业魅力。2019年，"特级教师开课啦"系列公益讲座还增至10场。在台上，更多特级教师拿出"绝活"，加强互动性，公益讲座人气火爆，频频加座。

特级教师、特级校长们的讲台魅力，通过报纸、APP客户端、微信公众号等多种传播渠道，以文字、音频等多种形式，全方位地免费传播，毫无保留地向社会大众传递其教育理念的精髓，打造特级教师公益品牌栏目。服务民生需求，弘扬师德师风，传播先进理念，"特级教师开课啦"系列公益讲座已写入《解放日报》社会责任报告。解放日报·上观新闻在推进媒体深度融合改革中，将不断履行社会责任，打造服务民生品牌，提升传播力、引导力、影响力、公信力。特级教师系列公益讲座将持续下去，以全媒体形式传播，将最宝贵的先进教育理念与公众分享，将优质教育资源辐射更多人群，纾解家长的焦虑情绪，彰显媒体服务民生的社会责任。

解放日报·上观新闻城事频道总监 王仁维

目 录

幼儿是这样学习的　　　应彩云　　　　　　　　　　　...1
"玩"是孩子主要的学习方式　　　高一敏　　　　　　　...12
好习惯,让孩子一生受益　　　黄　琼　　　　　　　　...26
用欣赏的眼光看孩子玩　　　郑惠萍　　　　　　　　　...34
读懂宝贝　智慧育儿　　　茅红美　　　　　　　　　　...49

从陪读到陪伴　　　陈珏玉　　　　　　　　　　　　　...59
作文,爱你并不难　　　高永娟　　　　　　　　　　　...72
多读书,会读书,读好书,人生不会输　　　王莉韵　　　...90
童梦,指引一生　　　杨　荣　　　　　　　　　　　　...105

家有考生　成功助考　　　杨敏毅　　　　　　　　　　...115
家庭,孩子青春远航的港湾　　　戴耀红　　　　　　　...127
人生教育与君子养成　　　黄玉峰　　　　　　　　　　...138
做能听会说的家长　　　戴耀红　　　　　　　　　　　...151
护长容短,让每一个学生成为有用之才　　　徐　红　　...165

了解孩子的认知规律　　　张人利　　　　　　　　　...175

拥抱吧！美好的青春期,生命中的春天　　　陈镇虎　　　...186

君子不器　赢得未来　　　谭轶斌　　　　　　　　　...198

鼓励孩子,勇敢地做唯一的自己　　　张志敏　　　　　...210

怎样不怕写作文　　　黄荣华　　　　　　　　　　　...222

英语阅读理解,"树木"如何成"林"　　　徐子祥　　　...236

物理学习:让你脑洞大开,感受理性的力量　　　袁　芳　...256

在文化行走中成长　　　何美龙　　　　　　　　　　...271

从化学思维开始学好化学　　　陈　寅　　　　　　　...283

感性与理性:数学之美　　　恽敏霞　　　　　　　　...297

在语言文字里感受生活　　　郑朝晖　　　　　　　　...305

知美会美,让你的未来人生更精彩　　　赵其坤　　　　...315

不一样的英语学习体验　　　金　怡　　　　　　　　...326

后记　淮海西路上的公共课堂　　　孙　鸿　　　　　...336

主题介绍

　　怎样的学习,才是适合学龄前孩子的?学龄前孩子的学习,都是为了迎合当前生活和成长需要。他们的思维特征是直觉的,生活给了孩子无限的学习机会,我们要让孩子在生活中学习。

　　应彩云,1983年7月参加学前教育工作。上海市学前教育特级教师,正高级教师。毕业于华东师范大学。现任本溪路幼儿园副园长。2006年至今担任上海市普教系统名师基地主持人。荣获上海市劳模,上海市拔尖人才,建国60年"杰出女教师",2016年中组部"万人计划"中国教育名师等称号。教学中,逐步凸显"在生活中教育,在情景中教学"的教学特色,初步形成"成全个体,顺势成长"的教育思想。担任上海"二期课改"等不同地区的课程编委,并著有《孩子是天我是云》《云淡风轻》《在墙面环境中学习》等,主编《情景阅读》,现为《上海托幼》的专栏作者。

幼儿是这样学习的

应彩云

扫码听讲座

当一个孩子降临到我们身边,我们在感到幸福的同时,也非常兴奋地期待着,如果这个孩子能延续我们已有的优秀,甚至可以实现我们没能实现的梦想,那就太好了。孩子就带着厚厚的期望,人生的起跑线越来越前移。

前一阵子,我的朋友说:暑期就要到了,要不要带孩子上早教课? 我说:暑假你自己陪他就行了。他说:"那早教班2万块,肯定是有道理的。"他对自己不太相信。"你看,让孩子早一点接触总是没错的。"这是我们经常听到的一句话。

在我们日常生活中,孩子经常参与没有赛场的比赛。我曾经碰到一个孩子,三岁来上幼儿园,他的外婆告诉我:我们家孩子已经会写3500个字了。中午吃饭,结果发现这孩子不会拿勺子。我就问他:"宝贝,你在家怎么吃饭?"孩子说:"大人喂的。"他的外婆说:"不会吃饭没关系,我们可以喂他,不会写字就有关系了。孩子在我们小区,是被叫作'秀才'的。"一声"秀才",到底是孩子的骄傲,还是大人的虚荣?

孩子是水,你把他放在鱼缸里,还是小河里,还是大海里,完全是家长的教养行为了。可是我们成人,经常把孩子当容器,往里填自己想要的东西,因为我们觉得他们是不懂的。其实只要是容器,容积就是有限的。我见过一个大班的女孩,可以背出《弟子规》和《三字经》。可是当我带着大班的孩子一起捉迷藏时,这个女孩子,站在一根旗杆后面,说:"我已经躲好了。"要知道,这种行为是1—2岁孩子才会有的。当这个六岁的孩子,心里灌满了成人要给她的东西时,其他的就发展不正常了。

一、在适合孩子发展特征中学习

要知道,我们的孩子还小,他们刚刚来到这个世界上。他们的任务,不是来改造这个世界,他当下的任务,是如何适应这个社会和生活。所以,学龄前孩子的学习,都是为了迎合当前生活和成长需要的。有人说,我们早点接触没关系吧,让他背出来,背熟了也是好的。对吗?

我经常能接触到全国很多地方的孩子。有一次,我到了一所高校附属的幼儿园里,要带着5—6岁的孩子上课。幼儿园的园长和老师告诉我,这个班的特色是算术。我在上课时,需要孩子在合作中玩耍。我对他们说:"请你去找三个朋友一起。"我看他们很迷惑,于是我就问:"孩子们,你去找三个朋友一起,一共是几个人?"他们回答:"三个朋友。"我又把这个问题重复了一遍,他们回答:"两个朋友。"我直接问:"3+1等于几?"他们很快就回答:"4。"这些孩子就是把算式背出来的。

家长有没有想过,学算术是为了什么?最终是指导生活的,带着数学思维和数学精神指导生活,这才是最高的境界。目前在幼小衔接过程中,大家觉得教加减法还不够,还要教乘法口诀。有个孩子乘法口诀相当熟练。有次班主任在收钱,有四张5元钱从讲台上飘落了下来。这个孩子很热情地帮老师捡了起来。我趁机问他:"你们何老师丢了多少钱?"他说:"5元。"我说:"有好几张呢。"他说:"6元吧。"我摇摇头,他说:"7元啊。"这时候旁边另外一个孩子说:"20元啊。因为5加5等于10,5加5等于10,10加10等于20。"家长觉得有点丢脸,说:"你不是乘法很老练的吗?4乘5得多少?"这个孩子说:"4乘5得20。"

刚刚我在跟我们小学的特级教师聊天,这些孩子,大概在一年级的时候,读书会不错,因为乘法口诀背得很溜,可是一旦应用题出现,富有生活意义的命题一出现,他大概就不会了。到底怎样的孩子是聪明的?我们要培养的是怎样的孩子?

我们的孩子还小,他们的思维特征是直觉的,所以生活中的学习,因为理解了、有经验了、经历了,更容易被他们掌握、运用,最终更容易记忆。所以,生活给了孩子无限的学习机会。我们要让孩子在生活中学习。

二、在关注生活事件中学习

要知道,孩子就是家庭的产物,尤其是学龄前的孩子。学前教育中,家庭教育要比幼儿园教育有效得多。在我们行业内,有这样的说法:5是小于2的。我们要让孩子介入家庭生活。有的家长认为,小孩子很麻烦,要知道,这样会让孩子丧失很多学习的机会,却硬生生地把他拉到另一个课堂里头,去坐在那里学习。

日常的幼儿园里,也会模拟一些孩子生活的世界,让孩子来学习。这样的学习,远远超过了坐在那里学算术。曾经有一位家长,是同济大学的教授,他跑来问我:"应老师,你从来不教孩子算术的,这样小孩的算术不会不好吗?"后来我邀请他来听我的课,让他看一看,我教的孩子他们不做数学题,但对于数的理解和发展到什么程度。那天我们去了屈臣氏和华联超市,让孩子们比较四件商品在哪个超市的价格更便宜。一群孩子拿着画好的表格冲进超市,对于物品分类很清晰的小朋友,能快速、准确地找到柜台并找出商品写下价格,而不懂物品分类的孩子,他们选择询问他人,在服务人员的指引下找到商品柜台快速写下价格。任务完成后,大家坐在一起讨论哪个超市商品的价格更便宜。讨论发现,健达巧克力在屈臣氏的价格为 8.5 元,在华联超市的价格为 20 元,对于相差如此之大的价格大家都很好奇。慢慢地,有小朋友发现 8.5 元的巧克力只有一条,20 元的巧克力有三条,那哪个超市的巧克力更便宜呢?有小朋友通过扳手指算出 $8+8+8=24$,大于 20,得出结论:华联超市的巧克力更便宜。

至此我们可以发现,孩子对于数字的玩来玩去、掂量来掂量去已经远远超过我们认为课程里要学的加减。这不仅培养了孩子独立生活的能力,也让孩子感知了生活中的数学,这些生活中的数学是生动的,对孩子日后学科概念、规律学习都起到理解和促进作用。我们要让孩子介入我们的家庭生活中,让他们在家庭中学习。家庭生活中无时无刻不存在着教育,这些教育可以让孩子获得很多。

我们幼儿园有位老师的孩子叫牛牛,这个小家伙每天喝奶粉冲的牛奶。一天,我对他妈妈说:"你可不可以让牛牛自己来做这件事,我不相信他会一直把水洒出来。"实践结果,他只洒过一次水,之后再也没有洒过,并且他知道一勺奶粉兑多少水最好喝。这个过程中难道没有数学吗?除此之外,牛牛还有生活的动手能力,心灵手巧。在家里牛牛的房间很乱,外婆每次都抢着帮他收拾干净,但只要外婆不在,牛牛就会自己整理房间。有的大人认为小孩子很辛苦,不应该让他们劳其筋骨。家里的小乌龟,都是牛牛自己洗的。在洗小乌龟的时候,他慢慢与小乌龟建立了感情,这种感情是 100 次说教都积攒不起来的。我们要让孩子慢慢地、独自地和小动物、周围的事物接触,建立感情。在关注生活事件中,让孩子参与家庭生活就行,虽然我们有时觉得孩子会添麻烦,但他们不会一直都是麻烦的,但如果不让他们参与家庭生活,那么那个"麻烦"就会一直延续下去。

三、在解决玩耍的矛盾中学习

孩子是喜欢玩的,人生有不同的阶段,什么阶段干什么事。他们在玩中会有矛盾出现,而解决矛盾会让孩子学习和发展。

我们班小朋友原来在玩游戏时有"饭店"和"超市",但由于"饭店"生意不大好,他们就画了星巴克的标志贴在那,买的人除了要咖啡之外,还有想要草莓卷的。我问小朋友有草莓卷吗?有个男孩说星巴克里没有草莓卷,女孩甜甜说没关系,你等五分钟再来。一会她就拿了三张粉红色的手工纸,让闲晃的小康帮忙卷起来用胶水黏住,剪成圆形。小康卷好后跑去给甜甜,甜甜说:"这就是我们星巴克要的草莓卷,等会我要把它卖掉。"小康来劲了:"哦?你要卖出去的,那我也要卖给你,4块钱一个。"甜甜对我说:"应老师,我们有草莓卷了,8元一个。"我买后转悠了几圈听到甜甜在吆喝:"草莓卷6元一个。"我问甜甜:"你刚才卖我8元,现在怎么便宜了呢?"甜甜说:"8元嘛,生意不大好,没人来买,我就卖6元了。"我说:"卖6元你不就吃亏了吗?"她跟我说:"应老师,我刚刚是4元买来的,卖8元我能赚4元,卖不出去我就1元都赚不了,卖6元的话我还能赚2元。"瞧!将来她的数学一定会很好。

甜甜喜欢开店赚钱,第二天她拿了许多手工纸在花坛边上做花,她在旁边画了一个头戴花的小女孩,告诉大家我这是花店,大家来买花。我跑过去问她:"好像没有人来买花,你今天是谁呀?"她突然告诉我说:"我是彭丽媛。"我问她:"彭丽媛今天跑来卖花吗?有人买吗?"她说:"我觉得我说我是彭丽媛会有人来买的,但是没人来买。"后来我跟她说:"彭丽媛有个全世界人都知道的本事,唱歌很好听,所以想想看,你的花怎么才能卖出去。"我还没走开,她就拉住我让我教她一句彭丽媛的歌,我就教了她《希望的田野》的第一句,她就把这句歌反反复复地唱,唱到后来人家就去买花了。

孩子在玩耍当中,就开始学习了,学习数学,也学习交往,学习韵律,也学习对人的认知、对自然的认知和与人交往的技能。这个年龄段的孩子,玩是他天大的事。在玩中,我们可以寻找到很多成人教育的机会,孩子成长的机会。所以一定不要让孩子忽略了玩耍,要让他们在玩中慢慢地发展。

四、在满足孩子成长的需要当中学习

每个孩子都渴望自己长大,我们可以在满足孩子成长的需要当中促进他们学习,让他们学习得更丰富,更有效率。

幼儿园的5、6月份是毕业的季节,这个季节我们要进行幼小衔接教育,家长们都很关心,还有一件事情家长们也很关心,就是孩子们要开始参加毕业典礼。一般老师的做法就是排练两个节目在毕业典礼上演出。

前几年,我给我班级的小朋友排练了集体舞和童话剧两个节目。首先我们排练的是集体舞,集体舞是分开跳的,女孩子们喜欢跳舞,都不遗余力地跳着,练完以后,我要求男孩子也跟着音乐来一遍。我记得那首歌是《好大一棵树》,意义是孩子们感谢幼儿园老师的培育。

这群男孩跟着音乐跳了一遍之后,一个男孩突然站起来对我说:"应老师,这个舞蹈我不想跳了。"我询问他不想跳的原因,他说:"你看,我们男孩子不是蹲在地上摇摇手,就是站在旁边摇摇手,很没劲的。人家女孩子就一直站在台中间跳。"我说:"哎呀,男孩嘛,你们跳舞的动作本来就没有人家女孩好看。"一个男孩说:"才不是呢,方俊就是男的,跳舞就是跳得很好的。"我说:"你怎么能和方俊比呀,人家是舞蹈家啊!"另外一个男孩说了一句让我哑口无言的话:"方俊跳得那么好,那是因为他跳的是男人的动作,你教我们的是女人的动作。"我就问:"你们到底想干什么?"他们说:"我们要跳男人的舞。"有一个男孩子提出建议:"我们武打吧。"我马上装傻,表示那些打打闹闹的动作不会。那群男孩子对我说:"你不用会的,你只需要给我们提供武打的音乐就行。"后来我就给他们找了《中国功夫》的音乐。那些男孩回复我:"这个事情你就别管了,你也不会嘛。可是我们什么时间排练呢?你要给我们时间。""好,每天半小时够不够?""差不多吧,好。"这些男孩不想演老师教的舞蹈,引发了全班所有小朋友都不想演老师规定的节目。

我很受挫,问大家到底想干什么,他们说:"我们大家来投票。"我拿了一张纸贴在墙上:"给你们一天的时间,想想你们想要演什么。"孩子们各自趴在墙上,画着记着,记着自己想要演的节目。

第二天,大家只是用了10分钟的时间,就通过数数来统计出大家最想演的几个节目,其中一个就是《中国功夫》,另外一个他们组成了乐队。我说:"你们分成两个演出的团队,你们自己去排练。"小孩子的学习热情是被自己点燃的,接下来他们真不要你管。演《中国功夫》的这群孩子,他们把动作用简笔画记在纸上。下午,我就拿到了四张纸,上面画着简笔画的舞蹈动作。我帮他们把动作归了类,放在一张大的纸上,然后给了他们音乐。他们只用了两天半时间就可以彩排了。那天我看到孩子们的动作有模有样,我就问:"孩子们,你们准备用什么样的队形表演?"这群男孩愣头愣脑对我说:"广播操队形。"我给了他们一些建议,比如三角形、梅花形,他们就照着这个队伍练。

另外一队乐队组,刚开始他们为演出什么曲目而烦恼,最后他们决定演《小星星》。我问他们为什么演《小星星》,他们说:"我们6个人中有5个会演奏这首曲子,只有一个人不会,这样比较方便。否则,其他的就更难了。"

第二天,家长就把古筝带来了,我就把它架在钢琴边上,那个男孩在那嘀嘀咕咕地抱怨:"妈妈都说了,古筝搬来搬去很麻烦的,它的音是要走调的。"旁边一个拉小提琴的小朋友说:"你不用再说了,你古筝是不方便搬,人家钢琴是不能搬。所以你别说了,就到这里来。"孩子们很守时,就排练半个小时。我们教室里的钢琴不太好听,他们要到舞蹈房的钢琴室排练,于是他们要自律、要安全。终于他们有了自己想要的毕业典礼的节目。最后,连演出服装的选择都是大家举手表决统计出来的。

在满足孩子成长的需要中学习,孩子的学习内容、学习热情和学习效率远远超过我们的想象。生活是丰富多彩的,我们要让孩子在探索好奇的世界中学习。在这过程中,未必是要让孩子学到什么知识,掌握什么技能,我觉得最主要的是保持孩子对整个世界的想象力。要知道,一个人是否拥有想象力,人生是完全不同的。孩子天生是有想象力的,我们只要不抹杀了就好,我们要保持他们对世界的好奇。

我们幼儿园有一名老师,怀上宝宝以后反应很厉害,前后完全两个人,原来胃口很好,现在吃什么吐什么。这群孩子很好奇,就跑来问我:"应老师,媛媛老师为什么吃什么吐什么,原来吃一整块肉都不吐的。"我说:"因为她肚子里有了宝宝。"一群女孩子不是很明白,为什么肚子里有了宝宝就吃什么吐什么。她们就跑去对媛媛老师说:"你平时吃东西要嚼得细一点,嚼得太粗宝宝咽不下去就吐出来了。"

接着,我就带领感兴趣的小朋友去认识,吃下去的东西到哪里去了,究竟食物在人体里的路径是怎样的。这个过程当中,我们认知的已经不是身体外在的一些事物,而是身体里面的器官。这对四岁孩子来说其实是很难的,但是他们有愿望,他们有探索世界的好奇。

随着媛媛老师肚子逐渐隆起,孩子们能看到胎动,孩子很好奇。女孩子疑问:"宝宝在妈妈的肚子里跳舞吗?"男孩子却认为:"他在踢足球吧。"我就截取了《Discovery》里妈妈怀孕的片段播放,告诉孩子,宝宝到底在妈妈肚子里干什么。

通过生活周围的一些事情,激起孩子探索世界的好奇,最主要的是保持孩子的想象力,保持对世界的敏感,聪明聪明,就是耳聪目明的孩子才聪明。所以在家里、在生活中,我们要让孩子在探索未知的世界中学习。

五、在家里要养成孩子良好的行为习惯

三岁看老,其实是说行为品性。随着物质生活水平的提高,大家开始慢慢追求精神生活,要让你的孩子变得越来越高雅,就要从良好的行为习惯养成开始。

(一) 文明行为举止

孩子在怎样的场合,要有怎样的举止。我教的孩子走路就是靠右走,在公共场合不会大声喧哗。这样孩子一看便知道是有教养的。要有礼貌,尊敬长辈。每个家长不一定要在意说过的话孩子听进去多少,但一定要在意孩子默默关注的眼神。孩子小的时候,家长的行为他都看在眼里,你对他说再多都没有用。另外,保持孩子善良的心灵,对伙伴有爱。现在家长有这样的想法:"孩子太好说话,太善良,太谦让会吃亏的,我们一定要让自己的孩子不吃亏。"有些家长也会为自己的孩子占了一些便宜而得意。可是,等他长大以后,天外有天,难道全世界人都是傻瓜吗,一直让你占便宜?从漫漫人生路来看,善良的孩子总会得到更长久的美好事物,善良是上天赐予孩子的礼物。

（二）在发现美好的事物中学习

我曾经碰到这样一位朋友，他的孩子从小就开始参加少年宫的画画班。有一天朋友聚会他对我说："应老师，我儿子画画很好的。"这时候正好上来一盘大闸蟹，这位父亲就很得意地拿出一张餐巾纸和水笔让他儿子画螃蟹。这位小朋友很快就画好了，大家都赞不绝口，画的很像。可是我仔细一看，这孩子眼睛是"瞎"的，因为他画出来的是梭子蟹，是他心里背出来的螃蟹。

我们的孩子为什么要学艺术？学艺术是要让孩子发现周围事物的美好，擦亮孩子发现美的眼睛。如果艺术学习已经给孩子蒙上观察世界的面纱，那这种艺术教育最好不要。我们可以不会画画，但如果没有美感，那么生活就会很糟糕。最近一位初三的小姑娘跟我说："这次考完级，我从此以后再也不弹钢琴了。"我问她为什么，她说："妈妈跟我说，考完八级我就可以再也不用弹琴，我恨死钢琴了。"

其实，艺术学习不是给别人看的，它是一种使人幸福的能力。艺术教育在生活中无处不在。我有一个朋友是小学教师，她对我说，她女儿小时候对其他事都不敏感，但每天早晨对自己要穿什么衣服很讲究。由于早上时间来不及，她们会在前一天晚上商量好要穿的衣服。现在这个小女孩上三四年级，她妈妈跟我说，她女儿疯狂地爱上了美术。

当然，不是每个人都需要美的技术，但是我们要有美的眼光。我们要让孩子在生活中发现美好的事物，寻常的、特别的，都可以。

（三）不可缺少的亲子阅读

我们对阅读都很关注。事实上阅读对于平凡者来说，是一种幸福的能力。在信息爆炸的现代社会，一个成功者也必须要学会阅读，阅读可以帮助他走许多捷径。阅读是一个人必须要有的能力。可是，我们在家里，往往我们没法理解孩子的阅读动机。有很多家长对我说：阅读还是蛮难的，这是有天分的吧？天生这个孩子是喜欢看书还是不喜欢看书的。其实，我曾经做过调查，100%的孩子是喜欢图画书的。我曾经拿着一本书《三个强盗》，在孩子自由活动的时候进去，我对小班的孩子挥一挥，他们全都围到了我的身边，我又去大班，他们也是一样。孩子的阅读动机是什么，就是他很想知道这本书里发生什么事了。可是，成人的动机不是的，有一个家长对我说：应老师，你推荐的那本书里头,没几个字的,这叫什么阅读呢?后来我就反问:你认为阅读就是识字吗?他还反问我说,难道不是吗?

要知道,学龄前孩子的书,一定不是以识字为主的,他们一定是看图像为主的。要知道,人类最起始的阅读也是从图像开始的,我们成人最感性的阅读也是从图像开始的。对于见世界很少的孩子来说,看图就是看世界,就是储存想象力。所以,在我们在挑书的时候,要挑那些画面很美好的图书给孩子看,因为美好的画面给孩子就是美好的想象力。成人希望孩子看书,动机是什么呢?复述故事,可以背出来。孩子就是为了看看这本书里到底发生了什么事。成人和孩子的动机不一样。成人还要说:里面的好词好句要背出来。小孩子才不关注什么好词好句。比如男孩子喜欢看的《武士与龙》,他最想看的就是武士与龙比武,到底谁输谁赢了。在这样的情境下,当你拿着书靠近孩子时,孩子就觉得,哦,要开始写作文了。于是他就远离了你,远离了图书。

所以,我们要站在孩子的角度,解读他的动机是什么,他到底喜欢看什么书。一般来说,男孩比较喜欢看《武士与龙》这样的书,女孩比较喜欢看一些美妙的故事,或者一些散文诗。还有,成人比较喜欢犯的错,就是觉得,小孩子老是看《柯南》之类的书,没营养,于是要给他看世界名著。我曾经在我儿子预备班的时候,觉得他长大了,就拿了一摞书,里面有《傲慢与偏见》《钢铁是怎样炼成的》,对他说:"儿子,你上中学了,要接触世界名著了。《钢铁是怎样炼成的》你是这个假期一定要看的,还要交读后感给我。"结果,在他高考后的旅行中,我才发现,那些书他都还没看。他给我的读后感是从网上抄来的。他在初中、高中时,读的书是韩寒、郭敬明、村上春树写的。现在他一个人在法国读研究生,才开始看《瓦尔登湖》《百年孤独》。所以,千万不要用你的眼光来评判孩子,阅读的乐趣是没有高低贵贱之分的。孩子再也不要书了,这就太糟糕了。我们要从孩子的角度出发,要看他喜欢的书。当然,我们是真善美的世界,所看的书也应该是真善美的。

学龄前阅读的重点,不是孩子的阅读品味有多高,也不是他的阅读能力有多强,而是保持他阅读兴趣的同时,养成他阅读的习惯。要知道,习惯与智商没有关系。心理学上说,习惯就是某一个行为,重复了20多次。每家每户的孩子,都可以养成阅读习惯。家长要带着尊重的眼光来理解孩子。

我曾经用一本绘本来检验大班孩子在家读什么书、怎么理解的标准。这是一本散文书，女孩子本来就很喜欢，我和孩子们在一起读这本书后，男孩子也诗兴大发。那天我让孩子们先看了前三页，绘本通过"晚上是……的时候"的语句描述晚上的生活，然后我让孩子们仿写第四页的夜晚生活。有男孩站起来说："晚上是月亮出来工作的时候。""晚上是月亮出来玩耍的时候。""晚上是月亮和星星捉迷藏的时候。"后来有女孩子说："晚上是月亮对星星唱着歌，云朵在一边偷听的时候。"在杭州的幼儿园，一个女孩子站起来说："晚上是月亮对星星讲知识，云朵和小草听着知识的时候。"也有很灵动的男孩说："晚上是月亮和星星闪烁地照着娃娃睡觉，可是麻将声音好吵的时候。"这样的一本书可以发挥孩子的想象力，可以验证孩子的生活场景。我们要让孩子在阅读过程中越来越靠近书，越来越能发现事物的美好；我们要从孩子目的或动机出发，成人的目标才能达成。

生活给了孩子太多的学习机会。我们可以开阔孩子的眼界，让孩子见多识广。我们可以在生活当中不断地动手，自己来做自己的事情，培养独立生活能力的同时还心灵手巧。我们要让孩子敏锐地观察周围的事物，让孩子更聪明。所有这些生活提供给孩子的学习机会，都需要我们成人的陪伴。

人们经常对亲人、爱人、朋友用这句话来表白：陪伴是最长情的告白。我们可以这样说，你们家孩子的成长，陪伴是最有效的、最好的养育。它好过最昂贵的早教课程。但愿各位，在孩子想要陪伴的时候，可以陪伴他。在孩子的成长岁月里，您和孩子一起不负时光。

主题介绍

　　玩是孩子年幼阶段最主要的活动。你了解玩耍中的大学问吗？本讲座将引领你解开孩子玩耍背后的奥秘，让孩子在玩中学会探索、专注、互动、创造，真正让孩子"我在玩，我不只是在玩"！

　　高一敏，上海市首批正高级教师，上海市特级校长、特级教师。30多年从事学前教育与幼儿园管理。曾创办上海市徐汇区科技幼儿园，并成为上海市市级示范性幼儿园。曾代表中国学前教育赴美国参加国际名校长论坛、哈佛大学中美基础教育高峰论坛等，担任发言嘉宾。主持多项市、区级课题。主编并出版了《幼儿科学教育新探》等多本书籍。曾担任第二、三期"上海市普教系统名校长名教师培养工程"基地主持人。连续十年任上海市中学教师高级专业技术职务任职资格评审委员会幼教学科评议组成员。曾获全国优秀教育工作者、全国"五一劳动奖章"、全国"三八"红旗手、上海市教育科研先进个人、徐汇区领军人才和拔尖人才、徐汇区首届师德标兵、首届荣昶贡献奖等荣誉称号。

"玩"是孩子主要的学习方式

高一敏

扫码听讲座

引 言

好奇好问——孩子的天性

请大家闭上眼睛,一起回想一下,

最近一次带孩子无忧无虑地玩耍是什么时候?

最近一次孩子天马行空地提问是什么时候?

我们是不是会急着告诉孩子许多科学原理?

是不是忙着让孩子不要浪费时间,赶紧学点什么?

因为,总说——

现在的竞争很激烈,不能输在起跑线上,

多学点东西总不会有错。

学习到底是什么?

人是如何进行学习的?

其实,学习从我们一出生就已经开始了。

知道哭就能获得家长的照料,于是我们学会用哭声表达自己的需求;

看到小球落在地上会弹跳起来,于是我们学会了拍球;

明白用词语可以更加准确地表达自己的意图,于是我们学会了说话。

孩子在一次次模仿、一次次探索中,学着与世界交流。

学习并不起始于学校,非正式的学习伴随着孩子的每一次成长和发展。

一、家长类型面面观

今天的话题主角是孩子,同时,当然离不开我们的家长。"爱玩"几乎是全天下孩子的共性。那么,我们的家长的类型呢？应该说是形形色色的,我们先来看几种比较典型的家长类型。

（一）我很时尚,我崇洋

这类家长崇尚让孩子自由自在地发展,慢慢来,较少干预孩子的行为。在幼儿园里可以看到,有些小班的孩子吃饭一定要打成糊,才能够吞下去。有的孩子睡午觉一定要哄着睡着了放下,才能睡去。有的孩子则一定要在阳光充足的情况下入睡。有些孩子不会两脚交替着上楼梯。面对这些,家长说没有关系,孩子长大之后一定会行的。

（二）我很矛盾,我要好

在孩子学龄前阶段,家长希望给孩子自由发展的空间。随着孩子即将步入小学阶段,焦虑感陡然上升,家长开始觉得孩子这不够好,那也比不过其他孩子,开始了奔波于众多"兴趣班"的生活,将当初让孩子自由发展的初衷存放在心底的某个角落。

（三）我没时间,我无奈

随着"二孩"政策的放开,家长如何平衡多子女的教育？忙于工作的父母,一心一意地辛勤工作,是希望为孩子提供各种物质保障,却把孩子的养育交给祖辈、保姆。有的孩子在三四年在园期间,父母总共出现过几次。家长分身乏术,很无奈。

（四）我很"鸡血",我焦虑

"鸡血"这个词,现在可是个高频词。这类家长大多伴随着各种焦虑。他们有极强的教育资讯收集能力,不断研究,反复更新着自己的育儿理念和行为,并和孩子一起实践。有个现象大家一定听说过,叫"中国式家庭"：缺失的父亲,焦虑的母亲,失控的孩子。

（五）我懂孩子,我调整

应该看到,越来越多的家长意识到养育孩子是一门学问,正在努力地学习做家长,和孩子一起成长。他们开始试着将教育理论与孩子实际相结合,开始根据孩子的行为来分析、调整教育策略和教育方法。

二、我在玩 我不只是在玩

无论您是哪种类型的家长,教育观点如何,我们的孩子却天性"玩"字当头。既然,"玩"是孩子的天性,何不以此作为我们的主线,探究孩子的玩之道呢?

事实上,玩是孩子在幼儿园里主要的生活状态,但事实上孩子们的玩,不只是在玩。通过观察、解读、引导,我们才能推动幼儿发展。开展儿童观察更是需要强大的理论支持。徐汇区科技幼儿园开办20多年以来努力实践、研究、坚守着孩子的"玩",并形成"我在玩,我不只是在玩"的课程理念。我们根据儿童发展心理学、教育学等相关理论,通过20多年的一线实践,梳理了"探索、专注、互动和创造"四大关键品质下的典型行为,并根据儿童发展规律对这些典型行为进行发展水平的确定。儿童观察也是基于这样的儿童能力发展框架开展的。

我们一起来看这张"幼儿观察量表",可以看到探索、专注、互动、创造四个关键品质以及其下分支、发展层次的目标等要素。这些品质并不完全是依靠课堂上听课,或是通过老师言传身教就可以掌握的。更多时候我们要创造条件让孩子更好地"玩耍",在"玩耍"中获得。

徐汇区科技幼儿园幼儿观察量表

I 探索(Exploration)
自主性 　A. 自主选择　B. 解决问题　C. 自理能力
数学 　D. 建构游戏　E. 寻找规律　F. 测量比较　G. 概念分类　H. 简单计数
自然科学 　I. 确定方位　J. 因果推理　K. 识别属性　L. 认识自然
II 创造(Creation)
创造性 　M. 美术活动　N. 动作发展　O. 器具运动

（续表）

表达表现   P. 节奏意识   Q. 音乐律动   R. 哼唱发展   S. 音韵意识
Ⅲ 互动（Interaction）
社会交往   T. 参与游戏   U. 成人互动   V. 同伴互动   W. 解决矛盾   X. 情绪管理   Y. 角色游戏
语言发展   Z. 词句积累   AA. 倾听理解   BB. 复杂句式
读写能力   CC. 阅读兴趣   DD. 阅读能力   EE. 符号记录
Ⅳ 专注（Attention）   FF. 选择性专注   GG. 持续性专注   HH. 注意转换

（一）探索

1. 读孩子　玩之道

（1）天生的好奇宝宝。3岁的孩子天生就是好奇宝宝，生活中各个环节都是他探索的源泉。转动水龙头，水流就会发生变化，这让孩子觉得很神奇，于是他反复探索水龙头和水流间的关系，反复开关水龙头来验证他们的各种假设。成人的已知领域对他们来说充满未知，充满惊奇，是万有引力般的大发现。也是在这个过程中，孩子的好奇心、求知欲不断地萌发。孩子的好奇心要不断保护、激励，这是他的求知欲不断萌发的基础。

（2）天生的探索观察。两个中班孩子在观察土豆。10天之后，土豆长出了三颗芽，又长出了叶子。在摆弄土豆的过程中，孩子们完成了人生第一份科学观察的记录。这是孩子们用他们自己的语言在表达他们的发现。孩子们真的会做观察记录吗？家长说我的孩子还没有学会写字，用什么来观察记录呢？我们知道孩子就是天生的观察家。大家有没有这样的经历：当你带孩子出去玩时，孩子却盯着地上的蚂蚁、树上的叶子，怎么拽都不走。孩子们比成人更容易发现周围世界的细节，他们会比较一只蚂蚁与另一只蚂蚁行走路线的区别,一片叶子与另一片叶子叶脉的不同。这些在老师眼里都视如珍宝。此时,孩子们的发现也许微不足道,但彼时,他们的记录也许就能改变自己和世界的命运。这就是我们所说的关注孩子的探索过程,读懂孩子的探索之道。

2. 伴孩子 玩之趣

在家庭中,我们可以怎么陪孩子玩呢?我这里介绍一些取材方便,适合在日常家庭中和孩子一起玩的内容。

(1) 取材于身边的物质——水。

① 水的混合物:糖水、果汁是幼儿生活中经常接触到的。糖水、果汁是怎样做成的呢?如果往水里放点其他东西(盐、沙子、面粉等)会发生什么变化呢?

试着这样玩:

玩法1 尝试将不同的材料放入瓶中进行搅拌混合。

玩法2 将不同材料放入水中,搅拌后观察清水和放入材料的水的不同,并用语言描述。

试着这样观察孩子:

- 这个活动孩子有兴趣吗?
- 活动中,孩子偏好观察现象,还是偏好不断更换材料?
- 玩的过程中孩子有什么困难吗?
- 幼儿懂得水活动的注意事项吗?
- 能否观察清水与加入材料的水有什么不同,并进行描述?

② 用水作画。

试着这样玩:

在阳光明媚的日子里,家长不妨带着孩子走到户外,让他们直观了解水蒸发的现象。你只需准备一些刷子、粉笔、水桶等简单物品。

玩法1 用水刷户外的桌子、木凳、台阶、地面或其他物体。

玩法2 在阳光直射的地上用水画一个圈,然后用粉笔圈出轮廓;在背阴地面另画一个水圆圈,同样用粉笔圈出轮廓。让幼儿预测哪个圆圈干得更快一些。

试着这样观察孩子:
- 能否尝试在不同的材料上用水作画?
- 能否用语言表达自己的发现?
- 在比较水蒸发的过程中孩子的兴趣如何?

③ 会走钢丝的水。

试着这样玩:

"会走钢丝的水"使用的材料很简单,让水顺着绷紧的棉线流淌,会发现水滴能沿着棉线一路走上去、走下来,打破了"水往低处流"的思维定式。

试着这样观察孩子:
- 能否关注水流发生的变化?
- 能否调整棉线角度,让水随着棉线角度的变化而行走?
- 能否尝试其他材质的线进行尝试?

(2) 取材于丰富的"宝藏"—— 大自然。

别浪费大自然给予我们人类的馈赠,这里很可能藏着能激发孩子探索兴趣的内容,树叶就是这样的宝贝。

① 树叶的秘密。

试着这样玩:

家长可以带着孩子走进公园或者绿化较多的地方,搜集各种不同的树叶,并编上号码。让孩子观察、比较、记录,发现树叶的各种秘密,比如它们身上独一无二的花纹、它们的异同点,等等。一般四岁以上的孩子都可以用这样的工具观察,再大一些的孩子,在成人指导下可以开始尝试做观察记录,用孩子自己的符号将发现记录下来。家长引导孩子在观察、比较的基础上尝试进行分类。

试着这样观察孩子:
- 观察到哪些树叶的秘密?
- 通过比较,发现哪些异同?
- 使用比较的方法是否正确?
- 使用放大镜,观察树叶后将小细节记录下来。

- 用自己的符号将发现记录下来。

3. 关于"探索"之道

家长在和孩子玩耍的过程中,可以用简单、可行的材料激发其好奇心,培养其观察、分析、比较、测量、假设、提问、验证等方面的能力。这些探索能力的发展,在探索过程中获得。

有的家长或老师会问:我们怎样知道孩子的行为处于何种水平呢?我们回到刚才的"幼儿观察量表"。例如:在探索板块的观察维度中有这么一条:对于新知识和新奇事物的探索性(见图1)。我们能通过五个水平的大致表现,来进行评价或观察,以此作为依据,提供相应策略,推进孩子的玩。

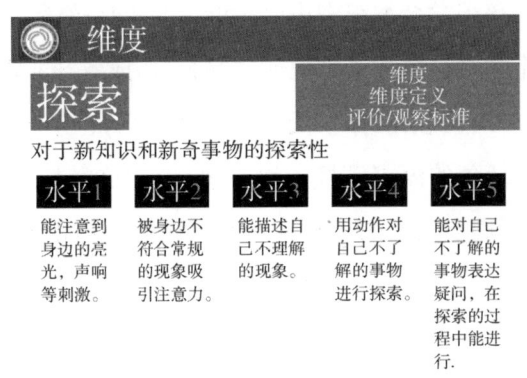

图1 幼儿探索维度五个水平

同样,在"幼儿观察量表"探索板块下有自主性、数学、自然科学三块内容。我们在关注孩子自主性发展的同时也需要兼顾数学,包括建构游戏、寻找规律、测量比较、概念分类、简单计数等方面,以及自然科学,包括确定方位、因果推理、识别属性、认识自然。这都是我们的观察点。有了这些聚焦点,我们在伴随孩子玩耍时就会有的放矢。

探索是人类认识世界的第一步,也是我们最珍视的品质,我们希望能够慢一点,宽容一点,丰富一点,让孩子在玩中尽情去探索。

(二) 专注

1. 读孩子 玩之道

(1) 垒高。每天孩子们在教室里有很多活动。我们看到角落里孩子们正专注地用积木垒高,旁边是孩子们每次的记录。在搭建过程中,孩子进入忘我探索的过程。一定会有家长说,他们这么专注,是因为他们在玩呀!我们也常听到家长抱怨说:我的孩子玩的时候是最专心的,一让他学习就坐不住。与其说专注是一种态度和精神,不如说专注是一种能力,就是能否管理自己所有的注意资源,聚焦到某一项活动上。学龄前孩子的专注非常依赖于兴趣。拔苗助长的教学对孩子学习习惯的培养,不过是透支孩子未来学习的专注力。因此建立在孩子兴趣之上的专注,我们需要关注和保护。

(2) 编织围巾。科技幼儿园有一个传统活动:编织围巾送亲人。所有大班孩子都将用至少两个月的时间,慢慢编织出一条围巾。常有家长不理解为什么一定要开展这样的活动,是为了让孩子学会编织围巾的技能?为了让孩子学会孝顺家长?太浪费时间,折腾孩子!两个月对一个孩子来说非常漫长,而成效却非常缓慢。其实,正因为这一项活动持续很长时间,孩子能在一段时间里体验兴奋、期盼、平静、无奈、倦怠、放弃等多种情绪。这时,任务的内容已经不再重要,而在这漫长过程中,内心的"斗争"才是我们希望带给孩子们最重要的体验。人对专注的坚持也就起源于这一点点对自己的"残忍"。

2. 伴孩子 玩之趣

关于专注这一品质的培养,家里可以有很多玩法。

(1) 水滴硬币。

试着这样玩:

是不是很难想象,只需要拿出口袋中的硬币,使用滴管也能让孩子专注地"玩"?别看这一枚小小的硬币,上面可以滴上几十滴水滴。在这个过程中,孩子需要全神贯注,稍不留神,水滴就会掉落在硬币外面。

试着这样观察孩子:

- 能否长时期专注于这一件事情?
- 更换不同大小硬币,改变吸管长度、粗细,有怎样的发现?

(2) 垒高。

试着这样玩:

从家中找出各种奶粉罐、纸杯、石头或积木,各种可用于搭建且安全的材料均可。接着,鼓励孩子使用这些材料进行垒高。

试着这样观察孩子:
- 对于用不同材料进行垒高的喜好程度如何?
- 关于垒高有哪些好办法?
- 在垒高过程中是否能专注、坚持他的探索?

3. 关于"专注"之道

同样,在"幼儿观察量表"中专注版块包含选择性专注、持续性专注和注意转换三方面内容。结合评价/观察标准,帮助老师和家长能在孩子活动时,我们从这几个水平来分析孩子的专注性(见图2、图3)。

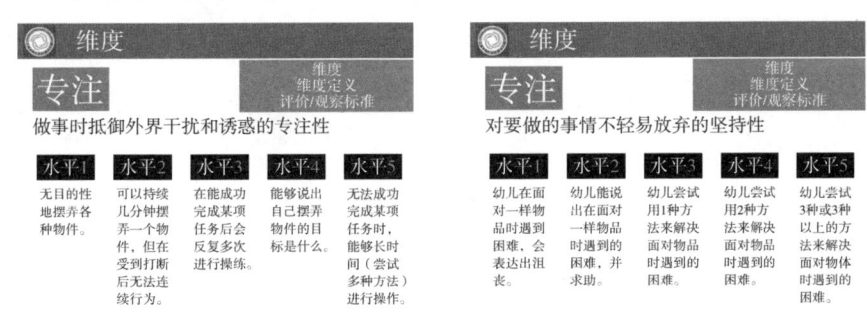

图2　幼儿专注维度五个水平(1)　　图3　幼儿专注维度五个水平(2)

专注是完成任何一项活动的基础,也是我们最重视的品质,我们希望能够陪伴孩子,一起在玩耍中渐渐学会专注。

(三) 互动

1. 读孩子 玩之道:玩中的团队精神

(1) 玩轮胎。一个小班的孩子看到其他孩子都在拿轮胎准备推上山坡,他犹豫了,因为他觉得拿不动,推不上去。但是很多同班孩子都纷纷推上山坡,并在山坡上为他加油鼓劲,他感受到了同伴的鼓励,竟然晃晃悠悠地推上去了。这个互动过程,是幼儿间集体的力量形成正能量的互动。

有时,我们和家长聊孩子,家长也会说:"孩子不喜欢玩就算了,喜欢玩就玩。反正他还小,等大点再说吧。"其实孩子在同伴、成人的鼓励下,体验的是"试一试,再试一试;努力一下,再努力一下"的自我肯定,继而获得"我行,我可以"的体验。一个人的坚持是孤独而困难的,而在互动中,失败和再尝试就变得容易而自然,这也是集体能够提供的不同于家庭的环境。我们在幼儿园倡导的互动,是孩子间的互动,师幼间的互动,孩子与材料的互动,孩子与环境的互动。当孩子离开幼儿园,期待的是与家长、与家庭、与大社会的互动。

（2）出游。孩子要到动物园春游。这对大班孩子而言是个大工程。在出游之前他们首先要小组分工、商量:我们要看什么？怎么看？我们的路线是怎样的？怎么走？到了目的地进行信息采集,各组有不同的信息采集:水生的、陆地的、猛兽等,做不同的写生和现场收集。在游玩中,孩子们要进行小组分享美食,共同清洁整理。回到幼儿园后要制作简报,进行交流分享。在这个过程中,孩子的协商、分工、合作、策划以及组织协调能力充分发展。在一次次互动中,每个孩子都会有属于他的获得,渗透的是终身受益的品质的形成。

2. 伴孩子 玩之趣

有空的时候,家长会带孩子出去游玩。大家有没有想过,增加一些互动小环节,让出游增添几分意义？

比如,在出游前,你是否会与自己的孩子商量出游地点？在出游前,你能根据孩子的年龄特点、喜好等,决定出游的地方吗？在出游前,你会给孩子做一些游玩地的有趣介绍,作为行前热身吗？

拓展出游的广度和深度,和孩子积极互动,让出游变得更有意义。

3. 关于"互动"之道

互动包含三大方面:社会交往、语言发展和读写能力。社会交往包括成人互动、同伴互动、解决矛盾、情绪管理、角色游戏。在刚才几段案例中都看到了这些方面的呈现。语言发展包括词句累计、倾听理解、复杂句式。倾听与理解他人的语言,这在互动中起着非常重要的作用。我们可以从图4中看到在评价和观察中可以参考这五个持续发展水平。

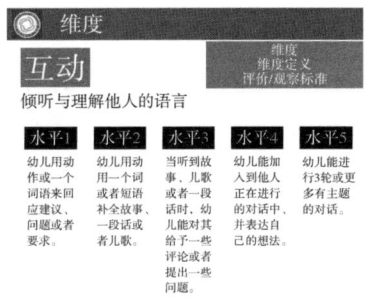

图 4　幼儿互动维度 5 个水平（1）

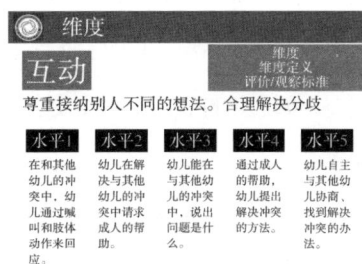

图 5　幼儿互动维度 5 个水平（2）

又例如，在互动中还涉及尊重接纳别人不同的想法，合理解决分歧。我们成人在生活当中也一直不断地接触到这些问题。我们在看孩子的时候，其实也有相应观察标准（见图5）。

比如："出游"这个案例中，小组制订计划，我们带什么食物？怎么吃？怎么分？我们看什么动物？一个小组五六个孩子一定有分歧，在这个分歧当中如何协商，是少数服从多数，还是猜拳解决？都是在相互协商，运用同伴认同的办法来解决冲突。可以说，这些表现证明了孩子的这方面能力达到了第五阶段水平层次。

我也碰到很多家长说，孩子在家里面很喜欢说话的，到了外面就不太说话。我们希望孩子与人互动，一方面要有条件和环境，另一方面要给予孩子方法和能力。互动的过程中，是讲求情感态度、知识经验、技能方法的。孩子需要有知识经验的储备，这解决了孩子"互动什么"问题；需要有技能方法，这是"怎么互动"问题。把这些分解到孩子成长的点点滴滴时间去体验，一步步来。我们建议家长还是多带孩子与同伴，同龄、不同龄儿童接触。有时候作为哥哥姐姐照顾弟弟妹妹，有时作为弟弟妹妹跟着哥哥姐姐活动。在过程中，不断让孩子通过角色的转换，体验与人互动。这个过程需要家长一直不断地实践，让孩子在互动过程中踏好起始之步。

互动是人类社会运行的基础，也是我们最鼓励的品质，我们希望能够支持孩子，在玩耍中多多体验互动。

（三）创造

1. 读孩子　玩之道

（1）搭棋谱。中班孩子们玩的交通棋很有意思，每一步都可以拆开，也就意味着可以不断变化排列组合，孩子之间通过自己协商完成棋谱的搭建。在搭建棋谱过程中,他们经历了从遵守规则到创造规则的过程,开始更加深刻理解规则背后的原理。

几个孩子从不同立场出发,通过对"什么是公平"深入思考后有了创新。这一创新,不再是天马行空的想象,反而更接近现实中的创新,是基于实际和制约条件后的有价值的创造。

(2)"忍者神龟"养成记。春天,大班孩子们以小组为单位去花鸟市场买回了乌龟。他们除了照顾乌龟,还要训练它成为一只"忍者神龟"。他们每天把发生的事情做了记录。

一串串小"石头"表示乌龟走路留下的足迹,意为孩子们的第一个想法:训练乌龟走路。形象的椭圆形则是乌龟壳,意为孩子们第二个想法:训练乌龟头尾、四肢缩进壳里。孩子们通过他们眼中的跳水台、游泳池的描绘,显示出他们第三个想法:训练乌龟跳水。这是一个小组孩子的计划、观测记录,用自己独特的语言对事情进行描述。每一次记录都是创造性行为的发生。

2. 伴孩子 玩之趣

(1)弹珠彩画。

试着这样玩:

用家中各种各样的罐子、弹珠、纸、颜料组合,创造出有趣的画作。

晃动盒子,让其中的弹珠滚动起来,我们看看滚动留下的痕迹是什么样的?孩子对这些痕迹有什么观察和发现?观察之后又有怎样的想象呢?

试着这样观察孩子:

- 孩子怎样玩这些材料?
- 能否主动探索让弹珠滚动的方法?
- 是否能对颜色"足迹"展开想象?

(2)有趣的名字。

试着这样玩:

每个人都有名字,在家长告诉孩子名字含义之前,让孩子对自己的名字进行一番思考:自己的名字是什么意思呢?并用记录的方式来表达自己对名字的理解,看看孩子对自己名字的最初认识。

试着这样观察孩子：

- 孩子对自己名字是怎样理解的？
- 在做记录时，是否需要帮助？需要哪些帮助？
- 孩子的记录与其语言描述的关联度如何？

在这个有趣的互动过程中，孩子的思考、理解、专注、创造是一个连贯体。成人要静静地，耐心地读和听，呵护孩子的好奇心和求知欲。

3. 关于创造之道

在"幼儿观察量表"中关于创造版块包含创造性和表达表现有两方面内容（见图6、图7）。同样参照五个水平层次，可以对孩子的现象进行大致的分析。

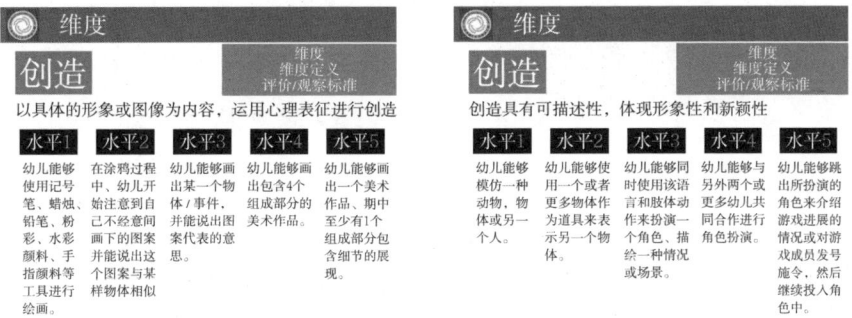

图6　幼儿创造维度五个水平（1）　　图7　幼儿创造维度五个水平（2）

创造是人类发展的原动力，也是我们最倡导的品质，我们希望给孩子充足的自由，让他们在玩耍中展开创新的翅膀。

刚才看到的案例，每一天都在我们身边发生着，看起来是那么熟悉。但陌生的或许是这些情境背后原来蕴藏了如此多孩子发展的关键经验。

"玩"是孩子主要的学习方式。更多时候，我们创造条件让孩子更好地玩耍，让孩子在"玩"中有效成长。这对于教育者、家长、社会都提出了非常高的要求：掌握观察、解读孩子的能力，从研究"怎么教"转变为研究孩子"如何学"，进而提供更适合他们的教育策略。

我们在玩中更接近孩子学习的真实，因为我们的孩子"我在玩，我不只是在玩"！

主题介绍

  0—6岁婴幼儿习惯的养成是有特点和规律的,培育好习惯也是有方法和智慧的。让我们分享科学育儿的体验和方法,一起走近孩子,理解孩子,使每一个孩子养成良好的习惯,形成健康的人格,并拥有幸福的人生。

  黄琼,上海市教育委员会教学研究室原学前教育教研员,上海市特级教师,主要从事学前教育课程与教学研究。担任的社会工作有:教育部学前教育专家指导委员会委员、上海市教师学研究会学前教育专业委员会主任、华东师范大学特聘教授等。著有《学前教育 我的梦想与追求——黄琼从教30年文集》《幼儿园教育活动模式的研究与实践》《走进新教材——上海二期课改新教材培训读本》《0—3岁婴幼儿教养活动的实践与案例》等。

好习惯，让孩子一生受益

黄　琼

扫码听讲座

0—6岁婴幼儿的教育，对人的一生来说，属于"根"的教育。在这一时期，我们给孩子怎样的教育，才能在将来让孩子这棵小树枝繁叶茂，成为参天大树？这关系我们每个家庭明天的幸福，也关系我们整个民族未来的发展。

好习惯的培养是早期教育中最重要的教育内容之一。在好习惯培养中，家庭教育非常重要。父母的育儿观、人生观，以及家庭中所有成人对孩子耳濡目染的熏陶，实实在在地影响着孩子的成长。我们常说，父母是孩子的第一任老师。但现在的父母往往没有培训，没有获得一定的专业本领，就"无证上岗"了。所以，做父母是需要学习的，学习儿童生理和心理特点的知识，学习如何与孩子快乐相处之道。

下面，让我们围绕婴幼儿好习惯养成这一话题，一起来走近孩子、理解孩子，把握婴幼儿习惯养成的特点和规律，分享科学育儿的体验和方法，使我们每一个孩子在生命的早期能养成良好的习惯，形成健康的人格，并拥有美好的人生！

一、婴幼儿习惯培养有哪些主要内容

习惯，就是习而惯之。任何习惯的养成，一定是慢慢形成的过程。有人说"21天形成一个好习惯"，就说明习惯需要时间积累和过程效应，一旦形成以后，便成为自动化的行为。习惯具有双重性，既有好习惯，也有坏习惯。我们都希望孩子远离坏习惯，培育好习惯。

大作家、大教育家叶圣陶先生说："教育就是习惯的培养。"国外有一位哲人说："播种一个行动，你就会收获一个习惯；播种一个习惯，你会收获一个个性；播种一个个性，你会收获一个命运。"做父母的都希望自己的孩子能够成长顺利，将来有一个理想的未来,那我们就要从小对孩子习惯问题加倍重视,用心培育,并愉快地陪伴孩子一起成长。

那么,婴幼儿习惯教育有哪些主要内容呢?

依据《上海市幼儿园保教质量评价指南》的要求,学前儿童在习惯养成中的主要内容有三个方面:

第一,生活习惯。例如,饮食睡眠习惯,知道自主进餐,样样东西都要吃。独立睡眠,按时起床等。又如,清洁卫生习惯,能做到餐前便后洗手,自己刷牙洗脸,愿意洗澡清洁等。再如,自我保护习惯,知道小的物品不能塞鼻子、塞耳朵,不能跟陌生人走、吃陌生人给的东西,女孩和男孩小背心、小短裤里面的身体除了爸爸妈妈等家人之外,不能让别人触碰,学会自我保护等。

第二,学习习惯。例如,养成好奇好问的习惯。学前这个年龄阶段是"为什么"最多的时候:"为什么湿衣服在太阳下会变干,水到哪里去了?""为什么有男的、女的不同的人?""为什么地铁比公共汽车开得快?"等,孩子们的问题都是极其宝贵的,反映了他们对周围事物、大千世界充满了好奇心和探索愿望,也是孩子们学习的内驱力。所以,我们父母不要嫌孩子烦,要尊重和保护这种好奇心,进而进一步激发孩子主动发现未知事物的热情和兴趣。又如,专注倾听的习惯。一方面,我们鼓励孩子们大胆地说话,用"一百种语言"表达表现。另一方面,我们也希望幼儿有专注倾听的习惯,当别人说话时,会眼睛看着别人专注地倾听,这样对将来的学习一定很有帮助。再如,动手尝试的习惯。什么东西都愿意自己试一试、做一做,大胆地探索和操作,乐于去尝试和实验,等等,这些都是非常好的学习习惯。

第三,文明习惯。例如,行为举止方面,从小就该知道什么是对的和错的,什么事情该做和不该做,具有基本的是非观。又如,会礼貌交往,能尊敬老人,帮助弱小,友爱同伴。做错了事情会说对不起,也会表达感谢,懂得感恩。再如,遵守规则方面,能自觉遵守大大小小的集体规则,包括幼儿园、家庭、社区、社会里各种各样的规则,知道按时来园、不乱扔垃圾和垃圾分类投放、不随地吐痰,过马路要走横道线等,有比较自觉的行为。

这些生活习惯、学习习惯、文明习惯很重要。学前期是良好习惯的形成期,如果一旦习惯"歪"掉了,将来要改造过来会很难,甚至会事倍功半,因为"改造型"的教育远比"形成型"的教育更难。

二、婴幼儿习惯形成有什么特点

接下来特别要和大家分享孩子在习惯养成中的主要特点。了解、把握孩子的心理特点,就能在习惯培养中获得事半功倍的效果。孩子的特点有很多,有四个是主要的:

首先,从具体到抽象。学前孩子思维的特点经历了从直觉动作思维到具体形象思维的发展过程,他们的抽象逻辑思维要到大班的时候,在五六岁才开始萌芽。因此,学前期,特别是3—6岁孩子,是以具体形象思维为主的,理解事物从具体逐渐到抽象。

所以对学前孩子进行习惯教育,给予他们的"信号"切记抽象。有的成人常常会对孩子说,"要做一个懂礼貌的孩子""有礼貌的孩子人人喜欢"。这样的话,孩子不太理解,因为"礼貌"太抽象。例如,带宝宝去外婆家,父母如果对孩子说:"宝宝今天要有礼貌,你有礼貌了,我们下次再去。"这样抽象的、概括化了的语言,孩子不能完全接受,更没法有效影响他们的行为。而要把"礼貌"具体化:今天我们要到外婆家去,进门第一件事情要做什么?要叫外婆好,外公好。如果外婆给你吃东西,宝宝要说什么?要说谢谢。吃饭的时候,大人们如果还没有开始吃,宝宝能先吃吗?不可以,要一起吃,等等。这些具体、直观的"信号",符合孩子的思维特点、理解事物的水平。

此外,要尊重老人、要喜欢阅读、要讲卫生……"尊重""阅读""卫生"等词语,太抽象、太概括,不利于孩子理解,更难以导之以行。所以,对学前期孩子来说,要顺应他们思维特点、心理特征。逐渐地,孩子们在积累了大量具体体验后,才慢慢形成抽象的概念。

其次,重行动,逐渐明道理。在品德教育中,我们常常说,要晓之以理、动之以情、导之以行。但是,对学前期儿童,特别是大班之前的孩子,如果你要晓之以理、讲道理的话,可能白费劲了,因为他们还不是非常"懂"道理。讲道理、懂道理是要建立在逻辑思维充分发展基础上的。

所以,对学前孩子进行良好习惯培养,可能更多的是要导之以行,就是要告诉他应该怎么做。比如,吃饭问题,是许多家长最头疼的事情。有边喂边吃边讲故事的,有把看电视作为吃饭诱饵的,还有必须爸爸地上爬一圈,宝宝再吃一口的,等等。怎么办?如果我们晓之以理,同宝宝说吃饭对你的健康非常重要,要按时吃饭,多吃蔬菜,营养要均衡,孩子是不理解的。父母只有重行动:从孩子断奶后的第一顿饭开始,坚持按时吃饭,让宝宝学着自己独立吃饭,荤菜蔬菜样样吃,吃完才能玩。这些,实实在在的行动,才能让孩子养成好的习惯,通过做,慢慢便习以惯之了。等孩子思维能力发展了,才会逐渐明白道理,晓之以理方能生效。

还有,容易反复。孩子要建立好习惯,一定有个时间的效应、积累的过程。只有不断地反复出现这个行为,他的大脑皮层上才能建立相应的条件反射。孩子的神经系统不像成人那么成熟,还在发育过程中,因此好习惯的形成一定是反反复复的、不断积累的。

常听有的家长对孩子说,这事我已经同你说过了呀,玩具玩好要放到玩具柜里去,书看好了要物归原处,自己的衣服要自己穿,你怎么又忘记了?我们说,孩子要建立一个条件反射,需要我们有一张"婆婆嘴",不断地反反复复强化它,该行为出现才能成为自然的、自动的反应。所以,成人要耐心、耐心,再耐心。要正视孩子的年龄特点,理解孩子的行为反复,接纳好习惯的形成过程。有信心,陪伴孩子一起成长。

再者,个体差异明显。我们常说这个世界上没有两片树叶是一模一样的,同样,也没有两个孩子是完全相同的。孩子之间是那样的不一样,神经类型不同,气质特点不一,造成他们在建立条件反射、在形成一些好习惯的时候,有的孩子容易一点,有的孩子就困难些。如同睡觉,有的孩子入睡很快,头碰到枕头就睡着了。但有的孩子入睡特别难,特别慢,好不容易哄好,似乎睡着了,但成人刚离开就又醒了。这些都反映了孩子的神经类型的差异。

这种差异也反映在建立条件反射、形成好习惯的快慢、难易的不一样。比如,有的孩子要形成动作方面的习惯、能力容易,建立的条件反射比较快,但在阅读方面,形成安静学习习惯可能就困难些。有的孩子则恰恰相反。

所以,孩子是千差万别的,我们要尊重每一位孩子的特点和不同。在与孩子互动中,最忌讳大人说的一句话,就是老把自家的孩子与别人家的比较:"隔壁老王家的宝宝样样事情都自己做,你却……"孩子都是有自尊心的,而且他们独立的性格、人格正在形成中。所以，父母要理解自己的孩子，要与孩子进行纵向比较：今天同他的昨天比、这个月与他上个月比、今年跟他去年比。这样才能比出进步，比出信心，比出良好的亲子关系。

三、婴幼儿好习惯如何培养

在了解了婴幼儿习惯形成的主要特点后，父母如何更好地因材施教呢？建议可以参考以下这些做法。

其一，一致是重要保证。现在家庭里大多是一个孩子，我们常说这是"四二一综合征"，即家里有四位老人，有爸爸妈妈两位大人，还有一位孩子。因此，在这六位成人共同教育孩子、与孩子互动过程中，特别是好习惯养成时，家庭成员的一致性非常重要。

现在由于客观上的一些原因造成了很多教养要求一致性上的困难。比如，经常听到一些年轻的爸爸妈妈因为工作很忙，就把孩子托付给老人带养。而祖辈老人有两种情况：一种是双方老人争着带孩子，于是为了"公平"，就轮流带，爷爷奶奶家住一个月，再到外公外婆家住一个月；另一种情况是，双方都不愿意带，怕担责任，怕身体吃不消、怕影响自己的生活，于是也采用轮流带养的方式，共同承担义务。其实这种轮流带养的情况，对孩子的教育，特别是习惯养成过程中，会产生许多不利的影响。如何尽可能把不利的因素降到最低呢？

在这种情况下，要加强孩子习惯培养的一致性尤为重要。首先，父母要承担起育儿第一责任人的角色。虽然与孩子互动时间有限，但对孩子当下发展的支持和未来发展的规划等，要负责任地进行整体性思考，不能因为工作忙碌，交给奶奶或外婆，一切就完事了。其次，父母在教养一致性问题上要发挥关键性的作用。要牵头组织家里六位大人，在育儿价值观、教养要求、习惯培养的具体方法等各方面达成一致。甚至，有可能的话，在一些物质条件上也尽可能保持一致，如宝宝在自己家、奶奶家、外婆家吃饭的椅子都一样，使用的餐盘也一样，等等。让孩子看到这些，自然而然地形成独立用餐的条件反射，不会因为换了地方，换了成人，就表现不一。再次，一旦发现孩子在习惯养成中出现了新问题，不要互相责怪，更不宜当着孩子的面交流，应该及时商量，讨论处理方法,并继续保持一致性。这样更有利于孩子良好的生活习惯、学习习惯、文明习惯逐渐形成。

其二,坚持是关键因素。好习惯的养成有一个时间的效应,需要不断地反复、重复,不断地坚持、保持,才能习惯成自然。所以,坚持是养成好习惯的关键。

在坚持这个问题上,想同大家分享一个阅读的例子。做父母的都希望孩子喜欢阅读,与书为伴,因为热爱阅读的孩子将来一定会有出息的。那么阅读这个学习习惯的养成也要靠坚持。《上海市0—3岁婴幼儿教养方案》强调,父母应保持每日有1小时以上的时间与孩子进行交流互动,包括亲子对话、讲故事、念儿歌、亲子阅读等。其中,阅读习惯的养成就很需要坚持。让孩子从小体验到书的世界是非常有趣的、丰富多彩的,他才能真正与书交上朋友。

现在许多父母也意识到阅读是很重要的,于是家里买了一大堆孩子的书,然后跟孩子讲故事,一天一个故事,甚至一天两三个故事,每天换花样。怎样阅读才能效果更好呢?从婴幼儿心理特点来分析,没必要天天"翻新",因为年龄小的孩子是喜欢重复的,乐意看(听)熟悉的事物,如同他们喜欢百看不厌的电视广告那样。因此,父母给孩子阅读,可以选择一个适宜的绘本,然后天天讲,讲一个礼拜,甚至十天。从最初大人完整讲,逐渐到大人与孩子一起讲,最后由孩子一个人讲,甚至能独立复述故事。其中,语言的积累、好词的丰富、对阅读的兴趣等,都慢慢培育起来了。所以,坚持讲一个故事,坚持每天(如睡前)阅读,良好的学习习惯就自然生成。

其三,奖励是主要方式。奖励这一教育方法在孩子习惯养成过程中非常重要,好孩子是表扬出来的,不要吝啬我们的奖励。那么,怎样奖励、如何奖励更加有效呢?

奖励的内容有许多,买一个玩具、外出郊游是奖励,一个微笑、一句表扬、一个拥抱也是奖励。家长要了解孩子的兴趣和需要,让奖励成为激励孩子养成好习惯的有效动力。

奖励的方式很有策略。可以从最初一个行为获得一次奖励,如今天宝宝自己收拾玩具了、自己独立吃完饭了就给予奖励;再到逐渐拉开距离,延迟奖励,如两天中都能自己吃饭,或一周中都会自己整理玩具,才获得一辆心爱的小汽车、一个娃娃等。这样让孩子的行为有个持续的保持,乃至成为好习惯。

学前期孩子的自尊心、自我意识已经唤醒了,他们具有了被肯定、被认可、被欣赏的需要，所以奖励还是最主要的方式。

其四，惩罚也是一门艺术。教育方法中，以表扬为主，但也一定有批评和惩罚。批评和惩罚，是为了让孩子明白是非，让孩子接受行为后果的惩罚。

然而，惩罚也是有艺术的。首先，要规则在先，并与孩子共同约定。切忌父母按照自己的意愿来惩罚孩子，更忌讳随性打骂孩子，这样只会适得其反。例如，去朋友家做客，事先要与孩子一起"约法三章"：如何懂礼貌、怎样遵守规则等，并注意要求的适切性和宝宝行为的可能性。如果做到了，要及时奖励；如果违反了，要接受惩罚。其次，惩罚要让孩子明白缘由，让宝宝知道是违反了什么约定而造成的，使惩罚也成为孩子自觉反思后的一种行动。还有，惩罚的方式可以是各种各样的，可以是取消一次活动、不购买一个玩具，也可以是拿掉一颗奖励的五角星，等等。再次，惩罚也要给予"出路"。因为惩罚的目的是为了让孩子最终形成好习惯，所以，还是要创造条件，给予改正的机会。仍以上面的例子为例，如果这次去朋友家做客孩子表现不好，接受了惩罚，取消了一次买玩具的机会，但如果双休日去外婆家，遵守规则，改正了，就可以把那个玩具补买回来，让孩子能感受到及时改正的行为所带来的喜悦。

在惩罚中，既要言而有信，说到做到，更要注意尊重孩子的感受和需要，做到适度适宜，让教育方法成为孩子好习惯养成的有效支持。

总之，婴幼儿好习惯养成是一种教育，更是一份家庭教育的责任。我们家长要学点儿童心理学、教育学知识，更多地了解孩子，读懂孩子这本"书"。在培育孩子好习惯的过程中，努力做到：第一，要言传身教。我们做父母的自己要有良好的生活习惯、学习习惯、文明习惯，要有正确的是非观、价值观，修炼自己的素养和人品，才能培育出一个具有良好习惯的孩子。第二，要有互动智慧。教育是一门科学更是一门艺术，家庭教育也不例外。要注意适时、适宜、适度——尺寸问题，注意因人、因事、因境——对象问题，让每一次亲子交流都成为一个温暖的成长陪伴。第三，要有胸怀。养育孩子的过程是一次长跑、一次慢跑，勿急勿躁，平和一点；勿小勿碎，大气一点；勿近勿全，看远一点；使亲子互动这一生命与生命的对话，变得更加愉悦和有意义。

让我们每一个家庭能够享受到与孩子共同生活、共同成长的快乐！让我们每一位孩子能够获得良好的习惯，并拥有美好的今天，幸福的明天！

主题介绍

本讲座将从孩子的视角与大家分享:孩子的玩与发展的关系,如何看孩子的表现,如何提供机会、选择材料,发现孩子的无限可能,放开双手让孩子自主玩,玩得快乐、学得有意义。

郑惠萍,上海市学前教育特级教师、特级园长、正高级教师。现任上海市静安区芷江中路幼儿园园长。被聘教育部首届"国培计划"专家,教育部教育信息化专家委员会委员,第二、三期"上海市普教系统名校长名教师培养工程"幼儿园园长培养基地主持人,中国教育学会学前教育专委会常务理事,上海市示范园沙龙负责人。编著教育丛书《让孩子表现自己、让教师发现孩子》以及主编《让评价成为一种专业行为》《幼儿园自主性探索——表达教育》等,主持的研究"以幼儿自主学习为核心的低结构活动的探索"获首届国家级教学成果一等奖,"让评价成为一种专业行为——教师在课程实施中质量监察与管理的研究"获上海市第十一届教育科学研究优秀成果一等奖,第五届全国教育科学研究优秀成果三等奖。

用欣赏的眼光看孩子玩

郑惠萍

扫码听讲座

幼儿的教育问题,家长、学前教育工作者都非常关注,本讲座围绕的主题就是"用欣赏的眼光看孩子的玩"。"看"有两层意思,一是成人怎么看待孩子的玩,二是怎么来看懂孩子的玩。大家不妨向孩子学习也带着玩的精神,来欣赏孩子的玩。

要读懂孩子,首先就要学会看孩子的玩。因为他们的学习与发展以玩的方式呈现与获得。玩,展现了孩子的内心世界,玩是幼儿小步子递进式自我发展的过程,玩带给孩子成长中无穷的快乐与幸福。

我们一起走近孩子的玩,走近孩子,欣赏孩子的玩,从三个方面探讨与交流:一、成人对待孩子玩的问题与困惑;二、玩与孩子发展的关系;三、推荐一种玩与教的平衡的新范式——幼儿低结构活动。

一、都是"焦虑"惹的祸——人为压缩幼儿的游戏期

当代社会发展,所需要的知识难以在学习期穷尽,于是焦虑的家长将"学前教育变成提早教育"。遗憾的是这种无端挤占幼儿期的现象,导致压缩了幼儿的游戏期,剥夺了孩子玩的权利。

(一) 孩子要玩,焦虑的家长要让宝宝"超前抢先"

不同学段都在抢先,每一个人都想超前。有一句话很流行:"我好不算好,比你好才是好!把别人灭了,我就赢了。"焦急的家长无视学前儿童的学习特点,因为他们认为玩没有带给幼儿发展,玩没有直接教或训练所带来的效果那么及时、那么确定、那么清晰可见,所以让孩子:

1. 抢时间,争分夺秒,周一到周日无休

孩子奔走于各类学习班、兴趣班之间。最近有关部门对上海市幼儿早期教育状况

调查显示：3岁前有四成孩子已经上课了，4—6岁有七成。家庭的每年平均投入花费17832元。甚至0—3岁参加早教的孩子中有41.6%学的是拼音、英文、奥数等学科类知识。其实这个年龄的孩子最好的教师是父母，在生活游戏中潜移默化。我们也做过分析，越接近大班，家长越焦虑，不让孩子浪费宝贵的时间瞎玩，这是他们的宗旨。

家长也有一本难念的经，我们不仅要上得了厅堂、下得了厨房，还要陪得了孩子上兴趣班。其实家长是一批焦虑高危人群，孩子在上兴趣班，陪读的家长在一起就是聊我家的宝宝参加什么比赛，我家的孩子学了什么，连搞教育的媒体人听了也被全职妈妈吓着了，也觉得很紧张。焦虑的情绪会传染的。

2. 抢内容，小学的知识硬生生地被提早塞到学前期

有研究表明，提早学习知识有四大危害。

危害一：早学数学没用。有许多家长从孩子2—4岁开始就教孩子数学，每次新生报名总会有家长介绍自己的孩子会1—100的数数，会做加减法。但是孩子在玩玩具时，让他数数有几样，孩子只会"阿宝背书，有口无心"，1、2、3，不会一一对应地数。这不是孩子真正掌握了数学概念。一般来说，3岁前的幼儿对数已有笼统的感知，他们能区分明显的多和少；3—5岁的孩子在手口一致点数后能说出总数，并能按数取物；5岁以后的孩子才能脱离实物支持进行小数目的加减法。心理学实验证明，一旦孩子发展到了这个阶段，孩子对数的理解与运算就会变得简单，并且能达到真正意义上的理解。

危害二：过早识字弊大于利。有些家长让孩子过早识字，死记硬背，表面上认识了许多字，但会让孩子的认知过早符号化，会影响孩子想象力的发展与学习兴趣。

危害三：过早学习知识降低可塑性。如果孩子过早或单纯地学习知识，孩子的可塑性就会大大降低，有专家认为："年幼的孩子有很多发展方向，不要让孩子做一件事情而定性。"

危害四：过早学知识，影响右脑发展。曾有记者采访我：家长对"提早教育"十分热衷，让我谈谈看法。我的回答是：现在社会家长似乎过度重视学前教育了！过去社会上对学前教育完全不重视，认为幼儿园教育就是吃吃喝喝，要个保姆就够了。现在呢，社会对学前教育又太"重视"，家长因为急，才焦虑，因为焦虑以至于让学前教育成

了"随意压塑"的阶段,过早小学化,活生生剥夺了孩子的玩。有研究表明:任何阶段的人都是人,任何阶段的教育都是教育。每个阶段的教育其实都是无可替代的。学前阶段,游戏是儿童的权利,没有游戏就没有儿童的童年,没有游戏就没有完整健全的儿童。

我们不妨分析一下"超前抢先"的弊端:

压缩儿童的游戏期,没有玩的孩子过早成熟。卢梭指出:"大自然希望儿童在成人以前就要像儿童的样子。如果我们打乱了这个次序,就会造成一些早熟的果实,它们长得既不丰满也不甜美,而且很快就会腐烂。"我们要认识到:玩是幼稚心理的特征表现,玩的行为就是幼儿特有的样子。玩就是让孩子像孩子的样子生活。

没有疯玩的童年,一辈子都在寻求补偿。我们可以看到,哪个孩子不爱玩,哪个孩子没有疯玩过?如果没有玩就没有发展,不同时期的玩的行为隐含着不同时期的发展轨迹与奥秘:婴儿期,当他开始要爬的时候,不给他玩爬,当前似乎无妨,但是会对未来生存必需的平衡能力与感觉统合能力产生消极的影响。当孩子双手开始有目的地抓握大东西或拿捏小东西时,看似仅仅是满足手的运动需要和发展精细动作,而更重要的是在玩中在辨别区分,体验物体之间的因果关系,不给他玩,这方面的认识会受影响。当孩子在学习语言,你不让他"咿咿呀呀"自说自话,看上去似乎是很文静的孩子,但是会对将来的语言发展的质量与社会关系处理带来很大影响。

更有学者断言:没有疯玩的童年会导致的结果是逆生长。从心理学来说,是一种对以往不足的补偿:如果一个孩子该玩的阶段没有疯玩过,会一直没事找事地折腾,折腾自己也折腾别人。大学生熬夜玩游戏的,有人估计是童年游戏时间被剥夺了太多;该玩的时候不许玩,不该玩的时候偷着玩,就是因为之前被填得太满了。

只有孩子在完整、任性玩的童年里蓄积了足够的能量,将来的发展才会有后劲。

(二)承认孩子玩是有意义的,但是急功近利的成人又在教孩子玩

教育人人都会谈,但是做起来就难。试问:"玩"要教吗?华东师范大学朱家雄教授的微博以"儿童游戏和游戏儿童"为题发文,以孩子玩滑滑梯为例,展示了一个男孩玩滑滑梯的全过程。

一开始,他飞快地爬上楼梯,又飞快地滑下来,几乎不假思索。

再次上去,他先朝四周看看,再从侧面朝下面看看,拍着栏杆瞭望一会儿,才滑下来。

重新上去,他这次没有兴趣逗留眺望,但滑下来时却翻着花样,用手与屁股控制着,不让身体按自然的速度下滑。他控制得很是出色,快慢自如。

最后一次,他这次是从滑道上爬上去,虽然光溜溜的,有点难爬,但是他却很有兴趣的且克服困难上去了。接着一返身,又从陡峭的阶梯上下来,看似有点危险,但是他很得意与满足。

我们从中看到是儿童在玩,儿童快乐地玩,儿童用自己的方法在玩,在玩中孩子从来不缺少创意和方法。

但是现实中我们对待孩子玩滑滑梯又会怎么做呢?可能你会像刚刚看到的一幕,让孩子自由玩。也许你会不放心,陪着他上去,坐在你的身上保护着他一起玩,也许你想让孩子在玩中刻意关注学点什么,于是又出现了下面的一幕。

老师向幼儿交代滑滑梯的任务(关键词"任务",游戏变味的关键),让孩子按照次序一个一个往上爬梯子,并指挥他们一个一个往下滑,不断地关照他们"小心"。第二次玩的时候要求爬上滑梯看到什么。第三次玩,老师要求体会手按滑梯扶手紧松与速度之间的关系,最后要求从滑板上爬上去,不怕困难。

朱教授的结语说:这难道是儿童游戏,这是游戏儿童。

玩是儿童的天性,你要释放儿童的天性,就会发现无限可能。其实教育工作者也有难处,不是要教育游戏化吗?于是因为游戏化,变成"游戏儿童"。我们尚且不讨论这么学术的问题。我们仅仅从现象看本质。因为我们成人不相信孩子有潜能自己玩,有能力玩出水平,因为怕孩子学不到东西才急,因为所谓的为你好,实际上是桎梏孩子玩的天性,束缚孩子表现自己的可能。

(三) 如何让孩子玩得开心,学得有意义

对这个问题,有三种表现:

有的家长看到孩子在玩,不是说玩能促进孩子发展吗?于是你玩你的,我干我的,我也乘机玩两下:看手机、玩游戏。这叫甩包袱。其实家长要端正态度,对待孩子的玩,要陪伴。尤其是爸爸!你的态度决定你对孩子玩的重要性的表现。当家长全神贯

注地看孩子的玩,孩子感悟到成人的态度。会更喜欢表现自己。《潮童天下》,这档节目体现孩子对家长的真实评价。爸爸回家就是玩电脑、看手机。妈妈就是烧饭、买衣服、化妆。

对待这个问题,我们不妨自问:孩子在玩,成人用心陪伴孩子的玩了吗?

有的家长看到孩子在玩,想了解,但是不知道"看神马",看不出名堂,还认为小孩玩得很傻。其实对待玩与教,我们的专业教师也感到很棘手,幼儿教师的核心素养就是观察理解儿童。大家都认为,教学容易,带孩子玩不容易,特别是看儿童玩。这个跟做儿科医生一样的难。因此我们看孩子玩也应用科学的态度与专业理论去判断、分析揣摩!因此观察看懂幼儿的玩,是教的基础。

对待这个问题我们要自问:蹲下去看孩子玩,站起来看孩子发展,我们做了吗?

有的家长想让儿童玩得开心、又玩得有意义,但是如何让"玩与教达成平衡"?家长都知道要平衡孩子玩与成人教的矛盾。

玩是孩子的天性。孩子的玩纯粹为了愉悦,但是家长要的是达到获得知识目的的玩。于是用玩的名义,取消孩子的真正玩。孩子的玩与家长的"玩"的博弈。成人急迫地使幼儿知识化,不能使幼儿智慧化。

对待这个问题我们要自问:怎么使成人的教育智慧转化为孩子的智慧,我们试了吗?

二、看似"瞎玩",却伴随着孩子的发展

听到两个家长的对话:我家楼上的小姑娘真乖!我看到她又在写字,又是做算术。你看我们家的孩子就会玩,你说会玩出什么名堂?回答是肯定的,孩子在玩,而且的确会玩出名堂。

(一)玩是孩子的天性,伴随着孩子的成长

玩就是游戏(这是孩子纯粹的玩)。玩的特征:不受外在的目标控制,是孩子自身内在动机性的活动。游戏者自主,是孩子选择自由度很高的活动。表现已有的经验是孩子力所能及的活动。注重过程体验,是孩子不在意结果如何的活动。假想的、非正式的,是孩子不受评价制约的活动。体验积极情感,是孩子充满安全感、胜任感、成就

感的活动。

以"娃娃家"游戏为例。杨浦区的一所幼儿园孩子也在玩这类游戏,孩子的家长大多是大学里的老师,这些孩子已有的生活经验就表现出与其他区幼儿园不一样。他们的"娃娃家",竟然开设了大学,要做教授,一本正经模仿他们的父母亲怎么授课,还有数学课、物理课。我问他们,什么是物理,幼儿就说:"就是苹果怎么会落地的。"这是完全不受外在的目标控制是他们内在自己想要做的。还有实验室,我问:"你怎么知道实验室?"他说:"我在大学里玩的时候看到的,但是小孩不能进,危险的。"可爱之处是实验室里都是小孩子认为的实验——颜色会变的。整个活动孩子积极主动非常胜任,不受成人的评价控制,充满了愉悦、自信、成功的体验与满足。

实际上幼儿园有两类活动:一类就是游戏,"纯粹玩"孩子自己称作"玩"的游戏;另一类是教学游戏化,教师称作"用游戏的方式手段进行教学"。也就是通过游戏达到一定的教育目的。

实践中,孩子根据自己的体验已经告诉我们,什么是他们喜欢的真正的玩,什么是教学了。幼儿园有游戏而没有玩的现象就是孩子体验的结果。因此两类活动都有各自的功能,体现了幼儿园是以游戏为基本活动的。我们今天探讨的让各位家长重新审视儿童的玩,从儿童的角度去欣赏儿童的玩。我们不是简单地用"玩"来否定家长要求的"教的期望",而是将"玩"视作教的机智。

(二) 没有孩子的玩就没有孩子的发展

对于孩子的纯粹的玩,可能家长认为的瞎玩,研究表明发现有三方面的意义。

第一,游戏反映发展,游戏是儿童的表现活动,表现自己的已有的经验、水平。显然游戏是家长了解孩子现有水平的窗口。举个简单例子。两个孩子倒水玩。女孩一边倒,一边给男孩喝。男孩就是将这个杯子水倒到那个杯子。他们都是表现自己已有的经验。女孩有角色想象行为,在交往。男孩呢? 有两种判断:一是单纯性的动作技能性行为;二是伴随情境的想象性行为。只有了解孩子的背景,才能发现孩子在玩"茶道"。孩子倒来倒去原来在模仿成人的动作:洗茶、泡茶、倒茶。

第二,游戏巩固发展。孩子的重复行为就是幼儿在玩中的明显特征。比如反复把积木搭好又推倒,搭好了就拆,拆掉了又换一种方法搭,反反复复,乐此不疲。听故事,大灰狼的故事讲了一遍又一遍。一般来说，当孩子获得一种新的经验，或刚获得一种新技能，他们就会通过游戏不厌其烦反复重现，这表明游戏具有一种自发的练习功能，他们的每一次重复对掌握与巩固知识与能力都有极大的意义。当他们不再重复这行为了，说明某一种玩具玩腻了，也提示对他发展的潜在价值不大了。

第三，游戏促进发展。孩子的尝试行为就是他们在游戏中小步子递进的自我发展。上面的列举"玩滑滑梯"从上往下滑，玩得很是熟练，他们就不满足已有的水平，尝试一种新的玩法，沿着滑梯往上攀登，这个高于他原有水平，小心翼翼地尝试，以后他又会反反复复地玩，直到玩腻。游戏就是在儿童自己创造最近发展区。可见儿童的游戏是在游戏中自我的小步子递进的发展。

（三）会玩的孩子聪明，喜欢玩的孩子快乐

会玩的孩子聪明。会玩，游戏水平高。聪明，认知水平高。两个孩子在玩规则游戏，打牌比大小，一个男孩总是赢，玩的水平高。我问他有啥窍门？他说我在出牌时先记自己的牌，再比他的牌，看数字比较快，不要看花纹。他在玩时会找规律，认知水平高。

喜欢玩的孩子快乐。游戏是愉悦的。能给孩子带来正向的情绪——快乐。游戏具有明显的净化情绪的作用。

透过玩，孩子提升了创造力、冒险力、主动学习、团队合作、解决问题、人际沟通、自信、抗压力等能力，这些能力正是面对当前世界最需要的，也是未来社会发展所需要的能力。

三、玩转"低结构"：让孩子表现自己，让成人发现孩子

在上海市"二期课改"的引领下，在以幼儿游戏为基本活动的要求下进行幼儿园活动范式的变革。以我园获得的首届国家级教学成果一等奖"以幼儿自主学习为核心的低结构活动的探索"为例，让大家了解学前教育怎么让儿童玩的快乐，又使幼儿玩得有意义。

（一）什么是低结构，低结构的理念

在低结构活动的探索中，我们发现离幼儿近一些，离适合幼儿的教育也会近一些，

因此我们将低结构活动的核心理念凝聚为一句话,即"让孩子表现自己,让成人发现孩子"。通俗一点解释:玩就是孩子最好的表现自己的活动。怎么让他表现?

第一,玩是他的天性,不要压制他,你会发觉我家的宝宝跟别家的宝宝不一样。她听到音乐就会手舞足蹈,很有节奏感。

第二,你要真切地去关注他自身发展的需要,你就会给他一种开放的环境,一旦你满足他,有时会让你惊讶。当妈妈生病了,他会将角色游戏中的情境搬到现场,也拿着药瓶要喂妈妈吃药。成人一定要以开放的态度学会欣赏,不要拿别人的优点与自己宝宝比。

第三,要领悟孩子的学习有自己的特点,玩中学,做中学,生活中学。孩子除了玩,就是他的生活,生活中他时时刻刻都在学。幼儿园是让孩子利用幼儿原本生活的内容学会生活,同时又创设这种生活的环境让孩子学会生活。低结构就是尊重幼儿的学习特点,才能让孩子玩的有趣、有效、有用。

从上面的理念中我们可以回答什么是低结构活动。低结构活动就是以幼儿为主导的活动。教师用最基本的环境设计和简单的材料投放,给幼儿最大的想象和活动空间,幼儿自主选择、自由探索与表达。

一句话回答:低结构活动是玩,是学,是高质量的探索中学。

低结构活动力图解决教育既要顺应孩子自然发展,同时要将他的发展纳入社会对孩子的发展要求。这是一个两难问题:也就是如何既满足孩子的玩,又让孩子的玩有价值?重点就是要用成人的教育智慧来呵护孩子的智慧。

以孩子的低结构活动为例。"玩管子"活动,成人不要求幼儿做什么,也就是不设目标时,幼儿根据自己的意愿随意玩,有的用管子打电话,有的拽来拽去,但教师感到很困惑,不知道幼儿怎样的表现是有意义的,也不知道如何引导,便开始怀疑活动的价值了。但在"玩轨道"的游戏中,设定明确的目标,让幼儿知道小球从高向低滚动的特点,结果在教师引导下,过程的规定性限制了幼儿活动的多样性和自主性,幼儿不喜欢玩了。

于是教师设隐形的目标这个目标是成人心目中的要求(随意组合材料,想办法让球滚动。能将事物放在关系中考虑,如管子摆放的位子与球的滚动的关系,球从管子中滚落的位子与地面容器摆放位子的关系），但是不能将这个要求转化为让孩子完成的任务。这个很重要。小班孩子在玩，他们的表现是不一样的。男孩子将管子竖放，球在管道中滚动了。他又构建十字架，但是在横放的管子里小球没有动。他想借助外力推动。但是球卡住了，他突然发现不对，将上下四根管子交接处留空，这是非常智慧的举止，上下两面都可以通。横放的管子中的球，也滚动了。但是没有滚到箩筐里，反复调整箩筐位子，球接住。他很兴奋。这个小女孩是在用管子搭她喜欢的图形。说这是房子，每一层楼里住着人，（用球表示）这是烟囱。孩子玩的结果是发现的多元的。

由此看到，要达到成人的教的目的与孩子玩的快乐之间平衡，必须允许孩子玩中的实际结果与成人目标之间存在差距。

我们要注意的是，一旦把结果变得功利、变成不顾孩子感受的一味追求目标，就会异化了游戏。

（二）低结构活动的要点与价值

1. 注重提供孩子充分表现自己的可能与机会

如"镜子迷宫"的活动，教师创设镜子迷宫的场景，材料设计非常简单，就是纸板箱与夹子做成一个镜子迷宫，教师并没有强加给孩子一个方向，孩子进入镜子迷宫，为什么有这么多的我？再看自己就是一个我？走进去怎么走出来？有的在迷宫中玩起了娃娃家，还做了标记，1号娃娃家，2号……咦？镜子中的数字怎么反了？一个男孩子用手势表示，引起孩子们很多疑惑，有的要去探个究竟，孩子们表现出强烈的活动欲望，有的完全被好玩吸引了。

2. 注重观察差异，发现每个孩子的不同特点

孩子在玩迷宫，仔细观察，有的孩子就是钻进钻出，玩得很是开心；一个男孩子在探索怎样的路径可以很快走出迷宫，两个女孩子在猜这是谁的手。教师从中发现他们不同的表现与特点，能力倾向、认知风格也不一样。没有谁好，谁不好，差异不等于差距。

3. 注重让幼儿主动获得经验，建立规则，养成习惯，促使幼儿形成健全的人格

"地铁里等车的人"这个活动，使孩子们走向社会做小调查。他们发现地铁里等

车的人很多,很拥挤,而且挤不上去,很危险。于是在活动中孩子们讨论并模拟着:我们排队一个一个上下车,还要排排队先下车再上车。

(三) 低结构活动的主要策略

学习不一定是游戏,而游戏一定是学习,低结构活动强调的是探索性的学习。让孩子用自己的身体去探索,用自己的智慧去发现问题,寻求答案。成人加入孩子的玩需要记住的一个原则就是,让教育这件事变得有趣,让学习与教育看上去无关,这叫无痕教育。

游戏不仅仅是一种具体的行为、动作,更是一种态度、生活方式和精神。从某种意义上来说,游戏的态度精神比具体的游戏活动更重要。成人就缺少游戏精神。低结构活动中,成人要向孩子学习。

1. 行动一:用心看孩子

低结构活动的成人将观察的视角聚焦于隐性目标之内的孩子的行为,以及隐性目标以外的孩子的表现。然后思考我们下一步应该做什么?

第一,带着玩的心态,揣摩孩子的玩。对于孩子的玩以及他们在玩中的诠释,成人要与孩子同感。

一个小班女孩对于"月圆月缺的现象"理解:你看中秋节月亮吃饱了,所以她的肚子胀胀的、圆圆的。中秋节过掉了,她的肚子没有吃饱,所以也饿扁了。

大人听了孩子对于世界上的问题的独特理解肯定哭笑不得。相信你在平时肯定听到过儿童理论。但你不要小看孩子的经验不多,但是思维却不受限制,敢于大胆地想、大胆说。成人与孩子的对话是很困难的,难就难在孩子的立场与成人的立场不一样,要尽量去走近他们,揣摩他们的想法与做法。成人至少不要去否定他,对孩子说出的令人意想不到话语,不去指责,而是欣赏理解就 OK 了!

有人说,小孩子看成人的世界是用"心",而成人看小孩子世界是用"眼睛",我们至少也向我们的孩子学习,用"心"去理解他们。

第二,从孩子的视角欣赏他的玩。看孩子的玩,一定要会欣赏自己的孩子,从孩子的视角想问题,千万不要用成人自己的想法去看,否则你又会带着焦虑的心态,又要进入"比的怪圈"。比如看孩子与别家的孩子在玩,你看这个宝宝"门槛精"吗,先将玩具全部都挑好,我家的宝宝老实,你看随他挑,傻!如果从孩子的视角你就会发现,前面一个孩子玩的特点是把所有的玩具挑选后再玩,而你的孩子喜欢边玩边选玩具。或者你可换一个角度想,自家的宝宝大气的行为使他人缘好,在团队中是最受欢迎的一个。有的宝宝一到幼儿园,不是马上就进入活动区,家长又急了,你快进去,怎么这么慢?殊不知这个孩子在选择,或许在选择内容,或许在选择同伴。因此当你放下教的心态,你会发现每个孩子都是精彩的,每个孩子都是独一无二的。

第三,观察与分析孩子玩的价值。成人学会有重点地观察孩子的玩。这是一个很专业的素养。低结构活动重点观察的内容就是:幼儿行为与教师预设目标之间的关系。

案例:会飞的小兔。刚进园只有十几天的小班女孩在玩主题"小兔乖乖"的游戏。她在磁铁墙上表现了她心目中的小兔子,一只耷拉着耳朵、没有嘴巴、缺少腿的小兔。老师有意识地与她对话,(目的是让她了解小兔的主要特征),小兔怎么没腿的?她马上回答,并用手指着两条白线,这不是脚吗?再补上一句,小兔子飞起来了,飞到42层楼高。一个三岁孩子,竟有如此合乎她自己的逻辑的想象,并能用自己的方法表现出来,所以你相信孩子能行,奇迹就会发生。

2. 行动二:提供高开放的材料玩具,让孩子创造性地玩

我们都知道孩子的玩离不开游戏的材料,以此实现玩的娱乐功能和教育功能。所以我们将游戏的材料界定为:被用于儿童游戏的一切物品,包括玩具以及日常物品与自然材料。我们称玩具是孩子的教科书。

我们还是要从孩子的视角看,首先我们要了解幼儿在环境中的表现:是否全身心投入。我们发现,相对于慢慢地走来说,幼儿更喜欢奔跑,在他们的字典里没有走,只有跑,相对于稳稳地坐在椅子上动手操作,幼儿更喜欢趴在地上用整个身体去玩耍,相对于按要求去"建构",幼儿更喜欢随自己意愿去"破坏"。

低结构活动材料与玩具非常强调高开放。提倡"尊重个体(满足每个孩子的个体活动需要)、崇尚自主(自由选择材料、自主决定使用材料的方式、凸显探索(孩子自由探索发现材料的特性与创造性地使用材料)",孩子是主导环境材料的真正的主体。

材料投放要点：与幼儿能实现对话的活动材料。提供最基本、最简单、原生态、多元的、系列的材料，将环境材料的选择使用权还给幼儿。材料投放有最基本的材料系列，自然地的沙、水等，玩具：积木、串珠等，开放度很高，可以有无数不同组合，幼儿推倒重组，在过程中又可以随意想象重构。还有颜料、黏土、绳子、管子、纸等，这些材料都有一个基本的特点，生活中有的，最简单的，但是可以给孩子最大的想象空间与活动空间。

作为材料玩具的支持者，我们始终坚持着这样的观念：一要提供最简单的材料，发挥最大的发展价值与游戏功能；二要充分利用生活中的材料，在与幼儿的共玩中变成玩具；三要相信幼儿的自创玩法比我们成人规定的玩法价值大。要允许幼儿在成人规定的玩法之外，能按照自己的方式游戏操作。这是实现环境材料最大化的体现。其实玩具与儿童的发展之间具有双向关系。在幼儿手里玩具制造商设计的本来的功能肯定会被幼儿背弃的，他们无穷变化着玩法，让成人始料未及。

3. 行动三：平等互动，等待与支持

加入幼儿的玩的行动，匆忙还是从容一直是我们要选择的，事实上我们太过着急，教育要慢下来。我们与幼儿同玩中切记不要匆忙地赶鸭子上架。要从容地与幼儿一起享受玩的过程。

因此成人的支持：提供足够的时间让幼儿持续构建，家长教师要给幼儿保留作品的机会，无论是建构作品还是美术作品。尊重幼儿的活动就要从尊重幼儿的作品开始。我们经常看到幼儿们用绘画形式做的标记，"不要动"，说明：自己构建的作品还没有完成。其实这也是培养幼儿的游戏创造性与持续性。参与孩子玩的行动，应该与幼儿平等互动。

一要等待——静待花开。教师干预得越多，幼儿自我表现的空间越小，支持不是替代。我们为了提高幼儿的水平，急于求成，总想帮他点忙，但如果时机不到，反而适得其反。还不如静静地在一边等待，说不定幼儿的发展就在你的等待中发生。

案例：过家家。一小女孩在家烧菜，将长形纸条想象成面条已经一段时间了，老师很想干预，但最后选择等待。于是奇迹发生了，第二天这孩子将这个长纸条替换成粉条。她会将生活中的经验引进，并将替代物的内容扩大，将相关事物的主要特征进行比较鉴别后,找到相同事物的共同特征。过了一段时间,在活动中她将长纸条又替换成打扮自己的围巾、头饰等,她的替换的内容又从食物向穿着扩展。所以,成人要学会耐心地观察与等待。将游戏权给孩子的同时,你自己也学会看孩子发展的规律了。

二要支持——有效的学习。玩与教巧妙地融合,并链接教育与游戏。有效的学习意味着孩子获得新的经验,要获得新经验,就要让幼儿面临问题与挑战,形成不确定。成人要鼓励幼儿进行经验的积累和重组。

案例:影子的变化。让孩子在玩中产生认知上的冲突,形成新的经验。老师引导孩子探索发现影子产生的条件(光源、遮挡物、被投射的物体——屏幕),玩中对探索影子的变化感兴趣。教师提供手电筒等生活中的物品。孩子自由探索在玩中发现:在手电筒的照射下,矿泉水瓶子的商标有暗区,但透明的地方没有影子。于是他们就将矿泉水瓶子全部贴满纸,瓶子的整体影子出现了。幼儿在反复玩中了解了影子产生的条件,其实孩子积累的经验越丰富,对未来学习的知识越容易理解与掌握。

有效的学习,激发幼儿的探究欲、想象力,引导幼儿的思维活动,不是将问题变得容易,而是引向困难。这意味着成人需要与幼儿进行交流,包括与孩子对话。对话是平等的,你千万不要以成人的姿态与其交流。

案例:玩水。孩子在玩水,从中发现特点,水从高处往下流的。孩子问怎么会的?对于孩子的问题老师很智慧地回应:"你说呢?""你怎么会这样想的?"千万不要替他回答。这就是皮亚杰的究因性提问。他提倡的是为孩子创设一个自己学习与发展的环境,可以克服为幼儿提供现成答案和做法,他的提问主要特点在于"反逆性"。他认为反逆性提问有助于幼儿的思考形成不平衡状态,帮助他们感知他们所相信的事情未必总是正确。幼儿时期批判性思维的培养很重要,成人要鼓励他们质疑。

成人与孩子交流。成人管住嘴,不等于不说话,成人说话是有意义的。比如教师与幼儿之间的谈话。教师通过和幼儿讨论,引导幼儿将当前经验与已有经验进行整合,幼儿就能得到提高。但是,成人不是从头到尾一直讲。幼儿有效学习与成人体力消耗不成正比,并不是说成人讲得越多,幼儿就发展得越好。幼儿有效学习与成人的脑力消耗成正比。成人也需要创造性的劳动，无须多讲就可以把幼儿调动起来。

四、结语

从儿童的视角重新审视孩子的玩，学前教育中，谁要试图将教育与娱乐划清界限，就是既不懂得教育，也不懂得娱乐。幼儿教育阶段玩中学，玩中乐，游戏、学习分不清才是最高境界。

加入孩子玩的行动，既是满足孩子的当今快乐，也是关注未来人生充实精彩。

主题介绍

宝贝的举动,家长都能心领神会吗?早期经验影响未来。家长如何在观察、理解儿童并站在儿童的视角上,在尊重儿童发展的基础上,选择和采用科学育儿的方法和策略,以使儿童在婴幼儿时期,得到最适宜的保护、照料和养育,使他们得到健康、快乐、全面的成长,这是当前科学育儿的重要命题。

茅红美,上海市学前特级教师,上海市首批正高级教师,国家二级育婴师。现任上海市早期教育指导服务中心主任、上海市教委学前教育信息部副主任,长期从事学前教育的实践与研究。主持"面向0~3岁婴幼儿家长的科学育儿指导的探索与实践"课题研究,获得2014年国家级基础教育教学成果一等奖。荣获上海市先进工作者、上海市儿童工作白玉兰奖、全国教育管理创新奖等。

读懂宝贝　智慧育儿

茅红美

扫码听讲座

孩子"不听话""胆小怕生""不愿分享""粘人""咬东西或咬人""大哭大叫""紧张害羞""爱发脾气""开口晚"……经常有1—2岁幼儿的家长向我咨询碰到孩子的上述"问题行为"该怎么办。在需求调查中我们也发现,上述这些"问题行为",或多或少会出现在每个家庭的养育过程中。孩子的攻击性行为、咬东西或者咬人、大哭大叫等现象尤其突出,家长们普遍感到烦恼,处理起来有困难或束手无策。

上述这些现象真的是问题行为吗？坦率地说,不是。为什么那么多婴幼儿时期很常态的探索、情绪表达行为会被家长贴上"问题"这样的负面标签？很多家有一岁左右宝宝的家长已经焦虑到恨不能把孩子送到各种机构"规训""学习"？究其深层次原因,就是家长不懂婴幼儿身心理发展规律与特点,无法辨识宝宝行为背后的意义,基于主观来判断对错。

一、0—3岁宝宝典型行为案例分析

0—3岁养育得当,将为日后的学习与发展奠定基础。下面我们以情景模拟的形式带领家长学习分析幼儿典型行为现象,实操演练支持宝宝发展的小妙招。

(一)情景1:孩子在马桶边玩水

1. 事件描述

真真(19个月的男孩)拿着自己的水杯在饮水机的水龙头里接了水,喝了两口,突然向洗手间走去,他踮着脚在洗面池里接水玩水,玩着玩着,他看了一眼旁边的抽水马桶,朝抽水马桶走过去,眼看就要把水杯送到抽水马桶里去了。

2. 情景模拟

老师扮演孩子,四位家长以自己真实的想法和做法本色出演,进行情景模拟。结果,只靠劝阻、说服或者简单粗暴的制止和不允许非但没有用,宝宝反而哭闹得更厉害。原本孩子的好奇行为,因为成人不当的处置,孩子反而表现出各种行为问题:哭闹、咬人、攻击、紧张、胆小、害怕、退缩等。

3. 行为现象分析

首先从宝宝的角度,分析其心理动机和需要。在宝宝看来,马桶的高度正好适合他的身高,舀水容易,而且有深度,方便又好玩。这满足了宝宝的好奇心,满足了完全想要探索空间、探索不熟悉事物的心理需要。

其次看事件和行为本身对宝宝的价值和影响。玩水不仅能满足孩子的需要,还可以丰富宝宝的触觉经验,积累对容器的认知、获得有关沉浮、深度等概念。是非常有意义的学习,所以玩水应该支持。但是,宝宝玩的是马桶里的水,无论从安全卫生还是文明举止而言,都是不适当的,所以马桶里玩水的行为应该制止。

4. 给家长的妙招:要了解孩子的发展规律和特点

首先,要建立与培养规则意识。在马桶里玩水当然不可取,这是一种不文明的生活行为,我们要及时制止宝宝的行为:"宝宝不可以在马桶里玩水。"这个规则和底线必须坚持。

其次,寻找替代物,满足宝宝玩水的游戏需要。比如可以用水桶、水池等来代替马桶:"宝宝,我们拿大水桶,到阳台上玩水。"这样既文明卫生又能满足宝宝的好奇心和探索的需求。

最后,陪伴游戏,提升游戏趣味与水平。在陪宝宝玩游戏过程中,家长可以适时地参与互动,激发更多的创意和玩法,这样既可以提升游戏的乐趣和水平,又能体现游戏的价值。

因此,当孩子的行为发生的时候,我们处理的方式不一样,孩子后续的行为也会不一样。好的处理方式会得到好的结果,不当的处理方式会导致更多的行为问题产生,甚至会影响孩子的性格塑造。

(二)情景2:孩子不依不饶

1. 事件描述

每天傍晚,2岁女孩开开都和外婆一起下楼来接妈妈。今天妈妈回家稍早一点,开开兴奋地叫着要下楼接妈妈。妈妈一边答应她,一边开始向楼上走,他们在四楼碰到了,开开张嘴就大哭了起来,坚持要求妈妈下楼,要重新接妈妈上来。妈妈觉得非常累,可是开开不依不饶!

2. 行为现象分析

从宝宝的心理特点来看,开开处于2—4岁的秩序敏感期,面对突然的变化感到无所适从。父母遵守诺言的行为,可以为孩子树立很好的榜样,让孩子意识到爸爸妈妈是可以信赖的,同样给孩子带来安全感。另一方面,良好的秩序感会给孩子未来奠定两种基础:良好的逻辑思维能力、对社会规则的遵守。

3. 给家长的妙招:用耐心陪伴孩子度过秩序敏感期

家长要有足够的耐心和孩子共度秩序敏感期。条件允许下就满足孩子的要求,如果不能满足,多安慰少责怪。在和宝宝已经商量好规则的前提下,家长一定要坚持和遵守。

(三) 情景3:孩子不愿意分享玩具

1. 事件描述

3岁女孩心心还不会与人分享。每次家里来了小客人,心心都表现得很小气,甚至争得哭闹起来:芭比娃娃不给人玩,图画书不给人看,好吃的自己独享等。

2. 行为现象分析

从宝宝的心理特点来看,两三岁的宝宝,正是建立自我意识的关键时期。此时最重要的任务是将自己与他人分化和区别开。他们自我意识的形成需要借助特定的物品和行为,他们需要花大量的时间来感受掌控。自我意识越强,他们对东西的占有欲望就越强,"只要是我看到的,就是我的",这是幼儿发展过程中一个好的阶段和成长特点的表现;这是幼儿从自然人到社会人的转变。

从宝宝的学习与发展来看,宝宝最先需要学习的不是"分享",而是"拥有"。"我"的物品是安全的,不受侵犯的。"我"拥有这个物品的支配权。只有当宝宝觉得拥有很"完整"的时候才有可能进行"自愿分享"。

3. 给家长的妙招:不随便给三岁宝宝贴"自私"标签

首先,不要随便给宝宝贴"自私自利"的标签,要认识到这是幼儿成长的阶段;其次,别要求宝宝把"最爱"与人分享,允许他保有"最爱"的私心;再次,分享是有选择的,不是每个人我们都愿意和他分享,父母家人是宝宝分享对象的首选,从与家庭成员分享开始;最后,鼓励和赞美是分享行为的强化剂,宝宝出现与人分享的行为,大人要不失时机地进行赞美。在幼儿成长过程中,尊重幼儿、保护幼儿,同时让他很好地认识自己并意识他人,这是家长们需要学习的育儿艺术。

从以上三个案例分析中,我们可以发现,孩子出现的这些问题都不是真正的问题,都是孩子成长过程中的一种正常行为表现。但是因为成人不了解孩子,甚至误解孩子,采取了不够恰当的方法去处理,结果就引发了孩子各种行为问题,也就是家长看到的无理取闹、哭闹、退缩、任性等。因此,我们要意识到,成人的首要任务是了解儿童、读懂儿童,能够通过孩子的行为发现其背后的意义、动机和价值,从而反思自己的行为,以更恰当的方式对待。我们要时刻提醒自己,儿童无时无刻不在通过语言、动作、情绪等行为显示他们成长的密码,表达他们的成长需要,每做一件事情,都是一次成长的机会。

二、0—3岁宝宝的家长应主动学习养育知识技能

怎样成为一个会解读、善回应的家长?方法说简单也简单、说复杂也复杂,那就是主动学习!学习一些脑科学、心理学、教育学的知识;学习破译宝宝行为现象背后的"发展密码";学习在家庭生活中为宝宝提供好的环境,顺应与支持宝宝的发展。具体包括理论知识、反思能力和方法技术。

(一) 家庭科学育儿的理论知识

举个例子,积木游戏中,19个月的宝宝很顽皮,一刻不停,一直想要推倒积木。成人反复垒,宝宝反复推。这个过程有什么积极意义?一是宝宝从已知、可控结果的反复动作中获得探究的满足感、成功感,这个过程满足了宝宝的心理需要。二是宝宝在模仿成人的动作中学习新的玩法,反复的垒高与推倒的过程是对因果关系的学习,也是在促进手眼协调的发展,更是感知积木大小、形状与空间关系的好机会。这个过程既是宝宝游戏的机会也是学习的机会。三是宝宝有兴趣,持续时间长,探索精神高,不断重复学习和模仿学习,这个过程也是培养专注力的机会。

因此,成人应学习儿童生理、心理发展的理论并不断进行知识更新,了解儿童早期发展的规律和特点,体味成长的快乐,这样才能提升亲子陪伴质量,提高宝宝的游戏水

平。那么,成人具体还可以学习哪些理论知识呢?

第一,了解一些脑科学的知识。出生后最初几年是大脑发育最迅速的时期,要把握大脑发育敏感期,最大限度发挥儿童潜能。0—3岁是儿童早期教育的开端,此阶段是儿童大脑发育最快的时期。一方面,大脑重量迅速增长。另一方面,脑细胞突触连接速度惊人,由于0—3岁大脑迅速发展,突触较成人多,所以有巨大的学习潜能。

大脑发育是儿童发展的基础,儿童日后的学习、行为和健康都取决于大脑的发育结构。人类的大脑是在环境的影响之下不断发育和完善的,只有通过不断的学习,人类的大脑才能够趋于成熟。一方面,把握大脑发育敏感期,合理安排儿童一日生活,为儿童提供较为丰富的感官刺激并为其提供最佳的语言环境,锻炼其社会适应能力和认知能力,增加儿童大脑内神经元突触的数量,最大限度地发挥其潜能。另一方面,要及早识别高危儿童,把握发育的机会窗口。如天生斜视的儿童,如果不在6个月前纠正的话,一生都将无法发育出正常的视敏度或视觉深度。

第二,了解婴幼儿的发展敏感期。根据蒙台梭利对婴幼儿敏感期的观察与研究,我们归纳出九种幼儿敏感期,分别是:0—6岁的感官敏感期,1.5—4岁的对细微事物感兴趣的敏感期,0—6岁的动作敏感期,2.5—6岁的社会规范敏感期,4.5—5.5岁的阅读敏感期,6—9岁的文化敏感期、3.5—4.5岁的书写敏感期,2—4岁的秩序敏感期,0—6岁的语言敏感期。

0—6岁敏感期的发展为孩子后续的成长奠定了坚实的基础,幼儿甚至成人期很多的能力都和这些敏感期的发展有关。特别要强调的是0—6岁的感官敏感期,又叫感知觉敏感期,感知觉即听觉、视觉、味觉、嗅觉、触觉。在味觉敏感期,世界就是各种味道;在0—2岁触觉敏感期,生活常识一触即知;在胎儿时期的听觉敏感期,听出温暖与安全;在0—0.5岁的视觉敏感期,同样的眼睛不同的世界;在嗅觉敏感期,闻出气味添动力。所以,家长千万不要只注意让孩子多看多听,还要记得让孩子多尝多闻多触摸。

在动作敏感期,我们需注意在精细动作发展的同时,要更多地鼓励孩子大动作的发展,为爬行期、跑跳期的孩子创设环境和机会,锻炼幼儿的感觉统合、体能和灵敏协调能力。在2—4岁的秩序敏感期,孩子需要一个有秩序的环境来帮助他认识事物、熟悉环境。一旦他所熟悉的环境消失或者改变,他就会失去安全感,从而无所适从、坐立不安。幼儿的秩序敏感常表现在对顺序性、生活习惯和所有物的要求上。蒙特梭利认为如果成人未能提供一个有序的环境,孩子便"没有一个基础以建立起对各种关系的知觉"。当孩子从环境里逐步建立起内在秩序时,智慧也因而逐步建构。

第三,了解婴幼儿心理发展的特点。0—1岁是人一生心理发展最为迅速、心理特征变化最大的阶段。这一阶段心理的发展与粗大动作及精细动作的发展联系尤其紧密。1—3岁儿童的更多心理行为得以发展,成为更复杂的小人儿,呈现出5大特性:一是直立行走。活动空间、交往范围变大,在对身体控制更加娴熟、自信的同时,带来更多主动、积极、复杂的探索行为。二是使用工具。探究能力更加复杂、高级。其典型表现开始有因果关系的探索行为(12个月以上)。三是伴随动作、认知的发展,具有破坏性的探索行为增多。儿童探索行为的发展基本都是从"无意破坏"开始的,逐渐学会"建设"。四是言语和思维的发生。可以用语言与人互动、表达想法;执行成人的指令,理解规则。五是表现出最初的独立性。独立性是儿童自我意识发展的典型表现。其典型行为是自我中心现象(0—3岁)。上述心理发展的特点提示我们,孩子的心灵比任何物质都重要,天底下只有一个方法可以影响人,就是了解和尊重他们的需要,并且让他们知道怎样去获得。

第四,了解婴幼儿不同发展阶段的典型行为。如1—14个月的口尝现象,4—15个月的位移现象,8个月开始出现的客体永存现象,6—10个月出现的陌生焦虑现象,12个月以上的语言泛化现象,10—38个月出现的"破坏"行为,18个月以上出现的"反抗"行为等。我们应该欣喜地看待幼儿的这些行为现象,并且认真科学应对。因为,这些典型行为意味着幼儿从一个阶段发展到了下一个阶段。

(二) 家庭科学育儿的反思能力

第一,家长要反思婴幼儿各种行为现象的背后的原因。比如,为什么1—14个月出现口尝现象?因为这是幼儿情感的慰藉和探索世界的需要。为什么4—15个月出现位移现象?因为幼儿感知世界的空间变大了。为什么8个月开始出现客体永存现象?为什么6—10个月有陌生焦虑现象?为什么12个月以上出现语言泛化现象?为什么10—36个月出现"破坏"行为?为什么18个月以上出现"反抗"行为?⋯⋯这些都需要我们去思考,去解读。刚才大家研讨分析的三个案例中,要想理解真真为什么玩马桶,就要理解这是幼儿活动探索的需要;要想理解开开为什么要妈妈重新走楼梯,就要理解这是幼儿的秩序敏感期;要想理解心心为什么不分享,就要理解这是对幼儿自我意识的尊重。

第二,家长需要时刻反思自己的教养行为。一是反思孩子的行为动机和需要是什么?二是反思有没有用孩子当下身心发展的特点与规律来分析现象与问题?我的分析判断是否过于武断、主观?我对孩子的要求和期望是否符合他的月龄发展特点和能力水平?三是反思自己的行为和要求是否有助于孩子的长远发展?有没有为孩子建立良好的行为示范?有没有更合理的回应与问题解决策略?

因此,家长要常以"儿童为本""关注长远""整合发展",反思自己的养教行为。

(三)家庭科学育儿的方法技术:生活中的高质量陪伴

第一,给孩子一个适合的游戏环境。在单一、枯燥、封闭、非自然的环境中,孩子会感到无聊、注意力分散,而且容易"闯祸"。那么,孩子需要什么样的环境和游戏材料?答案是,儿童需要可探索的、可变化的空间;生活的、自然的游戏材料。比如:自然类的树叶、贝壳、石头、木头、羽毛等,生活类的盒子、布、纽扣、钥匙、工具等,玩具类的积木、角色装扮、涂鸦等。其中,沙、水、泥、面是适合儿童玩的四大经典材料。然而,我们现在的家里很少看到这些材料,我们往往忽视了这些自然的元素。

除此之外,家庭要给幼儿提供自然的运用这些材料的机会。相信幼儿可以自主地利用生活材料进行游戏,这会诱发幼儿生动、有意义、有价值的行为。同时,家长还需认识到幼儿在陌生的环境引发的是探索行为,在熟悉的环境引发的是游戏行为,幼儿把生活经验进行重复、想象和装扮,这有助于幼儿的学习和发展。

以安吉游戏为例。在安吉幼儿园里,我们可以看到大小梯子、木板木块、轮胎、箱子以及各种小玩具等,没有教师向孩子交代游戏玩法,没有教师组织安排,孩子们自发地三五成群,进入了各种类别的游戏情境。游戏中,没有教师教导孩子应当干什么、不应该干什么。孩子们太会玩了,创造出许多意想不到的玩法,让我们看到了久违的自然游戏中的玩性、野趣和童真。

"安吉游戏"的环境创设,充分利用幼儿园的走廊、教室、门厅等室内环境,充分开发和利用户外游戏环境,把幼儿从狭小的室内解放出来。安吉游戏已引发在全国的学习和推广,并走向国外,引发了国内外对幼儿园教育模式的反思。试想一下,幼儿处于这样的环境中是多么快乐,因为有了这样的经历,在以后的学业生涯、生活和工作中都是如此快乐,这为幼儿的成长奠定了非常好的基础。

我们可以得知,任何微小的、看起来很普通的时刻也蕴含着惊奇、置疑、发现和学习的巨大潜能。当我们观察到,一个孩子正在惊奇地看着小池塘里的一根浮木时,我们就可以去探索这个看似寻常的时刻所蕴含的关于孩子发展的深奥意义。通过对孩子兴趣、意图的仔细观察,我们可以更好地了解孩子的兴趣和经验。如果,成人能够对儿童的这些寻常行为及时地表现出兴趣,并给予支持,那么,就会与儿童最初的热情相融合,可以促发儿童更加深入地探究和学习,进一步巩固和深化儿童的已有经验。作为教养者,我们的任务是参与这些寻常时刻,而不是去控制它。我们应该在参与儿童经验的过程中,追寻着儿童兴趣发展的轨迹,而不是只关注行为的结果和自己的期待。

第二,和孩子一起工作(游戏)。建构主义理论关于儿童的学与成人的教:知识是由学习者从内部建构而形成的,而不是从外部输入而形成的。经验世界是复杂的、精细的,所以学习包括对各种事实、多种表征和观点的思考。记忆只是让儿童知道某些事实与答案,他(她)不一定真正了解事实之间的复杂关系;智慧发展的核心在于思维的发展,要让儿童养成一种思维的习惯。儿童在操作、讲述、表达的时候,他们在积极地学习;成人(教师、家长)在倾听、观察、质疑、提问的时候,他们在用心地教学。建构主义的学习环境强调在有意义的环境中的真实任务,而不是脱离环境的抽象的传授。教养者的一些言论和讨论能帮助儿童澄清他们的想法,或改变他们的想法,这样帮助儿童建构自己的知识基础。

第三,成人的倾听和对话。家长一方面可以通过鼓励孩子表达、耐心听完整孩子说话、不随便打断等方式倾听孩子。另一方面,可以通过使用描述性语言:把自己的所见所闻和所思所想讲给宝宝听;相互问答:在关注"是什么"的基础上拓展问题类型;利用专门的语言游戏,如趣味接龙等,增强孩子的对话兴趣,锻炼孩子的思维能力等方式与孩子对话。举个例子,在厨房里,妈妈把正在操作的东西不断和宝宝说一说;宝宝听到妈妈的声音会觉得很安全;在给宝宝换尿布的时候,家长保持与宝宝交流和对话,对自己正在做的事情进行具体的描述。这些做法都是家长可以借鉴的。

第四,亲子共读。亲子共读的内容包括卡片书(如《黑白卡》《宝宝的第一本书》

《快出来　快出来》》；声音模仿书（如《喵喵》《换一换》）；隐含"藏找"游戏的书（如《动物动物捉迷藏》《是谁的肚脐眼》《走开，绿色大怪物！》）；亲情故事书，如《连在一起》《小毯子哪儿去了》）；习惯养成故事书，如《小熊宝宝绘本》系列、《聪明的小宝》系列）；无字联想书，如《苹果与蝴蝶》《一个男孩、一条狗和一只青蛙》）；情节故事书，如《想吃苹果的鼠小弟》《一步一步，走啊走》《好饿的小蛇》《小老鼠的漫长一夜》《好饿的毛毛虫》《被谁咬了一口？》）等，通过丰富的亲子阅读提高陪伴质量。该如何进行共读呢？幼儿需要在轻松的环境中进行阅读，让幼儿没有压力。给幼儿选择自己想要看的书的权利，如果他想反复读一本书，那么家长就尊重孩子的想法，反复读下去。给幼儿选书的时候，一方面要考虑幼儿的语言发展水平，选择适合他们语言理解能力的书，并且结合他们的生活中曾经发生过的事情或者感兴趣的事情来选择内容。

第五，其他。一是在生活中建立和执行必要的规则，给孩子自主选择、真选择的机会，规避"假协商"。二是在环境创设中，注意要自然开放、自主自由、激发好奇。三是把握陪伴契机，注意源自生活、基于观察、发现兴趣。四在分工协调上，要意识到父母当先、父性参与、原则协同。五是家长做好行为示范。六是良好的亲子关系、愉悦的情绪体验为先，慎用惩罚。

让我们学做合格父母，破解儿童成长的密码。好父母的七个标准包括，会陪玩、会放手、会照料、会抚爱、会倾听、会沟通、会等待，你能做到吗？我相信只要用心、走近孩子，我们就能做到。

"寻根平时的早期教育"成为近十年来学界研究的新动向。美国罗杰斯中心的创始人表示："我们日复一日地给孩子喂饭、换尿布、穿衣服、安排游戏、擦眼泪。在这样平凡的生活中，我们有时会淡忘自己的重要性。最终，对孩子影响力最大的，是我们真诚、实在的为人。"因此，孩子的品格教育、能力教育从呱呱坠地那一刻就开始了。科学育儿，源于我们对宝宝的理解；读懂宝贝，科学育儿！孩子是国家非常重要的财富，希望我们的家长能够真正了解孩子，让他获得健康的养护环境、健康成长；希望我们的家长能够一路和孩子共同快乐成长；希望我们能够成为影响周边环境的非常重要的读懂孩子、科学育儿的传播者。

主题介绍

孩子进入小学后,不少家长选择了全年无休的陪读模式:白天上班,晚上辅导孩子作业,双休日还要陪孩子上各类辅导班。这样的陪读是否有效?孩子是否喜欢?长此以往,他的学习依赖性会不会越来越强?如何让这种"中国式陪读"转变成孩子们真正所需要的陪伴呢?让我们走近孩子,了解他们的需求,倾听他们的心声,用智慧与爱一起陪伴孩子成长,静待花开!

陈珏玉,上海市虹口区第四中心小学校长兼党支部书记,上海市特级校长。现为上海市教育学会小学管理专业委员会学术委员会委员、国家教育部影子校长培训基地和区后备干部培训基地带教导师。2011年赴美国加州做影子校长。秉承"让每个师生都有发展的机会,都能享受成功的喜悦"的办学思想,为师生的健康快乐成长积极服务。曾获全国女职工建功立业标兵、全国特色教育先进个人、全国五一巾帼奖、上海市园丁奖、上海市十佳青年校长提名奖等荣誉。主编《攀登——小学课堂"六段双反馈"教学模式研究》《课程统整理念下的小学协同教学实践研究》《再论协同教学》等。

从陪读到陪伴

陈珏玉

扫码听讲座

开学伊始，我们的孩子和家长从暑期放松的状态开始进入紧张繁忙的学习模式。许多家长开始焦虑了，甚至失眠了，感觉战争又要来了。我的同事，一位孩子刚刚进入初中的妈妈，在开学前在微信群里转发了这样一条微信：

"下周就要开学了，我又要和活宝过这样的生活了：不谈学习时，母慈子孝，连搂带抱；一谈学习，鸡飞狗跳，呜嗷喊叫；让路人耻笑，让邻居不能睡觉！前一秒如胶似漆，后一秒叮咣就削。我们给孩子的爱，就像是一句歌词：爱恨就在一瞬间！——献给所有尽职尽责的精神分裂症的妈妈们。"

看到这条微信，我真切感受到我们家长的爱是如此厚重，让孩子、让我们的教师处处感受到压力。真的要这样吗？难道孩子上了小学后，我们的家庭就从此改变了吗？我想，我们可以试着去思考改变一些。2018年，上海市教育委员会再次强调基于课程标准的教学与评价工作在小学阶段的全面落实，也就是说，在评价这方面，我们将采用更为综合性的评价方式和内容，包括学习兴趣、学习习惯和学习成果。所以我们必须重新审视我们的育人观，用智慧与爱让我们的孩子健康成长。今天我想和大家一起交流，分享关于小学生家庭教育中家长角色的问题，希望我的交流能带给大家一些启示。

一、为什么要陪读

（一）什么是陪读

陪读，顾名思义就是陪同孩子读书。从广义上讲，陪读是家长从生活到学习全程参与的一种行为。从狭义上讲，就如大多数家长所说的那样，陪读是孩子放学后，家长或请的陪读老师陪同孩子写作业并予以指导的行为。今天我讲的陪读现象就是指狭义的陪读。

当我们热衷于陪读时,是否应该静下心来细想,作为家长为什么要陪读?陪读的目的究竟是什么?它的效果如何?带着这些问题,我们在学校就陪读原因、陪读成效以及陪读时的心理状态对家长进行了一次问卷调查。

1. 陪读原因

第一个问题,你认为陪读从客观原因来说是什么?统计结果:升学压力大,竞争激烈,所以孩子需要陪读。事实是不是如此呢?实际上是我们家长的望女成凤、望子成龙的高期望所致。如今上海的大学录取比例非常高,只是家长不满意,都希望自己的孩子考进名牌大学,所以会感觉竞争激烈,需要陪读。

第二个问题,陪读的主观原因是什么?统计结果:有三个原因的比例比较高。第一个是养成学习习惯,比例最高,87.99%;第二个是了解孩子学习上的问题;第三个是觉得可以适时为孩子提供帮助。这三个原因,我觉得家长对陪读的目的非常明确和清晰,大家普遍认同拥有好习惯才能有好的学习成绩,才能够有竞争力。

第三个问题,如果你觉得不需要陪读,原因又是什么?统计结果:陪读会让孩子产生依赖性,缺乏独立性,同时会增加孩子们的无形负担。从中我们可以看到,无须陪读的原因和陪读的主观原因有一个共同点,就是家长最希望达到的是学习习惯和学习品质的养成,最担心的也是害怕因为陪读造成自主学习的习惯和品行不能养成。由此可见,家长在陪读这件事上有顾虑,或者对怎么把握尺度是有顾虑的,不陪可能孩子习惯养成不了,陪了可能让孩子依赖性更强。

2. 陪读内容

统计结果显示,陪读内容中,绝大多数家长选择的是校内外的学科知识的辅导。

对陪读过程中家长的关注点,从统计结果中,我们可以看到跟家长主观愿望是一致的。家长在陪读的过程中,关注点位列前三的依次是习惯的养成、孩子学习的态度、完成任务的能力。

3. 陪读成效

统计结果位列最高的是学业成绩提高。其次有48.02%的家长认为习惯养成。虽然位列第二,但各位家长有没有注意到,前面陪读中的关注点中,有82.73%的家长选择了重视习惯养成,但是在成效中却只有48%的家长认为,我的孩子通过我的陪读习惯养成了,少掉近一半的百分比。这是什么原因?我猜想,实际上家长有很多无奈,虽然他知道陪读最关键的是习惯养成,但是每天回家陪伴孩子写作业时间有限,由于每个孩子个性不同,有的孩子写作业速度快,有的孩子速度慢。特别是速度慢的孩子,家长觉得你要关注他的学习习惯,要一遍一遍慢慢来,可能没有时间。如果真要这样的话,这个孩子可能10点、11点都睡不了觉。于是家长只能急功近利,先让孩子把作业完成,至于习惯养成就来不及了,因为明天即将到来,孩子要睡觉,他的健康才是最重要的。所以要让陪读有成效,是很难的,因为除了习惯的养成不是一朝一夕之功,除了需要坚持外,还可能要面对很多困难与挑战。因此,从陪读成效调查中,我们可以看到我们家长的成功与失败。

4. 陪读心理

家长陪读过程中是怎样的心理状态?统计结果显示:说不清占得最多,为34.87%。为什么说不清?那就是家长很痛苦,因为八小时工作以后本来应该要休息的,因为有了这个宝贝,我的休息就没了。但是也没办法,这是我的责任,看到孩子进步我很高兴、很骄傲,但是当孩子没有进步时,我又很焦虑、很急躁。这两种感情交织在一起,真的有说不清的心理状态,这跟我们现实状况还是非常吻合的。

从以上六个问题的调查问卷,我们可以很清晰地感悟到,家长无论是陪读还是不陪读,无论成效如何,显然的一点就是,大家都十分认同好习惯让人终身受益,好习惯能够让事情事半功倍,这是每一个家长在陪读中所建立的一种观念,我觉得是非常正确的观念。

那是否整个小学阶段都需要陪读呢?我的回答是"否"。

我认为小学低年级阶段陪读是需要的,有两个原因:一来小学一、二年级是孩子极其依赖父母、心智不成熟的时期,这个时候的孩子你给他什么,他就学什么,所以这个时期正是孩子建立学习习惯的黄金时期。如果我们家长重视并能付诸行动,那么就能产生事半功倍的效果。二来我们认为小学低年级阶段从知识容量来说比较少,给了我们培养学生学习习惯的时空,作为家长一定要清晰认识到习惯养成的重要性,千万不要急于让孩子去学习过多的知识。知识少学一点没关系,况且现在小学一年级都实行零起点,但错过了学习习惯的培养时间却不同。错过了这一时机,也许要花更多的时间去学习知识,所以家长们一定要明白,陪读的目的是督促学习、约束玩耍行为,安排学习时间,培养专注力、自控力等良好学习习惯的养成。赢在起跑线上,不是赢在知识学习上,而是赢在习惯养成上。因为只有赢在习惯上,孩子的学习才能有后劲,才能赢!当然,我们也知道所有习惯不是一朝一夕能养成的,必须是家校配合、齐心协力、坚持不懈才能养成。为此,低年级家长需要陪读,目的直指习惯养成。

二、怎样的陪读更有效

(一) 给孩子营造良好的家庭环境是前提

1. 阳光的家庭氛围

作为父母,我们都知道,把孩子培养成为一个阳光健康的人是至关重要的,那么如何才能做到呢?我想家长在家时的言行就显得很重要。家长每天在工作单位遇到顺心与不顺心的事,回到家时,家长应该把高兴的事与家人共享,把不愉快抛在脑后,多讲正能量的事,多问孩子你今天在学校开心吗,你今天在学校里学到什么,和哪个小朋友玩了,努力使整个家庭能一直保持着一种乐观积极的状态,它对你的陪读一定是起到作用的。总之,心情好,一切都会好。

2. 稳定的作息时间

上学后,家庭的作息时间必须要稳定。我们的家长要安排好学生回家后的生活,在什么地方做作业,在哪里吃饭,都需要有规律和稳定。家长要安排好学生回家以后的作息时间,千万不要今天在奶奶家吃,明天在外婆家吃;今天买盒饭,明天到外面吃;一周五天天天变换吃的地方,你觉得对孩子的营养照顾到了,但是反过来有一个问题出现了,就是你没有给孩子稳定的作息时间。有人说不稳定有什么关系?这非常重要。你给他安稳的学习环境,他就会按照你的要求,或者按照一定的规律,在某一个时间点他会很快静下来,然后进入学习状态。如果你今天到这里,明天到那里,他一直处于奔波状态,等他回家做作业又要花费一定的时间进入学习状态。这样的话,不利于他的学习习惯养成与学业成绩提高。所以我觉得家长一定要安排好孩子回家之后的作息时间,让他有稳定的时间,诸如什么地方吃饭,什么地方做作业,什么时候睡觉,而且希望持续不变。

3. 一张洁净的书桌

有的家庭书桌干干净净，但是有的家庭书桌上什么都有，各种乱七八糟的东西都堆在书桌上。这样的书桌不利于孩子学习，所以希望家长在孩子读书以后，给他一张洁净的书桌，或者每天帮他一起把书桌整理干净，这样给孩子干净、整洁的环境，让他安心学习，否则会影响他学习的效果，会分散他的注意力，所以给孩子一张洁净的书桌是非常重要的。

4. 安静的学习氛围

孩子在学习过程中，保持安静的学习氛围十分重要，这样有助于孩子保持持久的学习思考力，为他能顺利完成作业提供良好环境。作为家长，我们需要注意的是孩子做作业时，我们不要高声谈论社会或工作问题，切记不要把电视机等设备的音量调得很大。除了不轻易打扰，还很重要的是不要大声对孩子说话。这一点我非常有感悟，2018年上海市教委有个工程就是让校长与老师走进上海的国际学校交流学习。我有幸走进了位于浦东金桥的协和国际学校。他们每周都有一次大队集会，被称为晨会。这个晨会是所有学生，即从幼儿园大班一直到高中学生，2000多个孩子在大礼堂共同举行的。进入大礼堂后学生们就坐在地上，也有嘈杂的声音。这时候校长要开始讲话了，他不是拿着话筒大声叫喊请大家安静，而是高高举起一只手，孩子们看到校长的手，马上每个人都举起了手，表示我看到了，现在要安静了。不一会，全校2000多名孩子纷纷举起他们的手，随后整个会场马上安静下来。这样的方法很管用，我推荐给我们的老师，我们老师也在用，觉得很好。所以我们的家长也可以尝试使用一下。

5. 树立榜样

家长是孩子的第一任老师，人生观、价值观、行为习惯、思维方式、处事风格，无时无刻不在孩子身上打下烙印。所以，我们常说看一个孩子的行为，就可以看出一个家庭。陪读过程中，家长一定要注重言传身教，让孩子拥有值得效仿的榜样。简单地说，家长希望孩子阅读，你就阅读给孩子看；家长希望孩子礼貌，你就礼貌给孩子看；家长不愿意给孩子玩手机，那就必须克制自己不能在孩子面前玩手机。

（二）培养孩子良好的学习习惯是最关键

也许有的家长想说，我也想静静地在一旁看书读报，但是我的孩子在学习时总会有各种状况出现,比如:做作业不主动,不想做,各种拖延,然后不专心,这里看看,那里看看,笔咬一咬,手指头咬一咬,不知道在想什么,就是不做。有的遇到问题就找爸爸妈妈想办法解决,也有的随便涂几笔就好了。

于是大家一定要问,到底该如何在陪读中促进孩子良好习惯的养成呢?

1. 告诉孩子学习是一种责任

我觉得要反复跟孩子讲责任的问题。学习是你自己的事情,从小就要向他灌输:你做小学生了,回家做作业是你的责任。那么什么是责任?就是必须要做的事情。每个人都有自己必须要做的事情,比如说你每天必须准时到校,就是责任;每天回来必须按时完成作业,也是你的责任。回来烧饭也是我们爸爸妈妈的责任,所以责任我们要反复跟孩子们讲。

2. 努力提高孩子的学习兴趣

兴趣能激发孩子学习的内驱力。家长在陪读过程中,培养孩子的兴趣十分重要。比如说有时候他在听磁带、在读,你就应该做一个认真的观众,听听他读的,适时竖起大拇指表扬他,他就会很高兴,或者在他额头上亲一下,夸他读得真棒,这样他的学习兴趣会很高。有时候你可以跟他一起做题目、做游戏。例如低年级孩子在学完十以内的加减法后,你可以让他做一些凑十的游戏:妈妈跟你对10,我说"8"你说"2";你说"3"我说"7"。当然有的时候你也可以跟他进行互换角色,有时候英语我们需要表演,你与他互换,你演什么,我演什么,参与其中,孩子兴趣就会提高。

3. 注重孩子各种习惯的培养

(1) 帮助孩子养成良好的作业习惯。习惯是指某一动作和行为通过多次重复而确定下来的过程。用通俗的话来讲,就是指用100次的动作去重复做一件事,久而久之,便养成了下意识的动作行为。作为家长,以陪同的方式来辅助和引导孩子建立良好的学习秩序是至关重要的。为此,当孩子在一年级刚入学时,我们可以这样做:

培养初期:周期为3周,约21天。

第一,可以和孩子约定每天放学后至睡觉前的学习时间安排,包括什么时间吃饭、休息、做口头实践作业、看电视,都可以和孩子约定。第二,在每一个任务完成前的15分钟,需要提醒学生即将进入下一个阶段。第三,就是充分做好学习前的准备工作,诸如整理书桌、拿出全部书本等,避免一开始学习就要上厕所等。第四,我们可以和孩子约定学习和休息时间,一般做作业 20—30 分钟,让他休息 10—15 分钟,这样对孩子的学习兴趣也是保护。第五,陪读时尽量少说话,可以约定用手势、表情和肢体进行即时评价。希望各位家长坚持 21 天,也许这个做作业的良好习惯就会养成。

到了二年级下学期以后,一般孩子做作业的习惯初步养成了,这时候家长可以离开他的书桌旁,但还是在他看得见你的视线范围内,二年级下学期到三年级上学期是一个过渡期。

培养中期,周期:4—5 周,约 30 天。

此阶段最重要的是信任孩子,但要讲清要求,建立独立完成作业的规则,实时关注他的学习进程,甚至可开展互动学习。比如,家长做学生,孩子当小老师,这种方式容易激发孩子的积极性,启发孩子做主动式思考。通过互动,既让家长拉近了与孩子的距离,同时也锻炼了孩子的逻辑思维表达能力,促进思维的养成。

(2)帮助孩子建立良好的时间观念。在教学中,我们发现学习困难的学生一般都有一个共同的特点:那就是做作业速度比较慢。所以我们在习惯培养时,不要一开始就追求作业正确率,使孩子错误理解成绩的意义与重要性,而忽视做作业的速度。其实有效的时间管理将有助于孩子们掌控好学习与休息之间的节奏,让孩子有良好的时间观念,成为自己时间的主人。

4. 陪读过程要引导不要指导

家长在陪读过程中,千万不能包办代替,孩子在学习中总会遇到困难,要学会自己解决。就算时间来不及,作为家长也万万不可以越位。你可以这样做:

(1)复述今天学的内容,把孩子的问题控制在他做作业前解决。

(2)帮助孩子解决学习问题。换句话说,他在做作业的时候,你可以适时为他找一些方法,让他自己解决问题。

(3)教会孩子一些自主学习方法。我们不妨来看看现在小学低年级学科作业的主要要求以及对家长陪读的一些建议。

语文回家作业——主要是朗读课文(借助拼音把课文读通顺,不加字、不漏字、不改字),努力培养学生阅读兴趣,帮助孩子建立一定的语感。① 如果是预习中出现不会读的生字生词，可以让孩子借助拼音去试着读出，千万不要马上告诉他。② 如果在一年级下学期，学生如果遇到不认识或不理解的生词，可以让孩子去查字典。③ 复习中，可以让孩子结合课后练习说说自己一天学习的内容，家长只要倾听。

数学回家作业——主要是口算，思维与表达。重要的是让孩子建立数感，教给孩子一些解题方法。比如：① 100 以内的加减法，无论是口算还是竖式计算，都需要学生有良好的数感，怎样培养数感？可以和孩子利用零碎的时间一起做一些游戏：如凑 10、50、100。② 讲讲算算要看清图意，读懂文字，然后再做；如果是应用题要读三遍，第一遍读通题，第二遍圈出关键字词，第三遍找出数量关系。③ 遇到思考题，要鼓励孩子多画图、多举例，并能触类旁通，举一反三为孩子做引导。

英语回家作业——主要作业是听说表演模仿。非母语学习，就需要家长充分利用一些零碎时间，培养孩子英语语感，多听一些原版英语小故事，不求马上理解，但求每天听一点。多多陪读，多一些帮助。① 二年级默写单词，可让孩子先自己朗读一遍单词，每个单词之间间隔五秒，并把自己的朗读录下来，随后边放录音边默写，这样既完成了复习，又完成了默写任务，更重要的是孩子，养成了独立复习的好习惯。② 对孩子的听说训练可以通过运用一些软件，让孩子听课文、点读课文、自录朗读，获得即时评价。③ 如果需要完成表演作业，家长可以和孩子共同创造一些情景，与孩子共同完成。④ 对于听唱英语歌、童谣、小故事等作业，家长都要督促孩子完成。作为家长，教会孩子一些学习方式是陪读的智慧所在。

总而言之，在陪读过程中，家长要适度引导，有意识寻找一些学习方法（包括一些先进学习软件），让孩子养成自己的事自己完成的好习惯，同时你的引导可以不断激发学生学习欲望，孩子通过自己努力会变得更聪明，也让陪读变得更有意义。

三、怎样从陪读走向陪伴

陪读不是长久之计，到了三四年级以上，我认为家长要从陪读到半陪读直至陪伴。

（一）从陪读到陪伴的三个理由

第一点，据相关调查，孩子在小学三年级的学习习惯直接决定高考（课程）的学习成绩，小学三年级和高二成绩相关系数 0.82，重要程度不用多说了。此时的孩子虽然有了自己的主见，但还是处于不稳定的阶段。所以，我们在一二年级对孩子养成的良好习惯一定要加强，不能放松。特别是在三年级起始阶段，我们还需要适当陪读，要巩固所固化下来的好习惯，并在日后也能时时关注孩子习惯的养成。

第二点，此阶段的孩子处于依赖父母到自立能力增强的转型时期，会开始主动积极地接受知识，有很多机智的表现，会不时地让父母惊叹。所以，家长该放手时要放手，该不管时就不管，要多给孩子锻炼的机会，让孩子多动手、多思考，多让他们自己面对问题。

第三点，到了中高年级，不是家长的一句话就能让孩子明白并付之于行动的，他正处于价值观形成之际，要让孩子健康成长，你必须从陪读走向陪伴，关注孩子的学习经历，陪伴孩子的喜怒哀乐，参与孩子的社会实践，让孩子在你的陪伴下，懂得做人的道理、做事的品质，最终成为一个受人欢迎的小学生。

（二）怎样从陪读走向陪伴

1. 从习惯培养上来说

到了中高年级，做家长的就可以不在孩子身边，此时基本上让孩子从心理完全依赖过渡到半依赖状态。在家长的进一步鼓励和引导下，孩子完全适应一个人独立学习或者写作业的过程。

培养周期：7—8 周，约 50 天。

第一，开学和孩子一起商定独立学习的新要求。第二，孩子自己制订学习时间。第三，督促孩子遵守预定的时间。第四，及时关注孩子学习的成效，开展经常性的平等沟通。

2. 从学科学习上来说

（1）懂得有疑问及时求助。常听见有的孩子说，今天考试真倒霉，怎么就遇到了我不会解的题目呢？实际上，他不会解的题目肯定不是一题，是平时的疑问没有及时解决。所以我们说，疑问必须要及时求助，不能过夜，每次孩子在作业前你可以让他复习，复习当中有问题，爸爸妈妈可以一起帮助他、引导他解决，这很重要。

（2）学会整理分析错题。对于中高年级的学生来说，可以准备错题本，把错误的东西写下来。为什么有的孩子学习成绩不高，因为他错的地方反复错。有的家长说他是粗心,粗心是一个借口,粗心背后是他有些东西没有掌握。因此如果家长能够给孩子好好分析,一定是一些法则或者概念没搞清楚,所以反映出来是这里错那里错。所以,整理错题非常重要。

(3) 学会做好课堂笔记。有的人说,小学生还小,以听为主,做笔记要求有些高了。其实不然,我们在日常教学中,已经在教学生做笔记。但这个笔记往往不一定做在本子上,是做在书上的。诸如有时候关键字、关键词老师会让学生画一画、圈一圈,或者有些提炼性的提纲可以在书旁边做标注,这就是笔记,确实是一个好习惯。

(4) 掌握学科学习方法。

语文:①根据课文后的问题进行预习。②弄清字词句。③大声朗读。④多阅读课外书籍。家长可以和孩子一起制作阅读计划表,定期陪孩子到图书馆选书,并且要跟孩子共同阅读,共同交流。中年级也是孩子写好作文的关键时期,这时要让孩子不怕写作文,平时孩子写日记要引导他多写些周围生活中发生的事儿,多描写细节,也是让孩子学会从生活中学习的良机。

数学:①每日练习计算。②用好错题本。③选择性地针对学习问题进行巩固练习。④注重审题习惯。从三、四年级开始,如果孩子学习轻松,喜欢挑战,那么可以进行一些思维训练,这对孩子的思维成长还是有帮助的。当然如果他学习很累,就不要强求了。举个简单的例子,我女儿小时候思维训练考得很好,有一次老师组建了一个竞赛班,她成功地考进去了。进去以后她很高兴,但第一节课下来,她很苦恼地跟爸爸说听不懂,只能听懂大概一两题。她爸爸跟她说没关系,每次你只要听懂一两题就可以了。很显然,对于大部分孩子来说,一般的思维题可能没有问题,但是一到竞赛就不行了。作为家长的我们要放平心态,不是每个孩子都适合竞赛。在我们人生道路上有很多机会,像这样的思维训练是家长给他的学习机会,一定要符合或略高于他能够达到的标准让他学。过多、过难的学,不会增加孩子的学习兴趣,反而可能会产生一定程度上的厌学,所以这个程度家长一定要把握好。

英语:①练习语音语调。②多听原版语音。③阅读英语绘本。④培养语感。英语没有什么捷径,最主要的是给孩子多听原版英文磁带,利用闲暇时间让他多听英语故事。也许他一开始听不懂,但是很多家长都有这样的经历,在去学校的路上汽车里放一放,早上刷牙的时候放一放,反复放这段,过一段时间他就会听懂了,因为孩子语言学习的能力是很强的。

体育:家长有时间、有条件,要坚持让他学一门体育活动,不仅是体质,更重要的是协调能力,对他学习是有帮助的。

到了小学高年级阶段,家长不用再过问课业细节了,只要在他偶尔犯懒的时候提醒他,遇到挫折的时候鼓励他,在他实在找不到解决办法时跟他一起寻找方法。是不是很轻松?这时候孩子有了自主的学习能力和适合自己的学习方法,你就能体会到"授人以鱼,不如授人以渔"这句古话了。

到了中高年级,这些方法都是有助于促进学生学习成绩的提高,但都不是一条捷径。对于小学阶段的孩子来说,不管是记笔记还是整理错题本,一开始都会占用不少时间,那些坚持下来的孩子,到了初、高中倍感轻松,后劲十足。

另外,如果孩子已经基本养成了学习习惯,能自觉完成作业,那么作为家长在学业上可以慢慢放手,更多地去关注孩子的身心发展,做好孩子成长道路上的陪伴者,也就是要努力从陪孩子做作业的陪读走向陪伴孩子健康发展。

3. 从孩子的全面发展上来说

家长智慧的陪伴,才能让小学阶段的孩子健康成长。很多家长会将陪在孩子身边当作就是陪伴,但是事实上这些并不够。真正的陪伴不仅仅需要父母待在孩子身边,还需要父母去理解和洞察孩子在玩耍或做平常的事情时内心的过程和所需。所以我们说,家长的陪伴,关键是引导孩子建立价值观:正直、善良、积极、勤奋、负有责任等。

接下来与大家交流一些陪伴的方法,希望能给大家一些启示:

(1)有一种陪伴叫倾听——培养责任感。孩子成长道路上免不了遇到麻烦,倾听孩子的心声,可以帮助孩子厘清所碰到的问题,学会解决问题的方法,培养孩子的责任意识。

(2)有一种陪伴叫鼓励——培养进取心。每个孩子都有其发展优势与弱势,孩子会经历各种挑战,但是要勇敢面对挑战不是每个人都愿意去做,作为家长要善于洞察孩子,告诉孩子失败没有关系,根据孩子现有的能力加上跳一跳,鼓励孩子去试一试,还要坚持做到底,此时的结果不重要,重要的是参与了挑战。

（3）有一种陪伴叫权威——培养规则感。陪伴需要你尊重孩子，与孩子平等对话，鼓励孩子坚持把一件事情做完，但小学阶段的孩子毕竟在成长过程中，价值观尚未形成，如果什么事情都与孩子商量，有时反而不利于孩子三观的形成，所以父母在陪伴过程中必须告诉孩子对与错，必须有一定的权威。这种权威中也包含了社会的规则意识。

（4）有一种陪伴叫懒惰——培养勤奋感。孩子在成长过程中，往往会完成许多学习与校园活动的任务，诸如遇到复杂应用题的解答、遇到班级活动要写计划、遇到要完成一份小报等，作为家长显得弱势一点、傻一点，让孩子显得聪明一点，让他有更多的自信和勇气来解决自己学习上的困难和问题，这样可以培养孩子的勤奋感。

（5）有种陪伴叫参与——培养解决问题的能力。家长积极参加，尽自己所能，陪伴孩子一起活动，用自己的实际行动告诉孩子，除了学习，还有许多值得我们去付出、参与的事情，并一定能从中获得快乐。比如，运动会中的家长参与、10岁生日活动中的教室布置、节目排演，还有学校的家长讲坛。家长只要有一份心，相信您的参与会带给孩子一种自豪感。

四、结语

陪伴是最好的教育。在我20多年的校长经历当中，觉得很多家长做得非常棒。现在很多家长不只是学习，更重要的是参与了孩子整个学习过程，实时发现孩子身上的闪光点、优点和不足。我想每一个孩子不一定会如你所愿，但是他一定有自己发展的空间和优势。所以，我想父母要做的是拿出时间陪伴他、鼓励他、信任他，让他有更多自信完成他的学业。

从陪读到陪伴，一路走来需要我们放平心态，读懂孩子，坚持不懈，最终我相信大家一定会体会到孩子健康成长的喜悦。

最后，用两句话结束今天的交流：第一，陪伴远远比陪读更重要；第二，用心陪伴不等于用力陪伴。孩子需要一种长情的陪伴，更需要父母智慧的陪伴！

主题介绍

　　我们了解小学中高年级各阶段习作的基本要求，关注中高年级习作的基本要点，把握好作文的基本标准，一定可以发现能写的东西真不少呢，写作文没什么可怕的！家长们，当我们掌握了指导孩子作文的基本方法，您一定能更多地发现孩子写作中的潜力，自然也就会激励、欣赏、呵护孩子稚嫩的习作。

　　高永娟，上海市语文特级教师，正高级教师，现任上海市徐汇区教育学院课程教学中心副主任，语文教研员，兼任上海师范大学特聘教授，上海市小语会常务理事、副主任，长三角基础教育学科专家，上海市中青年教师团队发展项目主持人，第四期"上海市普教系统名校长名师培养工程攻关计划"基地主持人，"上海市提升中小学（幼儿园）课程领导力行动研究"项目学科指导专家。先后参加上海市"二期课改"小学语文教材，上海市小学语文拓展课教材，《上海市中小学语文课程标准解读》《上海市小学语文学科评价指南》《上海市小学语文学科教学基本要求》《上海市小学语文单元教学设计指南》的撰写工作。

作文，爱你并不难

高永娟

扫码听讲座

大家对如何能够提高写作能力这个话题非常感兴趣。我们今天就一起来聊聊这个话题。

一、什么是作文

大家平时很喜欢参加体育活动吧，比如说游泳，要学会游泳不仅要知道游泳的方法，更要坚持去练。经过一段时间的练习，才能学会游泳，再经过不断练习、改进，就能越游越好。其实作文也是这样的一种活动。

叶圣陶先生说："作文就是把经过自己构思、组织的话，用书面形式写下来的一种活动。"我们写文章给别人看，总是有一定的目的。如：告诉别人自己对某件事、某个人的看法，向别人介绍自己喜欢的一个人、一样东西、一个活动等。根据一定的目的选取材料，并且按照一定的方式来安排先写什么，再写什么？详写什么，略写什么？怎么开头，怎么结尾？这就是构思。如果我们写文章之前能经常这样思考，文章写完后，再看看是否把想要表达的意思讲清楚了，哪里还需要修改、调整，尤其要看看一段话中句与句之间是否联系紧密了。慢慢地，思考问题就会越来越周密，就能把话越说越清楚，写作文的能力自然也就越来越强了。

为什么我们一定要学会作文呢？因为写文章是人们用来交流思想、沟通感情、互通信息的一种重要的方式。生活中，有的时候我们需要面对面地交流、沟通；有的时候，我们需要通过书面的方式进行交流、沟通。学习作文就是在学习掌握一种与人交流、沟通的工具。

很多同学平时一听要写作文，心里就害怕。其实习作一点也不神秘，它就是要练习着用文字来说话,不是要求每位同学都像作家一样进行文学创作。如果以后你对写作有特别爱好,会在这方面继续深造,将来也许会成为作家叔叔、作家阿姨。小学阶段我们学写作文主要目的是学会怎么用文字来跟别人沟通和交流,因此写清楚自己想表达的意思就显得尤为重要。

作文是用文字记录自己想说的话,那是不是"写"就等同于"说"呢?其实两者有联系,也有差异。"说"是"写"的基础,但是"说"又不等于"写",因为写下来的东西要比口头的更精确。当我们把话写成书面语言,你就去掉一些繁复的东西。比如,平时小朋友经常会说"我的妈妈……""我的爸爸……",说的时候不觉得很啰唆,但是写下来会觉文章不够简明,就要删去一些"我的"。当我们把话写成书面语的时候,选用什么词,怎么来造句,是用陈述句、疑问句,还是用感叹句来说,都要好好思考。为了用文字把话说得更清楚,我们还要对"话"进行组织,避免出现颠三倒四的现象,使表达更有条理。学习作文对提高同学们的思维能力也大有帮助,因此我们要好好地掌握这个本领。

二、作文写什么

作文到底要写什么呢?其实就是把自己的见闻、感受和想象写出来。生活中认识的人,发生的事就是"见闻"的来源。我们通常有两个获得"见闻"的途径:一是日常生活中自己亲眼所见、亲耳所闻的;二是读书报、看新闻和观看影视活动当中了解到的。如果我们能留心观察生活,多读书报、多听新闻就能获得很多的"见闻"。

常常有同学说,我有很多"见闻",可就是写不生动。家长也常常抱怨孩子写的文章像"流水账"。其实要把"流水账"报清楚不是一件简单的事。比如,大家今天来听讲座,发现听讲座的人很多,如果你只告诉别人"今天听讲座的人很多",别人对"人多"是没有感受的。如果你能告诉别人"上海图书馆的会场有800多个座位,座位全坐满了,走廊上还有很多人站着",别人才能感到"来听讲座的人很多"。再比如:如果去参观博物馆,你能不能把自己先参观了哪个馆,再参观了哪个馆,每个馆的具体位置在哪里,展品有哪些,参观的人多不多等情况也一一讲清楚呢?这些都要留心观察才行。

如果我们把这些"见闻"都写清楚了，再加上自己的一些感受，写作的目的就显现出来了。我知道今天这里还有一些是我20多年前教过的学生，他们带着孩子来了。他们的孩子今天来这里听讲座可能比其他同学多了一种想法：我妈妈的老师今年该多大年纪了，她长什么样子的呢？现在你们看到了这个曾经教过自己爸爸妈妈的人长什么样了，也许会想：妈妈的老师看起来一点不像一个50多岁的人。听了讲座后，也许会想这个老师的课还蛮有意思。你看，如果真的能把所见所闻写清楚了，再写出一些看法、感受，别人就明白你想表达什么了。

除了写生活中的见闻、感受，还可以写想象的内容。但想象可不是天马行空，胡思乱想。你想要穿越时空写古代的东西，就要知道这个时期人们的穿着、生活的方式，这样想象出的内容才合理，想象是需要联系已有信息、已有经验，进行合理的假想。总之，作文就是要写日常生活中的见闻、感受、想象，写好"见闻"是基础。

三、作文的要求是什么

小学阶段主要写简单的记叙文和简单的应用文。简单的记叙文有：写人——通过一件事反应人的特点；叙事——通过一件事表达自己的感想；写景状物——写出景物的特点。简单的应用文包括通知、留言条、日记、书信、读后感和观后感。写的时候，要学习运用叙述、描写、抒情的方式把我们表达的意思写清楚。

学习写作文要循序渐进，我们应当了解各年级习作的要求。

写一件事或一次活动，三年级要能按照事情或者活动的先后顺序，时间或者地点转换的顺序写清楚，像"流水账"一样地叙述清楚，就达到要求了。四年级要在此基础上，把经过部分展开一些，写得充实一点。五年级就要把经过部分写具体。

写景状物的文章，三年级要能围绕一个意思，用概括和具体的结构来写。四年级在此基础上，要学习把景物的特点要写出来。五年级要尝试运用修辞手法把景物特点写具体。

四年级开始要学习写人的文章，写人文章要通过一件事来表现这个人的某方面特点，要把这个人的特点表现出来，选择事例很重要，我们要学习选择合适的事例来表现人的特点。到了五年级，要进一步提高选择材料的能力和描写的能力。

应用文写作,三年级要求有写日记的兴趣,学写便条和留言条。四、五年级,要把兴趣固化成为一种习惯,同时要练习写通知和书信,按通知、书信格式练习写。

写作速度也是衡量一个人写作能力高低标准之一。三年级要求35分钟要写150字左右片段;四年级要求35分钟写250字左右的短文;五年级要求35分钟写350字左右的短文。

从内容上讲,三年级要能围绕一个意思写,四、五年级要围绕中心写,所写的内容要有真情实感,做到意思清楚,语句通顺。把意思表达清楚并不容易,需要经过三、四、五年级持续的习作练习。

标点是和词句结合在一起表情达意的,它们是文章重要组成部分。三年级开始除了会用逗号、句号、感叹号写句段,还要学会用冒号、引号、书名号,因为我们开始学习写对话,描写对话是使文章内容丰满起来的一种方法。到了四、五年级要学习运用顿号、分号、破折号,因为有这些标点符号表示句子之间的关系开始复杂了,能够正确地运用它们,说明你的书面表达能力越来越强了。

另外,作文初稿完成后还需要认真修改。很多小朋友写完文章后就要爸爸妈妈改,这可不行,修改是自己的事,好的文章是这样一遍一遍改出来的,所以我们一定要养成作后修改的习惯。三年级先把文中写错的字,用错、漏掉的标点符号改出来,把句子改通顺。四年级还要想想所写的文章结构是否完整?所写的内容是不是与要表达的中心有关?五年级时,进一步思考中心是不是明确了?描写是不是合适呢?比如有个同学想用比喻句"他的脸红得像猴子屁股一样"来表现弟弟的可爱,可这样的描写像在调侃、嘲笑别人。如果把它改成"他的脸红扑扑,像个红苹果",就把弟弟的可爱表现出来了。如果每篇习作完成后你都能坚持复读、修改,你应该给自己点赞,家长也要把拥抱、赞扬送给你们。

四、好作文在于有真情实感

好的作文一定是有真情实感,能打动人心。

给大家看几篇现场作文比赛获奖的文章。第一篇是获得第一名的。

这 就 是 我

香港元朗公立中学校友会小学　李凯甯

我是一个胆小的三年级学生。上个月,我准备上学的时候,看见一只巨大的蜜蜂,样子十分可怕,我害怕得马上跑回家。我对妈妈说:"刚才我见一只很可怕的大蜜蜂。"妈妈笑着说:"别害怕。只要你不动,它就不会伤害你。"尽管妈妈这样说,但我还是很害怕。

我也是一个爱美的女孩子。我经常想:"世界上有多少女孩子不爱美?"但是,爸爸认为外在美不重要,而最重要的是内在美。他说:"好女孩应该要心地善良。"他还对我说:"现在,你还是一个八岁的小孩子,穿衣服应简简单单。"但我还是认为外在美才是最重要。

我有一个姐姐,她已经14岁了。她不玩洋娃娃,所以没有人会跟我玩。她常常骂我,这一点令我有一点气愤。

其实,我还是一个十分乖巧的学生。我觉得每人都有自己的优点。我们应该多寻找一些别人的好处,赞美别人。如果你还未十分清楚地认识自己,可能在某些事情上,你也会渐渐了解清楚真正的自己。

小作者说自己是一个胆小的三年级学生。她怎么来证明呢?她写了上学时看到一只大蜜蜂,吓得逃回家,妈妈告诉她只要你不动,蜜蜂就不会伤害她这件事。小作者说"尽管妈妈这样说,但是我还是很害怕"这就是她当时的真实感受。

她又说自己是一个爱美的女孩子,可她爸爸却"认为外在美不重要,而最重要的是内在美","好女孩应该要心地善良",还说:"你还是一个八岁的小孩子,穿衣服应该简简单单",但她还是认为"外在美才是最重要的"。对于爸爸的说法,她不认同,她把自己真实的想法写出来了。

她还告诉我们,她有一个14岁姐姐,不肯跟自己一起玩洋娃娃,还常常骂她,这令她有点气愤,这也是她真实的感受。最后她说:"其实我还是一个十分乖巧的学生,我觉得每人都有自己的优点,我们应该多寻找一些别人的好处,赞美别人,如果你还未十分清楚地认识自己,可能在某些事情上,你也会渐渐地了解真正的自己。"这段话可能有些小朋友会说"我还没有读明白",是的,这段话的意思还没有讲得很清楚,语句有一些小毛病,但就是这篇文章得了第一名,因为文章有真情实感,讲的都是自己的心里话,叙述有条有理,清楚明白。我相信大部分小朋友都能写到这样的水平。看来,把话说清楚很重要,家长、老师都要把握年段的习作要求,鼓励孩子用文字表达自己对人、对事的真实的想法和感受,努力把话说清楚。用上面这篇习作的要求去衡量四年级的学生习作水平,很多小朋友都可以达到优秀的标准。现在你是不是觉得写作文并不很难呢?

我们再来看另外一篇获得比赛第二名的小朋友写的作文。

小明的"妈妈"
香港大埔旧墟公立学校　尹晓桐

活动课时,老师在黑板上画了一个半圆形,问:"同学们,看看这个图案像什么?"

同学们都争先恐后地说了起来。有的说像帽子,有的说像高山,有的说像西瓜⋯⋯直至有一位叫小明的同学说这个半圆形像妈妈,班上爆发出一阵笑声,老师被惊呆了,那个同学不好意思地笑了笑,说:"不信的话,可以来我家看看。"

放学后,同学都挤在小明家的门前,说要探望他的妈妈。小明说:"妈妈,你看有人来探望你了!"同学们一看,简直吓昏了,小明指的"妈妈"是一只乌龟!小明说:"你们看!这就是我的宠物妈妈,我给她取这个名字是因为去年她生了很多小乌龟呢!"小明从睡房里抱出几只小乌龟给大家看。"好可爱唷!""送一只给我好吗?"时间过得很快,同学们都依依不舍地离开了小明的家。

晚上睡觉以后,大家也许都在做着关于乌龟的梦⋯⋯

这个同学叙述了一件发生在课堂上的事,这件事情是不是很有趣?活动课上,有个同学看着老师画的那个半圆,联想到自己养的乌龟妈妈,就说那个半圆是"妈妈"。小作者把在课堂里以及到了那个同学家里的所见、所闻写出来,最后"晚上睡觉以后,大家也许都做着关于乌龟的梦⋯⋯"表达了作者真实的感受。

再看一篇获奖作文,或许很多老师和家长会觉得这一篇应该得第一名。

这是什么
上海和衷小学　范心怡

"这有点像妈妈的镜子。"小红慢条斯理地说。活动课时,老师在黑板上画了一个半圆形,问:"同学们,看看这个图案像什么?"

同学们都争先恐后地说了起来。小明抢着说:"这像被一朵云彩挡住的太阳公公!"

但立即有人反驳:"云彩哪有直的!"

小东一拍课桌,说:"我知道!"大家立刻洗耳恭听。"这是神话里的女王用鼠皮线围成的领地!"

"正经点儿。"有人埋怨道。

突然,教室里安静下来,没有一个人回答。或许,大家不知道它像什么;可能也是因为每有人提出一个答案,几乎都会遭到别人反对吧。

"同学们,"老师循循善诱道,"要学会灵活地思考,并合适地运用学过的知识。"同学们有所领悟,却不知从何处下手。

老师神秘地笑了笑:"再好好想想。"

"噢,我明白了!"聪明的小东忽然从座位上弹起来,"我用补的方法。在下面加个柄,很像雨伞。"

小红也跳起来:"那也很像蘑菇!"

"如果加上五官,那就是卡通人物的头!"

"如果没那么光滑,就像一块大石头!"

……

教室里的气氛活跃起来。

"丁零零、丁零零……"下课铃响了,老师再次叮咛:"活灵活现地运用学过的知识!"

这个同学是仿照《沙滩上的童话》这篇课文的样子写的,虽然文章的语言非常流畅,小作者语言表达功底也很扎实,但是没有获得第一名。前两篇作文虽然语言表达显得稚嫩,但是充满着真情实感,富有童真童趣。写文章给别人看是为了沟通交流,有真情实感才能打动人、感染人。

同学们,读了刚才获奖作文,你们应该知道好作文的标准是什么了吧?相信你一定也能写出这样的好作文。

五、如何进行习作练习

怎样才能练好作文呢？一要做好习作材料的准备；二要进行习作技能的练习；三要锻炼习作的能力。

（一）习作材料的准备

习作材料的准备可以怎么做呢？就是要做好平时素材的积累。

下面是几个同学积累的素材：

● 学校的拓展课上，老师教我们做西式糕点，我觉得自己做的奶油蛋糕比店里买来的好吃多了。

● 拥挤的地铁上，一个小伙子吃肉包子，一口咬下去，肉汤汁溅到旁边一个阿姨身上，两人争吵起来。

● 元宵节，学校举行义卖活动，我用塑料瓶做的灯笼被三年级小朋友用30元买去了。

● 小狗西西这几天生病了，它不吃不喝，连路也走不动了。我上课时都在想着它，老师批评我走神。唉，它不知道我有多着急。

上面这些事情你是不是觉得很熟悉，也许在你们的生活中就发生过、遇到过吧。可能当时对这件事情印象很深，过了一段时间就淡忘了，等到写作文时就想不起来了。如果你也像这些同学一样，准备一本本子，用一两句话把它们记录下来，等到写作文时，翻开素材本看看，这些过去的事情又会重新浮现在你脑海里了。

大家应养成积累素材的好习惯，每天可以回想一下：今天学校里哪一节课特别有趣？或是哪个同学说的一句话特别有意思？上学路上看到过什么事？……想想哪些事情要留下几笔的呢？你可以三言两语写下来，这花不了多长时间，但生活中发生的这些事却永远留在了你的素材本中了。

在日常生活中积累了很多鲜活的素材，写作文时就可以根据想要表达的中心从大量的素材中选择最合适的，也就是最能表现中心的素材。所谓选择就是要去分析、辨别做出取舍。三年级有一篇命题作文《我真了不起》，同学们从积累的素材本中选出以下几个材料：

- 奶奶不小心骨折了，走路不方便，我帮奶奶把信箱里的报纸拿出来。
- 我学习自行车，摔了很多次，但是没有放弃，我坚持下去，终于学会了。
- 学校扩展课上，老师教我做西点了，我觉得自己做的奶油蛋糕比店里买来的好吃多了。

这三个材料哪一个才是最合适的呢？大家想一想，"做一件好事"，和"做成了一件好事"有差异吗？有！做一件好事，心情一定很愉快；但做成了一件好事，说明做这件事情不太容易，需要克服困难才能做成的。当克服困难做成这件事后，就不仅仅是高兴，更多的是骄傲和自豪。第一个材料显然是"我做的一件好事"，因为帮奶奶取报纸这件事不是件难事。而第二个材料中，"我"面对失败不放弃，坚持下去终于学会了骑车，当然会觉得自己很了不起。而第三个材料并没有说学做西点对"我"来说是件难事，自豪之情就无法体现。由此看了，第二个材料是最能表现题目的意思。记录这段素材的同学可以回忆一下：当时怎么想到要骑车的，摔倒的时候又是怎么想的，又是怎么坚持下去的，把这些一一写出了，就能把这件让自己感到自豪的事情写清楚、写出真情实感。所以积累素材很重要。

（二）习作技能的练习

习作技能又该如何练习？第一可以结合平时的阅读进行表达技能练习。第二要结合学校、家庭的各种活动进行应用文写作练习。前者主要是练习描写的技能，并通过回答问题来学习怎么把一个观点说清楚，说得让人信服。后者主要是结合具体活动学写留言条、假条、通知、信等。

描写技能，主要是指描写人的外貌、神态、语言、动作、心理活动，还有描写场景、环境、景色。它们都需要平时结合课文阅读进行一些单项练习。

1. 对话、心理活动描写（展开合理想象）

四年级《拥抱大树》这课，主要叙述了美国纽约曼哈顿的一家快餐店老板丹尼尔，为防止失窃，把送外卖的自行车用铁链锁在大树上，结果被人举报，指责他虐待大树。丹尼尔醒悟到自己违反了国家有关绿化和保护树木的法律，主动向绿化管理局承认错误，接受处理：以拥抱大树的方式向那棵树公开道歉，并且经常给它浇水。

教材上面有一幅插图：

阅读时，我们可以想想路边的这些人看见这个男子拥抱着大树，心里会怎么想？又会说些什么呢？这就需要联系课文内容展开合理想象，在旁边看的人有的可能不认识这个男子，不知道发生了什么事，他（她）一定会询问情况；有的可能和这个男子很熟悉，知道事情的缘由，面对别人的询问他会怎么说呢？了解了情况后，人们又会说些什么呢？老师就可以让学生用对话的形式写一写旁观者的谈论。

又如四年级课文《大仓老师》，文中写大仓老师在听了春美说不可以用"俺"这个字的时候，沉默了好长一会儿，然后写了一个格外大的"俺"字。读到这里，你是否想过他为什么要沉默呢，沉默的这一刻他在想什么呢？要准确推测大仓老师当时的心理活动，我们就要联系课文中对春美家庭情况和他平时的一些表现来思考：春美是有钱人家的孩子，平时总是欺负别人，别人都不敢说他。从大仓老师沉默后写了一个格外大的"俺"字这个举动中，我们可以知道他在支持那些穷孩子们的发言。阅读时，把这些内容联系起来思考，我们就能读准确推测出大仓老师当时的内心想法，这样你就能描写大仓老师当时的心理活动了。

2. 场景描写（联系生活实际）

《科林的圣诞蜡烛》是五年级的一篇课文。课文结尾这样写：科林冲出屋子，奔向大海。他感到湿润的海风吹在他的脸上，开始下雪了。啊，圣诞节真的来了，幸福终于降临到他的心里！为什么说"幸福终于降临到他心里"了，这是一种怎样的幸福呢？那是家人团圆的幸福！课文没有描写科林一家团圆的场景，我们就可以展开想象进行场景描写。科林的父亲出海打鱼七天七夜没有回家，家里的人该有多么担心呀。现在科林用自己挨家挨户讨来的煤油点亮了灯塔,照亮了航线,让父亲和其他人能够在黑夜里看清航线,终于在圣诞节这天安全返航。此时此刻,他们该是多么激动啊!我们可以联系平时生活中的经验,体会此时的科林、科林的母亲和父亲的心情,想一想怎样把这个场面描写出来,通过场面描写使读者感受到这美好的情感。这样的描写练习不仅可以锻炼技能,还能使我们进一步感受科林对父亲的这份爱,感受亲情的温馨。

3. 用上所给的几个词语写一段话(关注句子间的关系)

老师平时也经常会给大家布置"用上所给的几个词语写一段话"这样的作业。这其实是在锻炼我们理清句子之间关系的能力。我们刚刚学过《秦陵兵马俑》,老师让大家用"举世无双、规模宏大、栩栩如生"来写一段话介绍秦陵马俑。写之前先要想想,这几句句子应该怎么组织。"规模宏大"和"栩栩如生"是秦陵兵马俑的两个特点,两者之间是并列的关系。"举世无双"和秦陵兵马俑特点之间存在因果关系,就是因为秦陵兵马俑的规模宏大,里面的陶俑栩栩如生,才使得它成为举世无双的珍贵历史文物。把关系句子之间的关系理清了,就可以有几种组织句子的方式:可以先介绍"规模宏大"和"栩栩如生"的特点,再说它是"举世无双"的;也可以先说它是"举世无双"的,再举出兵马俑的特点来说明理由。写"规模宏大"和"栩栩如生"这两个特点的句子是并列的关系,那能不能先写陶俑的栩栩如生,再写秦陵的规模宏大呢?不能!因为没有这个坑哪儿来的这些俑呢?所以我们要先讲陵有多大,再讲里面的俑有多少、个性如何鲜明,这才符合逻辑。经常在写一段话的时候能思考句与句按什么关系来组织,语言表达的逻辑性就会越来越强。

4. 根据要求把句子写具体、写生动(运用修辞手法)

五年级《慈母情深》学过吧?作家梁晓生叔叔15岁时有一次到母亲工作的地方去问妈妈要一元五角钱买《青年近卫军》这本长篇小说。这件事情对他的触动太深了,让他深深体会到了母亲对孩子的爱。如果要求你读完以后用"我第一次……,第一次……,第一次……"这样的排比句写出"我"那次去母亲工作地方之后的发现,你会写吗?

通过阅读文中描写环境和对话的内容,我们可以知道梁晓声在那次经历中第一次发现母亲是在这样的环境中工作的,第一次发现母亲赚钱是这样的辛苦,并且第一次感到自己15岁了,还不能帮妈妈分担家庭的重任,是多么不该。这些第一次发现的内容,哪个该先说,哪个应后说?那一定是第一次发现母亲是在这样的环境中工作,才会第一次感到母亲赚钱这样不容易,才会有了第一次的自我觉醒。这样思考,先写什么,再写什么是不是就清楚了?

5. 阐述观点、说服他人(有条有理表述)

四年级有一篇说明文《赵州桥》,说赵州桥是建桥史上的一个创举,课文具体说明了这一点。阅读后你能不能把为什么说赵州桥是建桥史上的一个创举的理由说清楚呢?要说清楚这个问题,首先要让别人了解赵州桥的"创举"体现在哪里。文中对赵州桥外形的介绍就把它"创先"之处讲清楚了。原来赵州桥没有桥墩,它横跨在37米宽的河面上。在很宽的河面上不用桥墩支撑桥面,赵州桥是第一个。另外,大桥洞的左右两边还各有两个小桥洞,"敞肩拱"这也是赵州桥的首创。接着要告诉别人这样的设计为什么能让桥变得坚固。如果你能一步一步把这些讲清楚了,别人就会感到赵州桥的确是建桥史上的一个创举。

同学们,老师平时经常会给我们布置一些结合课文阅读的表达练习作业,大家要重视这样的练习,这是在为写好作文打基础。平时阅读时,能联系课文中的内容,联系生活中的经验去思考,合理地推测、想象,再把这些内容通过各种方式写出来,这样既读懂了文章,又锻炼了描写的技能,作文的功底才能打扎实。

此外,我们还可以结合活动进行应用文写作练习。老师和家长可以联系日常生活,让孩子们写各种简单的应用文。比如,有意识地让孩子把学校里的一些活动要求写成留言条告诉家长。学校搞春游活动,可以让孩子们来写通知,告诉家长春游的时间、地点、要求等。还有写信,父母可以和孩子经常用写信的方式交流对一些问题看法。写应用文就要做到要素齐全,格式正确,语言要简明。

(三)习作能力的锻炼

现在谈谈如何锻炼习作的能力。第一,练习仔细审题,围绕要求选择材料。第二,练习比较题目之间的细微差异。第三,练习编列提纲,梳理写作思路。第四,练习在修改中不断完善。

1. 练习仔细审题,围绕要求选择材料

提高习作的能力,首先要提高审题能力。审题就是要明确写作的对象,明确写作的中心与内容、明确写作的"限制范围"。

请大家看以下三组作文题目：①《我的探索》《我忘不了这件事》，②《我的探索》《愉快的夏令营》，③《餐桌上的故事》《一句让我感动的话》。

《我的探索》写的是我自己的探索，不是别人的探索，如果文章写的都是妈妈（或爸爸）帮你找资料，帮你做实验，那就偏题了，那是妈妈（或爸爸）的探索，而不是"我"的探索。《我忘不了这件事》是写事的文章，如果你通过写一件事情要告诉读者这个人怎么好，就偏题了，应为你在写人，而不是写事。

再来看看明确写作的中心和内容。《我的探索》应该写自己如何探索，要把你怎么样一步一步做的，其中遇到了什么问题（或困难），如何解决的，把这个过程写出来。《愉快的夏令营》题目中有个中心词"愉快"，因此，你所写的内容应当是那些令人高兴的事。

此外，审题时要明确写作的限制范围。《餐桌上的故事》所写的事情，只能发生在餐桌上，至于是家里的餐桌还是饭店里的餐桌，题目没有界定。《一句让我感动的话》限制了只能写一句，不能写两句。

以上这些是审题时必须明确的一些内容。家长和老师指导孩子写作时，首先就要与他们讨论这些问题。搞清楚这些问题后，就要从积累的素材中去选择最合适的材料。所谓"合适"，首先就是这个材料与中心有关吗？其次是这个材料能展开写吗？简单地说就是写得出内容吗？比如有个同学写《我忘不了这件事》，选的是给妈妈热牛奶的事，他觉得这件事很难忘，因为这是他第一次给妈妈热牛奶。这个第一次对他来说很难忘，说明他开始学会关心妈妈了，材料与中心之间有关联的。但是进一步想想，这个内容三言两语就写清楚了，没有办法展开写成一篇文章，这样的材料就不要选。如果硬凑字数，写怎么打开牛奶瓶，怎么倒进锅里，怎么点燃煤气……那这篇文章就成了"我学会了热牛奶"。如果在热牛奶的过程中遇到了一些意外，比如说打碎了瓶子，割破了手了，那这个材料是能展开写的，就可以选。如果并没有这样的情况发生，为了凑字数，故意"制造困难"，写出来的东西就不会有真情实感。

2. 练习比较题目之间的细微差异

提高习作的能力，还要经常比较、思考题目之间的细微差异。请大家看《我喜欢小动物》《我和小动物》《我喜欢的小动物》《可爱的小动物》四个作文题目。

比较一下可以知道,《我喜欢小动物》是写一件事,要通过这件事表现"我"对小动物的喜爱之情。《我和小动物》也是写事的,但必须是"我"和小动物之间发生的事,既有小动物带给"我"的快乐,也有"我"给它的爱。《我喜欢的小动物》是写物的,要从这个小动物的外形、生活习惯等方面来介绍,让别人了解"我"喜欢的这个小动物是怎么样的,有什么特点。《可爱的小动物》也是写物的,更侧重用具体事表现这个动物的可爱之处。把这些差异辨析清楚了,才能明白应该选什么材料写,按什么顺序写,重点写什么。

3. 练习编列提纲,梳理写作思路

要提高写作的速度,写作文前应该先梳理一下写作的思路,想想准备按什么顺序写,重点写哪一部分,哪些需要写具体,哪些只要简要交代一下就可以了,列出写作的提纲。想清楚了这些,再动笔写,这样就不会出现"随意"的现象,写作文的速度也会不断提高。

请大家看一个同学在写《难忘的_____》这篇文章前列的作文提纲。

难忘的_____(人、事、活动、景物)

材料:暑假,在泰国清迈玩"丛林飞跃"。

中心:表现"我"的勇敢,有挑战精神

顺序:

(1) 今年暑假在清迈玩"丛林飞跃"让我回味无穷。(略写)

(2) "丛林飞跃"项目很刺激
- a. 教练介绍注意事项,大家按规定做好准备工作(简要介绍)
- b. 开始我很害怕,不敢往两边看(重点写心理活动)
- c. 在教练指导下我掌握了要领,在丛林中边飞边欣赏景色(具体写看到、听到及怎么做,怎么想)

(3) "丛林飞跃"是这次旅游中最有意思的活动,以后还要再来玩。

这个同学首先定下写这篇文章的目的:表现自己很勇敢,有挑战精神。然后安排文章的写作顺序:首先交代什么时候去清迈旅游,这次旅游的总的感受。接着写在清迈玩的一项活动——"丛林飞跃"。最后总结说"丛林飞跃"是这次旅中最有意思的项目,表示以后还要来玩。

第二部分的内容又根据玩"丛林飞跃"的经过,分三层具体叙述(请看PPT)。小作者还对详写哪些,略写哪些,重点从哪方面进行描写等都做了思考。

把写作的内容这样梳理清楚,列成提纲,文章该怎么写就一目了然了。这样在35分钟写完就有了保障,就不容易出现脚踩西瓜皮,写到哪里是哪里的现象。

4. 练习在修改中不断完善

提高习作能力还需要练习修改自己的作文。修改作文,先要思考所写的内容是不是和中心都有关?如果与中心没有关系,那就要重新换材料写。如果材料与中心有关系的,再接着思考重点内容写清楚了吗?最后细细思考字词句、标点是否正确?叙述、描写是否恰当?

有个小朋友写"我很了不起",觉得自己在体育课上跳绳跳了20个,很了不起。他在叙述这件事时,先写体育课老师让哪几个人去跳绳,再写男同学怎么跳,女同学怎么跳,这些内容写了一大段。然后写自己跳了20个,觉得我很了不起,这部分内容只写了两三句。

大家想想,他写的哪些内容与"我很了不起"这个中心没有关系?别人怎么跳的,与中心没有太大的关系,为什么要写这么详细呢?这个内容应该略写。大家肯定想问为什么他跳了20个就觉得自己了不起呢?我也这样问了他,他说自己很胖,平时跳10个都不能坚持,今天能够坚持跳了20个,所以觉得自己了不起。我告诉他,你应该把这些都写出来,再把自己在快坚持不住的时候是怎么想、怎么做的写出来,读者才会觉得你真的了不起。明白了这些,修改时对内容作些调整,删去一些不必要的内容,重点把自己觉得自豪的原因写清楚,这样文章要表达的意思就清楚了。

(四)在"变化"中锻炼巧思

提高习作能力,还应该在各种"变化"中提高自己的审题、选材、组织材料、具体描写的能力。

1. 根据年级要求对内容作调整

三年级时同学们写过"看××烧菜",要求把××烧菜的过程一步步写清楚。四年级时如果还写"看××烧菜",你就要想写"看××烧菜"这件事想要表达什么,是想表达××

很辛苦，还是想表达××厨艺好？如果要表现××很辛苦，就要写××回家顾不上休息，就开始烧菜了。如果要表现××厨艺好，就要写××烧菜的娴熟，描写菜的色香味。

还有"春天来了"，孩子在三年级时把小草、树木、小动物各自在春天到来时的情况写清楚，就把"春天来了"写清楚了。四年级可以选择一个事物，写它的生长变化情况，比如写小草，描写小草的变化，写出春天的勃勃生机。又如"菊花"，三年级主要从形状、颜色、味道几方面把菊花的特点写清楚。四年级可以从菊花的美丽、用途、品种这些方面来介绍菊花。你看，同样的题目，根据不同年级的要求，对写的内容做一些调整，就能在原来的基础上更进一步了。

2. 在写法的变化中锻炼巧思

写一件事情，如果你原来是按照事情发展顺序写的，那就再思考一下如果按地点的变化来写可以怎样改动呢？同样一个内容，我很赞同你的想法，用怎样的语言来表达？我很反对这样说，讲话的时候会有什么态度，语言就会有变化？再比如写景，用欣赏的眼光看和用轻视的目光看，在用词方面会有什么变化呢？你用不同的态度去写，笔下用词都不一样，经常练习，我们会领悟到文无定法而笔下自有妙法的道理。

3. 在写法的限制中锻炼巧思

人们交流的内容和方式往往与交流的目的、对象、场合有关。同样一件事，和一个知道这件事情的人说，与和一个完全不知道这件事情的人说，哪些地方要重点讲，哪些地方不要讲，一定是有变化的。比如今天在场的有小朋友，有家长，还有老师。所以我讲的时候，就不能像只有老师或者只有小朋友听时讲的那样了。如果今天只对老师讲，我就会从如何教作文的角度来讲，讲得会更专业一点，透彻一点。

此外，还要重视"限制"条件。同样的内容如果分别请你用 50 个字、150 个字来写，该怎么写？这个时候就需要我们根据不同的情况作取舍。如《科林的圣诞蜡烛》这课中，科林询问达菲先生的这一部分内容，如果请你用 50 个字写，怎么写呢？你就要读懂科林和达菲的这一段对话围绕什么意思展开的，要把这个意思提炼出来：科林问达菲先生有什么办法可以点亮灯塔，达菲先生告诉他以前是用煤油的，现在大家买不起。所以用 50 个字写，就只能简要叙述。如果请你用 150 字把这个场景写出来，你就可以写科林问什么，达菲先生怎么回答，可以描写他们的对话。凡是文章有很具体的描写语段,你就想:我能不能用最简洁的话把这样描写要表达的主要意思写出来呢?如果文章中是很简练的一小段,只有两三句话,你想一想我可不可以用上描写的方法把它写具体一点呢?这样经常练练,你就可以把具体和概括的写法都掌握了。所以同学们,你们捧着书读的时候,读到具体的内容要尝试去概括,读到概括的内容时要联系课文内容展开合理想象,把它写具体。

除了可以限制字数,还可以限制人称。用第一人称写和用第三人称写的,哪些不能写,哪些需要改动的呢?《月光曲》是用第三人称写的,如果用第一人称写,贝多芬自己讲述月光曲怎么谱成的,哪些内容不能写呢?皮鞋匠兄妹俩听乐曲时的联想不能写,因为贝多芬不知道他们怎么想的。再想想哪些地方要改的呢?原来课文说"100多年前,德国有一个音乐家,谱写了什么"。现在是贝多芬自己在讲述,这段话应改成"100多年前,有一天我来到了……"还有,"穷兄妹俩被美妙的音乐声陶醉了,他们醒过来的时候,贝多芬早已离开了家",这段该怎么改呢?应该展开想象写贝多芬回家连夜改曲子的情景。你看,同样的内容,叙述的视角发生了变化,写的重点就不一样了。

写作能力是非常重要的与人沟通的能力。要练好它,一是要把握标准,二是要了解方法,三是要坚持练习。把握要求,循序渐进,做到勤积累,勤动笔,勤修改。如果能做到这"三勤",又掌握了方法,你会发现,其实"作文,爱你并不难"。

主题介绍

　　读书的过程，实际上是孩子在寻找自己的过程，因为每一个孩子都是不一样的。学校和家长要善于发现每个孩子的阅读喜好，引导孩子自己去发现好书，养成会读书的好习惯。读书好习惯的养成，需要持之以恒，需要不断鼓励，巧妙引领，让每个孩子在自己喜欢的图书园地里寻找探索。

王莉韵，上海市特级教师，正高级教师。教育硕士，曾获全国优秀教师、全国中小学优秀德育课教师、上海市"我喜爱的好老师"金奖。从教31年，构建了具有一定前瞻性、可操作性以及具有自身风格和学科特点的小学品德与社会课体验式教学。运用体验式教学上的课，先后获上海市中小学中青年教师教学评选一等奖、全国小学优质课奖；体验式教学课题研究成果获上海市基础教育教学成果奖二等奖，全国小学德育研究优秀成果评选二等奖，第三届中国教育教学创新成果奖一等奖；出版的专著《我和导师毛蓓蕾》获得第11届上海图书奖二等奖；承担上海市"第四期双名工程"攻关计划主持人、上海市品德与社会德育实训基地主持人、虹口区王莉韵品德与社会名师基地主持人、市级共享课程和华东师范大学开放教育学院网络课程等工作。

多读书，会读书，读好书，人生不会输

王莉韵

扫码听讲座

有人说，学校教育中要学的科目有很多，如果未来学校只剩下三门核心的学科，你会怎么选？老师们选择比较集中的三门核心学科分别是数学、体育、阅读。现在，如果在这三门核心学科中还要砍掉一门，你又会怎么选？复旦大学数学系毕业、现任上海平和双语学校校长万玮的选择是把数学砍掉。要知道，万校长在大学时代参加上海大学生数学建模竞赛获第一名，参加美国大学生数学建模邀请赛获一等奖。他的这一选择令很多人不解，但他本人的理由是：体育和阅读才是真正的核心学科，体育使人身体强健，阅读使人精神丰富。

这个话题可能会让人产生疑惑，难道书籍和阅读真的这么重要吗？这又使我想起数学家苏步青先生也曾说过"阅读第一"这句话，真是仁者见仁，智者见智。对这个话题，我们暂且不做评论，我们可以在今后的学习和实践中慢慢去认识和体会！但至少说明一点，这些著名的数学家通过自己的亲身实践和经历，对书籍和阅读在人生道路上的重要性已有深刻的体会。

我认为，孩子持之以恒地阅读，是他们在寻找自我，在自觉地探索和认识大自然和社会，也是在积极地、主动地拥抱整个世界。今晚，很高兴能有这样的机会和大家一起交流孩子阅读的问题，让我们就"诱导孩子多读书，指导孩子会读书，引导孩子读好书"三个方面来讨论。

一、先来说说"多读书"

给大家讲一个事例。有位家长托朋友给她读初中的女儿推荐一位物理辅导老师。没想到这位物理老师问家长孩子平时喜欢阅读吗？家长觉得物理老师来问这个问题有点奇怪,但还是如实说了孩子的情况,平时读得不多,对历史、科普类的书尤其没有兴趣。物理老师听后就告诉家长:这是有问题的。孩子到了初中,要想学好数理化,必须有相当的阅读基础;没有一定的阅读基础,理科老师再怎么辅导,成绩也很难有明显提高。这位物理老师讲的实际上是一个规律,所有学科的学习都必须以阅读能力为基础,即使仅仅从学习的角度来说,从小提高阅读能力也是非常重要的,某种程度上说,阅读就是思维训练。

有的家长可能会说,我的孩子学习已经有困难了,应付学校的功课也来不及了,哪里还有时间读课外的书籍呢?家长的这个问题使我想起了苏联教育家苏霍姆林斯基,他在《给教师的建议》中曾经说过这样的一句话。他说:"阅读是对'学习困难的'学生进行智育的重要手段。学生学习越感到困难、在脑力劳动中遇到的困难越多,他就越需要多阅读。"这里,苏霍姆林斯基讲了一个深刻的道理:那就是学习困难的孩子困难的根子往往在于思维的基础,而不在于具体的解题。许多人采取给学习困难的孩子补课,并且也看到了一些成绩,但这是"末"。当然,"末"也是需要的。坚持阅读,在大量的阅读中提高思维能力才是"本"。解决"本"的问题,要日积月累从小培养。可是,让我们好好想想这个"本",从长远的角度,特别是从终身学习的角度看,对人的发展来说,思维基础毕竟是最重要最根本的。

这样看来,阅读也不仅仅是语文老师的事情,需要各科老师和家长都重视起来。一旦学生的思维版图被打开,它就会很自然地建构起事物、知识之间的联系,从而提高学习能力。

法国教育家卢梭说:"误用光阴比虚掷光阴损失更大,教育错了的儿童比未受教育的儿童离智慧更远。"在不少人在孩子教育问题上比较焦虑的当下,我认为,在孩子的教育问题上,特别在孩子的阅读问题上,我们必须给予高度重视。

其实,读书,并不难,难就难在多读书!在"多读书,会读书,读好书"三个层面中,多读书是最难做到的。无论你今天正处在学习困难者的行列,还是"学霸",根据科学研究发现,想要提升或改变学习能力,主要途径就是早期的阅读能力培养到后期的习惯成自然。欧美特别重视阅读教育,有"阅读至上"的理念。他们要求小学生每天在家读书至少20分钟,低年级的学生要有家长签字为证,高年级要求学生自己记录每天读的书名、作者和读书时间。每天都有各年级学生到图书馆学习,由图书馆老师讲课,教学生如何查找图书、如何查询资料、读书、讲故事等。北爱尔兰英语课程十分强调:"阅读是所有教育阶段中影响学业发展和思维养成的重要因素。要求社会和学校通过持续关注学生阅读成绩、阅读行为和阅读态度,并通过大量阅读提高学生的阅读素养。"

说到阅读量的累积。这是一个从量变到质变的过程。6—12岁是阅读能力(即学习能力的基础)长足发展的黄金时期。这6年,可以说,什么都没有海量阅读、大大提高阅读能力的发展来的重要。孩子一年的阅读要达到一定的量才可以使这种能力萌芽并茁壮成长!

如果一个孩子从小就没有读过几本好书,甚至从没读过一本超过10万字的书,那么这个孩子的天赋聪明很可能就会被"饿死"。

科学研究提示我们:所谓海量阅读是指:一二年级孩子每年阅读量需在50万—100万字,三四年级每年阅读量需在200万字左右,五六年级每年阅读量需在300万字左右。

这里要强调的是,6—12岁小学阶段的孩子,如果只把主要精力都投入到单一性的课本和作业里,远远不能满足一个孩子的大脑成长发育的需求。只有博览群书、海量阅读古今中外的名著经典,广泛涉猎百科常识书籍,才可以让孩子的智慧不断成长,最终形成一种强大的发展潜力。

现在的很多小学生家长可能认为自己的孩子目前阅读不多,成绩也不错,殊不知小学阶段的成绩具有表面性,如果孩子没有时间大量阅读,对孩子的未来而言都是一种巨大的损失。

既然阅读在孩子的人生道路上有着这么重要的意义,那么如何诱导孩子多读书呢?其中,培育对书的情感、培养阅读的兴趣是关键。

那么,怎么培养阅读兴趣呢?

第一,父母的阅读是最好的榜样。兴趣怎么来?首先是家长的引导,家长有常常阅读的习惯,能成为孩子的榜样。人们常说的"书香门第"是有一定道理的。"好的教育"中榜样的作用很重要,言传不如身教。杨绛先生是钱钟书的妻子,大家公认的才女,是一个读了很多书的人。她说她自己就是受父母师长的影响,由淘气转向好学的。父母师长的影响表现在哪里呢?她的爸爸杨荫杭说话入情入理,出口成章,《申报》评论一篇接一篇,浩气冲天,掷地有声。童年的杨绛看了又佩服又好奇,请教秘诀,爸爸说:"哪有什么秘诀?多读书,读好书罢了。"她的妈妈操劳一家大小衣食住用,一有空总要翻翻古典文学、现代小说,读得津津有味。于是,童年时杨绛就学他们的样,找到父亲的藏书来读,果然有趣,从此好读书,读好书入迷。

第二,让孩子发现自己的阅读兴趣。读书兴趣的培养跟生理上的一些其他喜好的养成很相似。大家知道牛奶的养分非常高,也并不太贵,因此西方人牛奶的摄取量非常大,一天喝1000克甚至更多,不分时段,早晚都可以喝。可我们中国人不行,我们只有一部分人能够消化牛奶,很多人喝多了腹泻。为什么呢?不完全是先天的,很多是后天的原因。我们胃里缺少一种酶,小的时候多喝牛奶,就能够开发这种酶。

读书兴趣的培养也是一个道理,小时候如果不开发广阔的兴趣范围,大了就费劲了。只有经过广泛的阅读你才能够发现你自己,知道自己阅读的乐趣、研究的乐趣在什么地方。

我认识一个小朋友,读四年级。他的父母很早就意识到让孩子从小与书亲密接触的重要性,所以学龄前就让他大量接触儿童读物,包括看图识字类的图书。一年级让他大量接触有汉语拼音的读物。二年级就主要阅读没有拼音的书籍。三年级的时候,孩子在博物馆看到第一次世界大战的详细介绍,开始对第一次世界大战的故事发生兴趣,母亲就帮助他搜集介绍第一次世界大战的书籍,有中文的,也有英文的,主要是配插图的,孩子读得如痴如醉,非常入迷。还自己制作了PPT,在学校向全班同学讲解第一次世界大战的来龙去脉以及主要历史人物。后来孩子接触到了第二次世界大战的故事,同样产生了浓厚的兴趣,渐渐地,对第二次世界大战的历史知道得比父母还多,还主动要求讲给父母听。

第三,努力保护孩子的阅读兴趣。孩子阅读,有培育兴趣、养成习惯、增长知识、陶冶情操等诸多功能。对小学生来说,培育阅读兴趣是第一位的。我们必须认识到,小学生一旦识字,天然就会有阅读的兴趣,这是与生俱来的,是最宝贵的。家长不要规定孩子一定要读什么,更不要限制孩子不能读什么。有些家长担心孩子三年级了还在读二年级的书,或担心孩子课外书读多了影响学习成绩,于是加以干涉,渐渐地这些孩子反而会不愿意读书,书越读越少,成绩也没有上去。

这样的事有点令人伤感,更值得家长反思。如果父母不顾孩子的天赋,忽略其年龄特点和兴趣爱好,硬要孩子读他本身不想读的书,效果必然适得其反。

保护孩子的阅读兴趣,就需要家长多鼓励孩子看书,并注意孩子看完书后的反馈,哪怕孩子只说了一个细节也要夸奖,让孩子有成就感,因为孩子在阅读中是另外的一个读者。

同时,还可以用一些激励的方式,并且激励要具体。有科学研究过,所谓赞美别人有一个FFC法则,第一个F:Feeling(感受);第二个F:Fact(事实);第三个C是Compare(比较)。比如说,你对一个在阅读的孩子说"你很棒",就没了,你讲这句话和不讲这句话对孩子来说都无所谓,因为你没说出他的棒表现在哪里;但你如果说,孩子,你真的很棒,每次都会看到你主动地拿书看,有的孩子是被父母要求拿书出来看才看的。这样的激励方式孩子更受用!

第四,要努力培育孩子对书的情感。人与人之间什么样的感情最深,那就是两小无猜、青梅竹马。培养对书的感情也要从小做起。这种感情就像是钓鱼,需要家长付出耐心和细心,才能让孩子咬下这个读书的钩。

我的导师就很注意培养孩子对书的感情,他常常陪外孙到书店,但规定每次只能买一本,实际上是让孩子在书店仔细地、反复地挑选,挑选的过程其实就是了解、比对、熟悉、选择的过程,增加对书的感觉,培育对书的情感。虽然每次只允许买一本,但是买书的频率很高,儿童节、生日、圣诞节、寒假、暑假、出去吃饭,等等,总之,孩子知道,只要有机会,外公总会让他自己去挑选一本书。现在孩子已经有了自己丰富的藏书。

让孩子对书有感情,可以做些怎样的尝试呢?大家都知道,进入小学,有了一定的识字量,孩子们可以独立阅读了。平时上学读书,回家完成作业后,可以安排一个比较短的睡前阅读时间,比如20分钟左右。双休日应该安排出一段较长的时间,视孩子的情况而定,但不应该少于一个小时。独立阅读需要家长设立一个兴趣观察点,有的家长是这样做的:睡前阅读,如果发现孩子读着读着很快就睡着了,可以设想出两个可能,一种是累了,另一种是对这本书不感兴趣。第二天再试,早点开始睡前阅读,如果还是很快睡着了,那就要与孩子多聊聊书上的内容了,暗示她再不认真看,就不能交代了;如果每天睡前阅读时间已过,孩子还捧着书不撒手,那就不用多问多说了。长时间阅读时,可以事先贴心地准备一些孩子喜欢吃的水果、点心,这就像鱼饵一样。过一段时间再进去看,如果吃得差不多了,就知道这本书没有什么大的吸引力,反之,那就是精神食粮对她来说更重要,书本已经成了她最好的美味佳肴了。

一个人与书建立了不离不弃的情感,将终生受用。

在座的很多人知道,陶渊明写过一篇《五柳先生传》,其中有一个名句是:"好读书,不求甚解;每有意会,便废寝忘食。"

陶渊明就是称赞五柳先生,也就是他自己,喜欢读书,读书多,同时,还欣赏他的读书方法。如果我们把这上下两句交叉来读,就是"好读书,废寝忘食",说他喜欢读书到废寝忘食的地步,用废寝忘食来描写自己对读书的感情达到了痴迷的程度。这是一种读书的态度。"不求甚解""每有意会",也就是他读书不在一字一句地理解,不在某一个地方钻牛角尖,重在"意会",这是突出理解文章的意思。

二、再来谈一谈"会读书"

读书是很个性化的情感生活,又是很个性化的一项技能。这里就有两点需要交流:第一,世界上凡是个性化、技能化的事情都离不开经常地反复地操练,所谓练拳的"拳不离手",唱歌的"曲不离口"。大家知道,想学好钢琴,就必须天天弹奏;想学好游泳,就必须经常下水。世界上没有听了一位钢琴家的介绍就会弹钢琴的,也没有听了一位游泳健将的报告就会游泳的。这里我想和大家交流一个非常经典的故事。20世纪60年代,一群少年写信给巴金先生说,巴金爷爷,您是伟大的作家,我们很喜欢您的作品,我们向您请教,如何才能提高自己写作文的水平?巴金很快回信,主要内容只有八个字:"写吧,只有写,才会写。"巴金说了一个写作上的真理,要想提高写作水平,必须多写。同样的道理,要想会读书,必须多读。会读书的前提一定是多读书,"读吧,只有读,才会读"。第二,世界上凡是个性化、技能化的事情,方法上都没有一个定式,都是因人而异的。我们从事教育工作的,常说"教无定法",如果三位优秀教师教同样内容的课,其方法一定是不一样的,这才精彩纷呈。读书也无定法。有一句话,叫"大体则有，具体则无"，说的就是这个现象。

先说"具体则无"。有这样三个学生，成绩都很优秀，他们的关键学习方法却不同。一位姓顾的男生，他的读书关键经验是，每学期的测验、考试的试卷，他都分门别类地归在不同的文件夹里，一张不缺，他常常翻看老师批改时被打叉的题目，尤其在期中期末考试前，一定会仔细阅读，实际上这是在发现自己的学习漏洞，所以考试成绩一直很好。后来这位学生进了清华大学，毕业后去了美国旧金山的硅谷，专门研究机器人的视觉课题，据说现在的苹果手机里有他的两项专利。第二位姓从的女生，从小学开始，她父亲要求她每到寒假、暑假，都要把一学期学过的课本从头到尾看一遍，发现看不明白的地方都要做好记号，想办法解决。实际上是及时补上学习过程中的知识疏漏。于是这位学生学得很轻松，成绩一直在班级名列前茅。说白了，学科知识是有连贯性的，一般学生在学习过程中，都会有这样那样的知识疏漏，给学习新知识带来困难，而这位学生解决了这个问题，是她学业优秀的重要原因。第三位是姓阮的女生，家境比较优越，却从来没有去请什么家教、上补习班。小学初中一直在一般的学校，但是从小喜欢看书，尤其是文学作品。高中进了复旦附中，后来进了复旦大学数学系，最终被美国佛罗里达大学录取。她的学习经验是，认真听课，高质量完成作业，大量阅读课外书籍。

这三位学生学习方法的关键点都不相同，可以说"具体则无"，说"具体则无"，是说阅读没有一个固定不变的、人人适用的方法，但是有一个最大的共性，就是注重学习的内因。

接着，我们重点来说"大体则有"。

笔者以为，在孩子能"多读书"的基础上，想要提高读书的质量，真正让孩子学会读书，就需要从小在教师和家长的积极引导下，让孩子在不断阅读的过程中，学会正确的读书方法，并深刻领悟其中的道理。小学生要培养的阅读方法大体有以下几种：

独立阅读法：这种方法要求孩子能静下心来独立阅读。做到认真读书，字字过目，对照插图，仔细观察，边读边想，不懂就问。这种阅读方法最有利于培养良好的学习习惯，能显著提高阅读效果。

目录选择法：指导他们根据目录，按照页码找到自己需要的内容。这种方法有利于培养孩子独立查阅资料的能力。

快速阅读法:对要读的书,看前言和章节目录,知道重点,对有些章节浏览而过,对有些章节细细阅读,根据自己的需要有所选择。

阅读操作法:对一些科普知识性读物或做做玩玩等栏目让孩子根据文字的叙述动手做做小实验,培养操作能力和阅读能力。

词句摘录法:摘录书中的好词佳句或有关知识,阅读时作些标记或夹写纸条、书签等,阅读完毕摘录下来。

人物评析法:对作品中的人物进行评论,辨析好与不好,议论喜欢谁,不喜欢谁,实现自我教育。

阅读的形式大体有欣赏式阅读、谈论式阅读、笔记式阅读、复述式阅读、表演式阅读、拓展式阅读、亲子式阅读、会友式阅读等,但不管是哪种形式的阅读,都离不开基本方法的运用。关键是要根据不同的阅读内容和孩子的实际情况灵活选择运用,以达到最佳的阅读效果。

由于今天在座的家长比较多,我建议在孩子阅读的起始阶段,父母能多抽出一点时间来陪伴孩子阅读,并在亲子阅读的过程中探索、渗透适合自己孩子个性特点及需求的有效读书方法,为孩子今后的独立阅读打下基础,这将使孩子在未来的人生路上终身受益,永不言败。父母陪伴孩子共同阅读的方法可以是:父母读给孩子听,并翻书给孩子看;父母让孩子翻书读给父母听;父母和孩子一人读一页;孩子讲给父母听;父母和孩子边讨论边读。这里,请家长要认真倾听孩子的见解,对孩子或天真或浅薄甚或错误的见解不要直接否定,这正是孩子阅读成长的必由之路,家长要爱惜孩子阅读成长过程中的每一步。

阅读可谓大体有法,读无定法,阅读因人、因时、因地、因书而异,有待大家不断创新。我认为真正让孩子会读书,除了方法和形式外,还需注意:

(一) 书读得杂一点

我们都知道,吃饭需要营养均衡,我们每个人都力求让自己的饮食结构尽量多元化,以保证摄入足够丰富的营养物质。阅读也不能挑食,阅读结构太单一,就会让我们难以对阅读保有始终如一的热情;过度追求趣味性,最终会让我们疑惑,阅读能否让自已变得更美好；过度的追求实用性，最终又让我们的阅读体验变得日益枯燥，最终难免想逃离。阅读的优势就在于，它在各个领域都能高效地为我们传递信息，无论是理性的还是感性的，所以如果你在生活中摄入的书籍种类越多，如果你将阅读带入自己生命中的领域越多，你才会越来越多地体会到书为我们带来的改变，你才会更加相信阅读，热爱阅读。

我观察到，孩子的阅读与成人不一样，他们比较任性，有的喜欢童话，喜欢"公主王子"之类的书，有的喜欢兵器，喜欢讲战争一类的书，有的喜欢"十万个为什么"之类的科普书，也有的喜欢历史故事，无论中外的历史故事都能够吸引他们。这个时候，家长和老师最好引导孩子读得杂一点，鼓励孩子读各种各样的书，兴趣越广泛越好。这是因为孩子离定型还早，在他们的青少年期，兴趣会有很多的变化，最后会发现自己真正喜欢的领域。

小时候读书杂一点，基础就会宽泛一点。一个人从事任何专业，基础宽泛是非常重要的。

（二）读物兼顾文理

我们的基础教育有很大的问题，就是高考文理分开，导致高中早早就文理分科，学生文理偏废。现在的高考改革已经注意到这个问题。一个人的发展，尤其在基础教育的时候，不能文理偏废。

大家一定知道乔布斯是一位改变世界的历史人物。他的贡献至少彻底改变了个人电脑、动画影视、移动电话、数字出版、大数据、商业模式等许多领域，他的成就与小时候听到的一句话有关。在《史蒂夫·乔布斯传》里，记载了他说过的这样一段话："我小的时候，一直以为自己是个适合人文学科的人，但我喜欢电子设备。然后我看到了我的偶像之一，宝丽来创始人埃德温·兰德说的一些话，是关于既擅长人文又能驾驭科学的人的重要性的，于是我决定，我要成为这样的人。"我们可以认为，乔布斯的天才创造和巨大贡献，一定既来自于他的科学思维，也来自于人文情怀。随着社会和科学的快速发展，我们可以预计，文理都得到发展的人才，天地会更加广阔。

（三）重视阅读习惯的培养

要让孩子"会读书"，我认为最关键的一步，就是养成阅读习惯。

如何让孩子养成读书的习惯,方法很重要。任何习惯的养成,"能不能保持持续性,能不能克服不能坚持的问题"是关键,阅读习惯的养成同样如此。

《Get Things Done》里有这样一个故事,流传至今,成为经典:1911 年,有两个团队同时向南极出发。其中一个队伍,不管天气好坏,每天一定要前进大概 30 千米,然后就休息。相反,另一个团队,却是随心所欲的,如果天气好的话,他们可能一天行进 60 千米。但天气不好的时候,他们可能一步都不走,在帐篷里歇一歇。最后,每天匀速前进的这个队伍就顺利到达了。而后一个团队,17 个成员,在途中全部遇难了。这个例子说明了什么呢?那就是:在极限的竞争环境里,执行力不光是指要有短时间内的爆发力,更重要的是在高水平上保持匀速前进。所以,阅读习惯的养成关键在于"匀速(每天读 1000 字)"。其次,如果一次性读得太多,是很难坚持下去的。就像用力冲刺很快会使人疲倦一样。找到了匀速前进的节奏后,你甚至可以为自己插上阶段性的小旗子。比如,"前 7 天"一天不差地按时阅读,可以插上一面小旗子。7 天已足够你培养一个习惯,不论跑步、早起或读书。达成 7 天按时读这个目标后,下一个阶段就是"前 21 天"的目标,21 天已接近读完第一本书,当你不需要消耗意志力去做一件事的时候,也就是习惯养成之时。那么,阅读习惯总结起来就是"持续性+连贯性",即每天保持匀量的阅读。所以,"怎么读"对孩子养成阅读的习惯是很重要的。一个成熟的读者应该争取每天安排固定的时间来读书,用习惯驱动自己,让自己在不经意间变得更美好,至于这段固定时间的长短,我认为反而不必刻意求多,这是因人而异的。

关于培养孩子的阅读习惯,家长可以做的事情,还可以有如下方法:

1. 用心为孩子创设阅读氛围

即通过环境的布置、气氛的营造,诱发孩子爱读书的动机和会读书的行为。可以根据家庭的居住条件,尽早让孩子有一个独立的书架、书橱乃至书房,要创设让孩子随手就能拿到书的环境。这实际上就是让孩子有一个属于自己的图书天地。要让孩子自己整理书架、书橱,引领他们分类。分类的方法要让孩子自己确定,比如按书的大小、内容、已经阅读和尚未阅读的、已经读过一遍或读过两遍的。总之,要让孩子用自己的思路整理书籍,只要孩子说得出理由,就顺着他们的思路,让他们自己去整理。这实际上也是逻辑训练的开端。家长千万不要越俎代庖。家长可以引导,如"如何整理才美观？如何整理才方便？"多表扬，多启发，还可以让他们与书店、图书馆陈列的书架相比较，以引发孩子的思路，这样才会让孩子觉得"这是自己图书的天地"，以逐步形成爱书籍、爱阅读、有条理、有逻辑的文化品位。

随着孩子年龄的变化，有些书已经太浅，肯定不会再阅读，家长要引导孩子自己把一些书从书架书橱里清理出来，送给他们愿意送给的人。这是友情的培育，也是文化交流的培育。送出什么、留存什么、什么时候送、送给什么人，家长一般也不要干涉，最多只给出粗略而不具体的建议。

网上疯传的"《哈利波特》主演赫敏在地铁丢本书，整个伦敦读疯了"的故事大家一定听说过，这个陪伴我们走过年少岁月拍了8部《哈利波特》的姑娘在现实生活中是个"学霸"，被剑桥大学、牛津大学、布朗大学三所顶尖学校录取，她就超爱读书，拍摄《哈利波特》的间隙就会拿出书来读。长大后的她为了激起大家的读书欲望，分享自己在读的书，她把书藏在地铁里、窗子旁，并附上手写纸条，4年传递分享了2000本书。这种分享的方法一时在伦敦疯传。据说我们也有人学过这种以书会友的方式，但成功不多，不过，我觉得这种方式可以在学校、在亲朋好友中尝试一下。

2. 为孩子寻找合适的阅读同伴

由于当前的家庭还是以独生子女为主，孩子缺少阅读同伴，家长可以鼓励孩子从亲戚、朋友、同学中找几个阅读同伴。我们可以发现，无论游戏还是学习，孩子总是最佩服同伴，我们做家长的要利用这个心理特点，创造条件和机会，让他们有较多的接触，由他们确定书名，交流阅读体会或感想，这个时候，家长尽量不能做任何褒贬。无论是出于礼貌表扬亲戚朋友的孩子，还是出于鼓励赞美自己的孩子，都是有百害而无一利的。当前，我们常常看到家长在某些聚会的场合，对孩子的阅读、成绩、品行做对比，有意无意地贬低自己的孩子，以为这是在鞭策自己的孩子，其实这是最有害的。所以在阅读同伴交流的时候，尽可能让孩子们独立自主，沉默是家长最明智的选择。

三、如何读"好"书

当我们了解"多读书""会读书"这一话题时，有没有想过一个更高的境界：多读"好"书，会读"好"书呢？

"好书"是一个范畴相当广泛的概念,广泛到难以定义的程度。好在我们今天谈论的是让孩子读好书,那么这个"好书"就比较好定义。大体来说,能够陶冶孩子情操、提高孩子素养、激发孩子兴趣、拓展孩子想象、增加孩子知识、打开孩子视野、启发孩子智慧的书,都是好书。

对此,笔者有以下几点建议:

(一) 注意孩子喜欢的书

中医理论里有一句话,叫作"食喜为补",就是说,你喜欢吃的食物就能够补身体。借用这句话,我们可以说,孩子喜欢的书就是好书。你的孩子正读得不肯放手的书,一定是适合他当下情趣和智力的好书,一定能吸引着他的兴趣和注意,也一定会进一步培育他的阅读趣味。比如,孩子正在读一本关于恐龙的书,有心的家长可以触类旁通的为他提供种类繁多的关于动物演化的自然科普书籍。我相信,孩子会由一本好书引发他对更多好书的渴望。从陆地到海洋,从动物到植物,打开他的新视野。

也许你的孩子正在迷恋王子和公主的故事,请为她提供更多不同国家、不同写作背景下的古今中外的故事,甚至可以提供影视作品加以辅助理解。我相信《小王子》足可以打动你孩子的心,《灰姑娘》的经典独白会印刻在她的脑海很久很久……

善于发现孩子兴趣点的家长才是提供好书的引领者,你的引领会慢慢建立起孩子自己探索好书,结合自己兴趣而学会选择好书的能力。

限制孩子阅读正在喜欢阅读的书籍是有害的,这需要高度警惕。家长能做的应该是引导、诱导,而不是规定、限制。

(二) 读经典的儿童书籍

世界上的书籍浩如烟海,儿童读物也是这样。但是,那些经过上百年乃至数千年流传并且得到一代代人肯定的儿童书籍,一定有它不容置疑的文化价值。比如《伊索寓言》,为什么一位2600年前的希腊寓言家被全世界的人传颂至今?为什么伊索写的寓言在2000多年里一直在教育和影响着一代又一代不同肤色的儿童?其中的智慧、情趣和文字的优美必定是高超的。

这里我特别要介绍我国当代杰出的儿童文学作家曹文轩。他是我国第一位获得国际安徒生奖的儿童文学作家。他的一系列作品,如《细米》《草房子》《带花纹的梦》

《橡树湾》《蔷薇谷》《瞎眼山羊把歌唱》《桂花雨》等得到了国际和国内高度的肯定。再如,儿童文学作家秦文君,《男生贾里全传》《女生贾梅全传》《宝贝当家》《会跳舞的向日葵》等都写得情趣盎然。刚才讲的大多是文学作品,还有我国的《十万个为什么》等书籍也有几代读者,启发了许多人的智慧。

我校的一名语文教师,深知推荐阅读作品加以引导的重要性,她看到她的二年级的学生们拿出来的书,要么是漫画类的《死亡笔记》,要么是父母为孩子选购的朱自清散文集《荷塘月色》、中英文双译本《老人与海》。两个极端让老师陷入思考……为此二年级第二学期开学之初,在研读了语文教材后,老师发现了两篇来自儿童文学作家的作品:一篇是第六课《马鸣加的新书包》,作者郑春华;另一篇是第42课《午睡》,作者秦文君。秦文君的作品更适合小学高年级的学生阅读,于是她推荐了郑春华《非常小子马鸣加》系列10本书。学期结束前,又下发了一张读书卡,围绕"作者、书的篇目、我的读后感"展开,请孩子谈谈阅读感受,男生女生可以从不同的角度出发。

(三) 大家回忆自己童年、少年时代读过的好书

我们每个人都从童年少年走来,都从儿童读物中受到过不少教益。在大家的记忆里,一定有不少留着许多美好回忆的好书。我建议家长把这些书推荐给自己的孩子。因为在座的各位经历不同,我当然不可能归纳大家过去所读的书,但是我相信,如果把你记忆里的好书推荐给自己的孩子,一定会有美好的回忆,会与孩子有更多的共同语言,会有更多情感的和阅读的交流。

经常有人问我,像自己这种年纪的人,应该读哪本书?我的答案是以你最想要解决的问题作为阅读的领域,你心中的这个问题也许很远,也许很近,也许很细碎,你可能都不好意思把它说出来,没关系,就以它作为你的阅读起点。

"多读书""会读书""读好书"是个循环往复,不断呈螺旋形上升的状态,因为多读书才会品味读书的乐趣,因为会读书才会在书海中找到自己心仪的好书,而好书又必定会开启你更多的好书阅读量。一个爱读书的人,才会是人生赢家,人生才"不会输"。

大家知道,人生不是做生意,也不是体育竞技比赛,更不是赌场,其实谈不上输赢。最近20多年,一句"不能输在起跑线上",搅乱了不少人的思维,引起了许多家长的焦

虑。其实,这是一个伪命题。衡量人生的价值,是一个人对亲人、对家庭、对社会做出了多少贡献,是一个人的精神生活是否健康和丰富,而这一切,都是在明事理、懂亲情、有知识、有道德的基础上发展起来的,是在不断阅读、终身学习的基础上建立起来的。我认为,一个孩子,从小养成锻炼身体的习惯,从小养成良好的阅读习惯,不断提高自我修养,以有道德有贡献为荣,以损害他人、庸庸碌碌为耻,他的一生一定会是幸福的。

阅读并不高于生活,也不低于生活,应该就像吃饭一样,成为生活的一个部分,用吃饭的态度去读书,让每日都是读书日。让我们倡导从读书中全面提升孩子素养,赢得幸福人生的理念;让我们学校和家庭一起,共同关注孩子的阅读,引导孩子多读书,会读书,读好书,让他们成为一个幸福的自己。

主题介绍

　　"梦想",对儿童的意义非常重要,作为家长,如何保护孩子的梦想?怎样激发孩子去实现梦想?杨校长娓娓道来,为我们帮助孩子追梦指明了方向。

　　杨荣,上海市特级校长。现任上海市实验小学校长,兼任上海市第三期普教系统双名工程小学校长一组主持人,兼职上海市督学。2015 年获"全国先进工作者"称号。

童梦，指引一生

杨　荣

扫码听讲座

梦想，是对未来的期盼。心理学家认为梦是一种愿望的达成，可以是一种清醒状态精神活动的延续。梦不是空穴来风，不是没有意义，也不是荒诞的，它是一部分意识的昏睡，当它醒来之时，它将产生无穷的价值。世界上最快乐的事，莫过于为梦想而奋斗。我们向往梦想，追求梦想，梦想是迈向成功的第一步，是指引人生的航标。梦想有多大，空间就有多大。"梦想"对于儿童意义非常，在追梦中成长，在成梦中成功，可谓"童梦，指引一生"！

给童梦一个情境——可能

作为家长，你知道你的孩子梦想是什么吗？他喜欢做什么？希望做什么？也许你一句"你还小，不懂什么"中，梦想被无声地扼杀了，在"好好听话"的告诫中，孩子的个性被抹杀。

曾经有这样一个故事：在遥远的过去曾经有过这样一对兄弟，他们跟着父亲在原野上放牧，孩子看到展翅高飞的鸟儿，问了一个问题："我是不是也可以像鸟儿一样去飞？"年长的爸爸没有简单地说这根本不可能，人怎么能飞起来呢？爸爸做了这样一个动作，他不停地在大地上飞奔，试图飞起来，但是我想我们都知道，人不借助动力是飞不起来的。爸爸说了这样一句话，"爸爸因为年纪大，所以飞不起来，你们还小，相信自己可以飞起来。"结果就是这一对兄弟，成了历史上留下美名的一对兄弟，叫莱特兄弟。在他们36和32岁的时候，这对兄弟真的发明了飞机，不仅让自己飞起来，而且让所有的人类飞起来了。

梦想是一种动力，中断梦想，亦如鸟儿折断翅膀，给孩子延展童梦区间，童年将因此而灵动。

给童梦一个过程——体验

有这样一部动画片《鹬》,主要讲述的是一只初生的小矶鹬,努力克服恐水症,在海浪汹涌的沙滩上,勇敢地完成独立觅食的故事。也许家长会说:"孩子还小,他需要保护""孩子太弱不会,我可以替代",其实成长是不可替代的。我们看到自然界雄鹰为什么会翱翔蓝天,因为它自小就离开了母亲的翅膀。沙漠上有仙人掌,实际上也是很简单,因为天气太热,水不够,所以它的茎就特别粗大,叶子不断消亡。物竞天择。允许孩子去体验,允许孩子去试错,做儿童成长的亲密协助者,在他需要的时候,你给他关键的帮助,做他的忠实支持者,当他求助你的时候,你不遗余力。

给童梦一种态度——坚持

我们知道态度决定一切,是教育的定律。我们要培养儿童积极的态度,包括对未来、对自己、对社会各方面的生活态度。我们来看一下,在近段时间内,有一个风靡整个世界人物,他的名字叫马云。让我们透过他巨大成功的外表,了解成长的几个故事:少年马云想要考重点的小学,但失败了,青年马云想考好的中学他也失败了,之后他想考大学,由于当时的学习环境,他第一次考试数学考了个位数,但是他不放弃,也不悲哀,坚持三年,硬是把数学成绩从几分提高到几十分,终于如愿进入了大学。

回想童年的成长经历,他是这样说的。第一,要有梦想,一个人最富有的时候是有梦想时,有梦想的时候是最开心的。第二他说要坚持梦想,有梦想的人很多,但能坚持梦想的人却非常少。特别讲起他对网络的执着时,他幽默地告诉我们,有时候傻傻地坚持,要比不坚持有用得多。

给梦想一种态度,无数的态度中,坚持是最重要的。因为既然是梦想,它可能离你很遥远,在你今天客观条件下根本就是一种不可能,所以坚持就显得十分重要。

给梦想一个远方——目标

心理学家曾经做过一些有趣的心理实验:心理学家找了两类人,进行投球活动。他面对的目标有两个板,一个是近的,一个是远的,游戏规则就是选择一个目标,但是你可以获得更高的分数。如果你是家长,你想一想,如果你要得到更多的分数的话,你会选择远的目标还是选择近的目标;小朋友,你也想一想你会选哪一个板去投你的目标。如果你想选近的,大家举手看,哪些人要得高的分数,就选近一点的目标可能分数更高。只有一个小朋友举手。是不是更多人选择了远的目标?如果更多人选择的是那个远的目标,可以得到更高的分数,恭喜你们猜对了。事实上,实验的结果也是选择投远的目标,虽然前两标他的命中率不高,但是后来他的命中率并不比选近目标的人的中靶率低,而且整体得分是远的更高。有人对成功人士做过一次调查,不管是金融界、学术界、政治界,调研的题目只有一个:是什么决定了他们的成就,调查的结果不是天才,也不是技能,而是奋斗目标。目标,是孩子即将远去的地方,目标有哪里,未来他就可能去那里,梦想有多大有多远,孩子的人生就可能有多远,作为就有可能有多大。

给童梦一个选择——方法

在梦想成真的关键词中,有一个就是精准地选择一个目标,让你的人生潜能得以最大的发挥。那也就是把有限的精力用到你觉得自己可能成功的地方去。这里必须提到一位伟大人物爱因斯坦,说起他你一定会说他一定是一个天才、奇才,是一个牛娃,其实不是,他中学成绩也是平平,为什么学生时候看似平平的人能成为一代伟人呢?

他喜欢这样的思考:经常分析自己的实际情况。他是这样分析自己的学业,在他一般的成绩当中,有两门成绩相对比较好,也就是物理和数学,比较喜欢。所以他就觉得,自己在物理和数学这两个方面多学一点,多做一点,也许可以比别人发展得更好。因此他在大学时期,他就选择了苏黎世联邦理工学院的物理系专业。因为他选准了,所以他的潜能得到了最大的发挥。26 岁的时候他发表了科研论文,之后他的才华如日中天,最后发表了"狭义相对论",让人们对宇宙的认识实现了重大的变革。他更会冷静地分析自己的能力天赋。有一个鲜为人知的故事证明了这一点,由于他在科学界取得的极高成就和声望,加上他又是犹太人,当时以色列第一任总统逝世之后,邀请他担任总统的职位。可以做总统了,小朋友你去不去?应该说是一个非常有诱惑力的机会。但是爱因斯坦清楚,在他过去的几十年人生过程中,他从来没有感觉到他在政治上有超乎一般人的才华,他毅然拒绝了总统的职位,潜心于他的科学研究。把目标做到极致,到达梦想成真的最高境界。

选择自己的长项,自己不喜欢的、不擅长的,索性放在一边,不去试图努力补足自己的短板,让自己的长板变得更长,这样一种学习方式,就是大家知道的高效率的定向选学法。用无关得失与功利的价值取向,通过选合适自己的,择定一个方向,在扬长中做最好的自己,所以说扬长比补短更有意义。

给梦想一种力量——志向

梦想本身就是一种想象,虽然它不是虚无缥缈的,但是它是灵光一现的。有很多小朋友,爸爸妈妈一定会告诉你好好学习,以后你会怎么样,听老师的话,以后你会怎么样。实际上,不是告诉他一个结论,而是要唤起他学习的原动力。有很多人现在不好好学习,或者数学不学好,以后会有影响的,肯定有很多的实证。但是我想,当一个人有激情去激励他的时候,他完全是可以跨界的。我们也知道在学习的领域,确实有很多天赋的结构性特征,有的善于学文,有的善于学理,有的空间概念特别好,有的艺术的灵感特别丰富,按我们心理学家的理论说,就是人的多元智能,这个技能特别强,那个技能相对就比较弱。但能不能实现小宇宙的最大爆发呢?

钱伟长的故事能给你有益的启示:钱老从天赋角度说是一个文科天才,少年时他高分考入了北大历史系,可是他的理科基础非常薄弱。就在他进入大学两周之后,著名的"九一八事变"爆发,当他听到日本人飞机轰炸中国国土的时候,他是这样想的,就是因为日本人有先进的武器,才能这样肆无忌惮地侵略中华大地。他说,他也要造枪,他也要造炮,保卫国家,于是毅然向大学提出转系的申请。当然,根据他的潜质和基础的分数,大学肯定是不同意的。但是当时整个机制还是比较好的,给了他一年时间让他学数理系,最后结果是什么?他成为中国物理动力学的先驱,也成为现代物理学的一个先驱。所以,我们得到的结论就是,不要相信天才论,只要你想学,你敢学,没有学不会的东西,这是晚年的钱伟长告诉所有人的。哪怕与生俱来,你不具备这个禀赋,只要你愿意去学,你就一定会学好。所以我们的父母在让孩子认真学习的同时,你要点燃他内在的一种激情。不是你让他去学,而是他追着你要学;不是你要他看书,而是他追着你去买书看书,追着问无数为什么。我想这样你才可以收获你真正想要的有成长空间的孩子。

给童梦一个基础——习惯

播种行为,收获习惯;播种习惯,收获性格;播种性格,可以收获命运。生活滋养好习惯,一屋不扫何以扫天下,自己衣服都不会穿,书包也不会理,那么今后怎么安排你的时间?怎么把你的学业作为你自己要做的事情?一个不能完成与年龄相应生活安排的人,如何能驰骋人生?

榜样示范好习惯,父母是孩子第一任的老师,老师是孩子人生导师,模仿是孩子学习的基本方式,要孩子主动学习,自己先要热爱学,要孩子认真学自己先要敬业做,要求孩子的做到的,成人必须做模范。

育人重小事。学校教育孩子"遵守规则"是社会生活的基本准则,但是我们在地铁站经常发现这种情况,在地铁的出口处,过了免票身高标准的孩子不过闸机口,而是钻进钻出,于是"按规定买票"就形同虚设了。未来社会将是一个高度规则化的社会,缺失规则意识的人将处处受阻。习惯不只是知道,更显于真实环境下的行动。

习惯可以修正。随着你的年龄不断增长,习惯也要进步的,可以用习惯来征服习惯。举个简单的例子,小朋友自己有个小房间,你把你的小书桌、小书橱、小床理得干干净净。当你长大的时候,你就要把你家客厅整理的任务包下来了,因为你能力大了,本领大了,你可以做更多的事情。再慢慢地你可以把班级的环境作为你关心的范围。当你进入社会后,你会去管理一个团队,管理一个企业,甚至于可以管理一个更大的范围。所以良好的习惯需要你不断修炼,把这个习惯不断去放大。我们现在去看,家里现在孩子也少,我们以前进门的时候,老人在,进门一定先叫老人,绝对是不敢不叫的,那就养成了一个习惯。见到父母今天不大高兴的话,我们一定会自己提醒自己,千万不要惹父母生气。这带来一个什么问题呢?当你到了社会上,到了一个团队里,你也会用自己的情绪直接去反映,实际上家庭这个小环境要教育你孩子尊敬亲人,他才会尊重朋友,才会尊敬伙伴,才会尊敬自己的同事。他小时候如果不习惯招呼人,长大永远不会习惯招呼人。小时候为什么门口进来要说老师好,你去一年级会发现他声音小得很,根本不敢放大声音跟别人打招呼。不是老师缺你这样一个称呼,我们需要的是他主动大声与别人打招呼,今后他在社会上就会有这样一个习惯,见到不认识的人,他也会主动和别人打招呼。你观察 1—5 年级,5 年级的时候他会非常自然地跟老师轻声打招呼,点个头或者挥个手,实际上这就是人与人初步感情的交流。所以我想,在习惯培养上,我们要共同去研究。

习惯需经营。第一,不放过关键期。中国古人曾说"三岁看大",指的就是习惯,即使小事却意义重大。如教会孩子"独立吃饭",从小自己吃饭,第一个关键点位是 8 个月,第二个是 16 个月,2 岁就是最后了,如果 2 岁家长还喂,这个喂的时候就会变得非常长,所以都是有些关键期的,这一个生活能力,更是培养自食其力的勇气。第二,耐心地等待。也有家长因孩子缺点反复而生气,其实这不是孩子的问题,而我们不知道儿童的成长规律,据有关科学研究发现,21 天才能养成一个好习惯,而内化成他自己的习惯,实际上要将近 90 天。

正确理解"不让孩子输在起跑线",人生路是漫长的,但紧要之处只有几步。哲学家讲过,习惯是一种顽强而巨大的力量,它可以主宰人生。教育家讲过教育是什么,教育就是培养习惯。巴金也讲过,成功的孩子从习惯开始。人生是个人的生命旅程,这里没有输赢,只有长短,如果有起跑线,那就是习惯与态度。

给童梦一座桥梁——行动

我们讲现实是此岸,理想是彼岸,中间隔着湍急的河流,如何从此岸到彼岸?就有一座桥梁。这个桥梁是什么?它就是行动。在座的爸爸们都认识球星梅西吧?我想只讲一件事情,做一名优秀的球星,他有一种行动,就是比别人做得更多。只要是训练的时候,他一定比别人早起一个小时,即使他已经成为世界级的球星,也依然如此。早起一个小时做什么?他比别人多跑,他比别人多做三千个仰卧起坐。当他完成第一轮训练的时候,他的队友才来到训练场。这就是他为什么可以有一个人扛起一支球队的强大的力量。在他整个的足球生涯中,他只有一个梦想,今天踢得比昨天好。所以踢得更好,是让他有更大的动力去做比别人更多的事情。所以不要说,你还没有成功,即使你成功了,如果你不行动,那么后面行动的人必将超过你。中国就有这句话,不进则退。

梦想是美好的,有时现实是"骨感"的,在追梦的过程中有无数的困难,需要用行动去解决,于是就有了克服困难,在追梦的过程中有无数次的失败,需要用行动去修正,于是就有了失败是成功之母,一路向前,不断行动。中国飞天之梦经历多年的前赴后继,今天终于一飞冲天。当梦想属于个人时,实现梦想是一阶段的过程;当梦想属于事业时,实现梦想就是一代人共同的努力;当梦想是属于人类文明的创世纪之作,那就是几代人持续的接力。梦想与行动同行,梦想实现决定于人的行动。

给梦想一个情怀——家国

被誉为"地球之子"的黄大年,大学时代就在同学留言录上留下这样一句话,振兴中华乃吾辈之责。求学时代的他在英国赢得了非常优越和富裕的生活,但是当祖国需要的时候,他一如多少年前的钱学森,毅然变卖所有家财,而且把这些资金都买科学实验器材,把它运回了中国。国外媒体报道,他的回国让美国当年航空母舰的整个舰队后退了一百海里。他是一个纯粹的知识分子,他什么职务都不要,他想的就是为祖国做一些事情。他对待科研是这样说的:"我没有朋友,也没有敌人,只有国家的利益。"他做老师,没有时间陪自己的家人,但是他把所有时间留给了学生。当他身体不好的时候,躺在病床上,跟学生说的还是科研,和学校领导发的短信中,他还在想争取返回岗位。就是这样的一个人,总书记给他一个评价,心有大我,至诚报国,把爱国之情、报国之志融入祖国改革发展的伟大事业之中,融入人民创造历史的伟大奋斗之中。我想我们在座家长对于孩子充满了无限的向往和无限的希望,中国自古就讲修身、齐家、治国、平天下。我们在养育一个孩子的时候,你想养育一个家庭的支柱,还是想养育一个国家的栋梁、一个时代的伟人?

有的人名垂青史,可是有的人享受着丰富的物质生活,但人生却平庸,这都是因为不同的目标,不同的理想,不同行动所导致的,梦想是在奋斗中实现,是在奉献中放大,当你的行动是为国为民为时代时,你的人生将意义非常。

给童梦一种气质——容貌

我们都在培养孩子的过程中,或多或少地都存在重视"技"与"术",忽略"相"与"神"的问题,如学音乐,重考级弱修养;学数学,重演算弱思维。其实理想的教育,不仅仅是技能、分数、学科、题目,我们需要的是培养人的一种精神容貌。家长和教师的使命就是让孩子逐步对自己的精神长相负责,培养人身上高尚精神的种子,可以让我们自由地呼吸,可以让你扬眉吐气,可以让你与众不同,也可以让你感觉生活因此而带来的一种幸福。

我想在今天,我们对童梦会有这样一种感慨,当你和孩子谈梦的时候,你要感觉梦是孩子心中最真实的悸动,而且它稍纵即逝。所以我想当孩子和你谈梦的时候,你真的要有无限的兴趣、无限的专注和无限的兴奋去面对他。梦想是星空中闪烁的诱惑,转瞬即逝,我们希望这一瞬能够成为他一生的追求。也许他在跟你谈梦的时候,是他生命中最原始、最幼稚的一种幻想,但是充满着神秘和美妙,而这种子需要我们去护佑。梦想是孩子成长中最真实的依靠,绵长深刻,会伴随他一生。当孩子拥有一个童梦的时候,我想不管是家庭还是学校,还是未来我们理想中的社会,我们将会帮助他一生去接力,让梦想如影随形地陪伴他。可能在追梦过程中会有黑暗期、挫折期等等不顺利,我们希望在我们孩子追梦的过程中,我们可以去做的能够让他有更多的可能,更多的顺利,或者更多的幸运,这是我们成人需要做的。同时我想,当孩子拥有梦的时候,这是他人生价值最原始的一种觉醒,而这种觉醒将会带来无限的人生的可能。所以梦想引领人生,拼搏创造传奇!梦想不是把前人的知识记录下来,把别人走过的路再去走一遍,或者复制昨天的故事,它是一种前所未有的开创。有这样一句话,只要你梦想得到了,你就做得到。

梦想非常美好,我们也知道当人有了梦想之后,他会创造奇迹。梦想因创意而美丽,我还想带大家去一个地方,听一个故事:在法国乡村,有一个叫"邮差薛瓦勒之理想宫殿",现在是法国著名的旅游景点,这里有一个关于石头的故事——

遥远的从前,有一个叫薛瓦勒的乡村邮差,他每天往返在单调、简陋的公路上,做着最简单、最平凡的工作——送信。有一天他被一块石头绊了一下,跌了一跤,如果是你你会怎么想?也许会想我怎么这么倒霉。但是他跌下的一瞬间,他忽然发现这块石头太漂亮了。于是他有了一个梦想:如果有一天我用无数这样美丽的石头为自己造一个城堡,会是什么故事呢?于是从第二天开始,在他的邮包里面,每天就带回了好多石头,不断地带。带回的石头数量有限,造房子是很遥远的,怎么办?他换了工具,接下来他就用小推车送邮件,为了可以带回更多的石头。就这样一边送信一边带石头,经历了 20 年,他终于用石头垒起了一栋理想中的城堡。1905 年,法国一家报纸的记者偶然发现这座异样的城堡,写下一篇介绍的文章,之后在法国引起极大的反响，许多人慕名前来，连著名的画家毕加索也来到这里写生，如今这所城堡已经成为法国著名的旅游景点。在它的入口处有这样一句话："我想知道一块有了愿望的石头能走多远。"衷心祝愿所有的孩子拥有一个童梦，用你的童梦垒起你人生的宫殿。

主题介绍

在中考、高考即将到来的时候,家长们非常关注的话题,是如何才能真正帮助孩子成功应对考试,进入理想的学校继续深造。心理特级教师杨敏毅老师可以为大家指点迷津。

杨敏毅,上海市首批正高级教师、上海市心理特级教师。杭州师范大学化学专业毕业。曾获首届全国学校心理辅导"辅导之星"、首届全国中小学心理健康教育"十佳教师"、首届全国"心理健康教育卓越人才"、上海市三八红旗手、上海市首届"教书育人楷模"、2011上海教育年度新闻人物、上海市闵行区拔尖人才、闵行区学科带头人、闵行区名师工作室主持人等荣誉称号。出版《是谁送来红玫瑰》《团体心理游戏设计与案例》《中学班级团体心理辅导活动60例》《怎样读懂学生——特级心理教师的建议》等多部专著,在各省市为校长、教师、学生、家长举办心理讲座数千场,具有良好的社会影响力。

家有考生　成功助考

杨敏毅

扫码听讲座

一年一度的考试季即将到来，千家万户瞩目的中考、高考的脚步越来越近了。根据广大家长的要求，今天由我进行公益讲座的第一讲"家有考生　成功助考"。

面对竞争激烈的中考、高考，面对紧张焦虑的孩子，家长你准备好了吗？对每个考生来说，迎考的信心、应考的技能、健康的身体、常态的心理、必备的知识缺一不可。那对家长来说，我们应该如何帮助孩子积极备考、自信迎考、成功应考呢？这是我们今天交流的主题。

本次讲座，我想通过数字进行串联，希望家长回家后能够清晰地回想起本次报告的关键内容及主要做法。下面我与各位家长谈一谈，在孩子迎考、应考的日子里，我们成功助考的九条建议。

最近，常有考生家长前来心理咨询："杨老师，到了高考前，作为考生家长的我们，心理压力很大，做什么事情都得小心翼翼，到了最关键的时候，与孩子说话都很有顾虑。我们究竟该怎么做才是合适的呢？"这其实是家长在面对孩子考试压力时所表现出的焦虑心态。

同样一幅画——"大苹果与小小人"，幼儿园的小朋友看到了一个巨大的、很好吃的苹果，他们内心感受到的是兴奋与喜悦。但在考生和家长看来，"大苹果"意味巨大的学习压力，"小小人"就是自己的现状，他们感受到的是压抑与无奈。

所以，压力的大小在于你的目光聚焦在哪里，很多内心的感受是可以外显的，比如，通过观察孩子们近来说话的态度、学习的情绪和日常的行为，我们可以了解他们内在的学习压力与心理状况。

我觉得中、高考的压力在很大程度上可能是社会、学校、家庭所带来的。比如，我们看到很多学校都设立了中、高考倒计时的警示牌，这些倒计时警示牌究竟有怎样的功能呢？我觉得从正面来说，是提醒与督促考生抓紧时间，努力奋进，而负面的影响则是给考生高度紧迫感从而加重心理压力。对家长来说，这样的压力不必传导给孩子，也就是说，在家里我不建议家长设立考试倒计时警示牌。

到了临考的阶段，考生们巩固学科知识与提升学业水平的任务基本完成，可以说成绩基本定型，重要的是在考试过程中，考生如何以良好的心理状态，让积累的知识、技能正常地发挥出来。所以家长不要过分期望孩子在考试中爆出冷门、创造奇迹，而应该帮助学生调适心理，保持平常心，发挥正常水平，避免失误发生。因此，不论中考还是高考，都是一个系统工程，在考试过程中体现了考生的知识能力、心理素质、身体状况和思维技能等综合能力。

下面我分九个方面来谈谈，有考生的家长如何成功助考。

一、实现一个成功目标

中考、高考时，学生、教师、家长是共同体，他们的目标是一致的。对家长来说，希望自己的孩子能够顺利完成考试，进入理想的学校进一步学习。对教师来说，希望学生顺利完成考试，进入高一级学校深造。对考生自己来说，希望实现自我目标，完成家庭梦想。孩子是完成考试的主体，教师与家长是孩子成功的支持力量。

其实顺利完成中考、高考，考入某一学校只是一个大的目标或者说是个愿景。我们每天想着、念着中高考固然很重要，但我们是否想过，在大目标之下的具体小目标是什么？

拿高考来说，家长的愿望是什么？孩子的目标是什么？希望进什么样的大学，孩子适合读什么样的专业？能够进入什么样的大学？可以就读怎么样的专业？目标设定越具体、明确越好。

我觉得家长与考生在面对考试时不妨定下三个层次目标。

第一层次目标是理想目标，考试后能够如愿进入的理想学校。这是所有考生心中的理想，是做梦想去的地方。这个目标不一定可以达成，但它具有召唤力与激励性，让孩子做到仰望星空。

第二层次目标是现实目标,就是"跳一跳可以摘到的果子",孩子经过努力完全能够达到的目标。现实目标可以让孩子树立信心,脚踏实地。如果孩子因为高考的压力而感到紧张,那么家长不妨帮他把目标降一降,正如体育竞赛中"望一争二""保三争二"等提法,目标范围宽泛了,压力就小了。当然,家长对孩子也不能没有要求,如果你对孩子说,"我不给你压力,随便你怎么考",其实孩子感觉到的是家长对他的放弃,自然也会产生自我压力。

第三层次目标是托底目标,就是以防万一的准备。万一考砸了,孩子心里有过最坏的打算,就不会出现惊慌失措和过度沮丧。保底目标可以起到消除后顾之忧,避免出现绝望的作用。

总之,我们需要做到既仰望星空又脚踏实地,做到一个目标两手准备。

在这方面我有过较成功的心理辅导案例。上海某重点中学的一位学生,对青铜器和考古知识非常感兴趣。在高二时,就有北京大学的教授对他未来进入北京大学发出过邀请,然而他的文化课成绩在年级中只是处于中等偏上水平。理想与现实存在一定的差距,让他非常焦虑,主动来找我心理咨询。我与他一起分析:北京大学是梦想的目标,那自己的现实的目标是什么呢?针对自己的目标就要进行取舍。这位学生明确地说:"我非常希望能够考入北京大学,就自己目前的学习状况来说,绝对是有难度的,但不是没有希望。我要制订一个合理的目标,仰望北京大学,力争复旦大学,调整行动计划,有效地向着既定目标前行。我要辞去校级干部的工作,集中精力、加大力度补习薄弱学科。当然,假如最后出现意外情况,进入上海大学也要面对并接受。"由于他三个层次目标非常清晰,在有理想、有目标、有计划、有行动的基础上,他最后如愿考入了北京大学。

二、创设两个学习环境

对考生来说,在迎考与应考的日子里,有两个重要的学习环境需要关注:家庭环境与学校环境。

我认为,每一位考生的家庭环境应该具有温馨而宁静的氛围。温馨是指有家的感觉,可以让孩子获得能量和支持。宁静是指家里不要有太多噪音,让考生能够安静学习。家长不要因过分的关心、照顾而干扰了孩子正常的复习,也不要因时常的督促与指责而让孩子心烦意乱。

学校的环境应该是紧张而有序的。学生在集体活动中感受互相影响和彼此支持。考生并不是处在隔离的环境中,而是随着环境变化,他也会产生起伏,但要力求保持平常心态。学校不宜过分地渲染中、高考成功与否对人生成败的意义。军事化的管理、铁笼式的环境,只会带来"亚历山大"的负面效应。

家长为孩子创设安静的学习环境是重要的。所谓"安静",就是没有嘈杂之声的干扰,给孩子创造安全的、有效的环境,让他感受到的是被尊重的温暖。但也不要走向另外一个极端,让孩子在寂静的环境中学习。所谓"寂静",就是没有声音,也没有交流,没有温暖,也没有支持,这样的环境只能让孩子感受到孤独与无助。

有位家长告诉我,孩子考试前,家里做了一年的"家庭静音工程"。她说:"女儿对外界声音十分敏感,总是抱怨我们太吵了,影响她复习迎考。我们在家只能轻轻地走路,轻轻地说话。怕电话铃声影响,家里的固定电话早拆了;怕电视节目影响,家里电视机早就被打入'冷宫'。现在抽水马桶发出冲水声,女儿就会抗议。楼上人家在地板上走路发出的响,她也难以忍受。老师,女儿的表现正常吗?"我对家长说,我们所处的环境不可能一点声音都没有,你女儿对外界声音过分敏感,肯定是不正常的心理表现。这种心理与行为的背后,可能是内心有压力的一种借口。她的压力郁积在体内无法缓解,用抱怨与异常行为向家长表达求助之意。所以,家长不要只对静音要求迁就,而应该用心倾听她诉求背后的本质需求,缓解学习压力,给予真正的理解与支持。

三、关注三类应试考生

面对即将到来的中、高考,我们的学生早已不是同一水平状态上的"齐步走",在任何一所学校,任何一个班级,每个学生都有属于自己的水平状态。每个学生必须把握自己的状态,考出自己的水平,达成自己的目标,获得自己的成功。所以,家长不仅要将自家的孩子与同龄考生进行横向比较,更要关注孩子自我发展中的进步和提高。也就是说,到迎考的最后阶段,孩子自我的纵向比较的意义远远大于同学间横向比较的作用。

对学习水平处于不同状态的学生，我的建议是：

对学习成绩优秀的学生来说，备考的主要目的是以防万一，他们是"钢丝上的舞者"，强手竞争不得有半点的闪失，所以一定要稳中求胜，保持稳定的心态，稳扎稳打地发挥自己的优秀水平。能够保持和发挥平时真实水平的表现就是成功，优秀的学生更需要自我解压。对优秀学生来说，高分段的竞争非常激烈，考生应注意发挥稳定，主要是做到情绪的稳定与发挥的稳定，尽可能不要让意外情绪导致意外结果的产生。

有位学生数学成绩一直非常优秀，然而在考前一次模拟考时，由于一道题目卡住了，导致与平时考试成绩相比，降了20分。他来找我求助时，两条腿已经不会走路了。这样的生理表现是他在极度紧张、高度焦虑的情绪下，不断给自己消极暗示所造成的后果。我不断鼓励他，你的数学基础很好，你的解题能力不弱，考试经验也丰富，只要保持良好的心态，就可以正常发挥出你的水平。我开玩笑地对他说，如果你有一个好心态，有信心地去面对考试，哪怕坐着轮椅进考场，你仍然可以非常出色。经过几次心理咨询后，他克服了考试焦虑，走出心理阴影，最后顺利考上了理想的学校。

对学习成绩一般的学生来说，他们要成为赶考大军中的强者，在最后的复习阶段，重要的是查漏补缺，将不该失去的分找回来，扎实有效地提高考试成绩。

我认为，中等学生和优秀生相比，差距就在于基础不够扎实。要认真分析自己每次考试在哪些知识点、哪些考题形式上失分了，分析得越细致，弥补得越充分，提高的分数就越多，复习的效果就越好。有位家长非常担心自己孩子分数的波动，画了一张多次考试得分的曲线图，发现孩子考试发挥不稳定，成绩常常是一次高、一次低。她分析得分高低起伏的规律，最后得出结论，孩子在高考时应该是低分。这样武断地对孩子高考成绩的预判是不科学的，也是不合理的。这样的结论会对孩子的应考产生极大的消极暗示。所以，在模拟考阶段分数下滑，家长不要过于紧张，应该从失分处分析原因并弥补知识或方法的不足，真正体现模拟考查漏补缺的价值。模拟考是为了训练考生应对考试的经验，使他们能在有限的时间内完成题目。同样学校常常会使用不同学校教师所出考题作为模拟考试卷，目的是为了提高考生的适应能力。所以，面对模拟考,家长不要只关注分数的变化,而要看到扎实训练后孩子在方法、能力与信心上的提高。

对学习困难的学生来说,他们要成为"背水一战"的勇者,一定要以信心面对,不放弃,不抛弃,以顽强的勇气坚持到最后。

有部分学生越到最后越放弃,甚至都不想去学校读书了,这其实是没有信心的表现。所以我觉得不管发生了何种情况,不到最后都不要放弃。家长无论如何要给他信心,没有信心就绝望了。当你放弃,奇迹是不会发生的,别人绝对不会把机会留给已经放弃的人。在目前高考的情况下,每个人都能找到适合自己的位置,每个人都会有成功的出路。

四、了解考生的四种心理状态

心理健康者:在特殊时期有特殊的感觉,有压力是健康的。他们有信心、能力、目标和方法,带着适当的压力迎接考试的到来。对于这样的考生,家长给予陪伴与激励是最好的行动。家长应关注他们每天的情绪是否稳定,避免各种干扰破坏了考生良好迎考的心态。

心理紧张者:考生到了高三阶段,由于长时间的努力与拼搏,不仅心理紧张和焦虑,而且体力的透支也会带来许多疲劳后的症状,比如昏昏欲睡的乏力感和注意力难于集中的效率低下感,这都需要对考生进行心理调适和身体放松,使他们有信心、精力和体力去面对即将到来的考试。这类考生还普遍存在"想赢怕输"的心态,常常担心万一。"万一时间来不及怎么办?""万一试题很难我没复习到怎么办?""万一我发挥不好怎么办?"带着种种疑惑面对考试。对于这类考生,家长要帮助他们树立信心,合理期望,消除顾虑,正常发挥出真实水平。

心理焦虑者:这类考生常常害怕考试,在考试过程中,心跳加快、手颤抖、头脑空白,思维中断。对这样的孩子,家长一定要多加安慰,求助学校心理老师进行心理减压,通过认知调整、行为训练来改善情绪,提高应考的能力。

心理障碍者:有一部分考生表现为有些题目明明会做,但就是不停地担心,长时间反复看某一道题目,就怕出错。有些考生甚至出现强迫行为,看书的时候总是在看一

页,看上去在学习,其实一点效果都没有。在生理上他们还表现为容易拉肚子,容易感冒、发烧。这种考生的表现是典型的考试焦虑综合征,遇到这种情况,家长要找心理老师对孩子进行认知辅导和心理干预。

还有一类考生情况可能更严重一些,常常会因担心考试而出现重度失眠,甚至在考试过程中出现昏厥等意外情况。家长在遇到这种极端情况时,要坚信考生的身体健康比高考分数更重要,果断中断学生的应考过程,及时到专业心理机构进行治疗。

五、考生可以采取五类补习方法

自查自补:考生针对自己学习的实际情况,制订有效的复习计划,首先对课本知识进行细致梳理,然后对薄弱环节进行重点复习。

自查他补:根据自己的学习实际情况,制订合理的复习计划,在对课本知识进行细致梳理的过程中,找到自己不懂或频发错误的知识点,求助教师,进行个性化、针对性补习。

他查自补:通过多做一些外校的练习卷或考试卷,发现自己的薄弱之处,进行强化练习。

他查他补:通过做外校的练习卷、考试卷,发现自己的薄弱之处,寻找补课教师,做针对性补习。

双查双补:既跟着学校的复习节奏,又挤出时间按照自己的计划进行复习,不仅自我补习,而且请教师"指点迷津"。

考生不管采取的是自补还是他补的方式,其实不仅要补习缺漏的知识,调整不佳的方法,更重要的是补出学习的兴趣和学习的信心。家长也不要让孩子门门补、全面补,没有针对性的补习,只能落得一个"劳民伤财"的结果。

六、掌握与孩子沟通的六种要诀

在迎考和应考的阶段,孩子常常是敏感的,家长又是焦虑的,所以亲子关系就会出现沟通不畅的问题,甚至出现矛盾冲突、情绪对立的情况。良好的亲子关系恰恰是缓解学习压力,提升学习信心最重要的方式,那家长该如何与孩子沟通?怎样沟通是孩子爱听的？哪些话才是对孩子有帮助的呢？

家长不要说伤害孩子自尊心的话。比如，"我看你就没戏""你肯定考不上""以前不努力，现在'临时抱佛脚'晚了！"这些都是造成孩子心理波动的忌语。

家长要了解孩子的心理需求。有位家长来找我："我家孩子说，今天想给爸妈烧一顿饭。"我很奇怪，明天要参加考试了，不好好复习，烧什么饭啊？我问："那你知道孩子是什么意思吗？"家长回答："他是宁愿烧饭也不愿意看书。"我说："既然你已经知道他的想法，那为什么不随他所愿调整一下呢？"家长在读懂孩子心理后，考前做一些适当的调整，可能对孩子的应考有益，比如，让孩子去公园散步，去看一场电影，到博物馆转转，说不定能给他带来不一样的体验，从而产生新的心境。

家长要用平等的身份与孩子交谈，与孩子做朋友，让孩子感到轻松自在。家长常常会以自己的经验告诫孩子，该怎么做，不该怎么做。但此时的孩子不想知道你的教训与经验，而是想得到你的理解，获得你的支持。所以，家长居高临下的教育很难让孩子接受并产生良好的效果。

家长做孩子的顾问，多提建议、少做决定。在填报志愿选专业时，家长绝对不要说"行"或"不行"，而是要多听听孩子的想法。因为以后的路要孩子自己去走，书要他自己去读，如果家长不顾孩子的兴趣爱好与能力特长，强势地要求孩子读你为他选定的学校与专业，在今后的学习中，他会面临无趣、迷茫的困境，甚至出现即使进了高校却转系、退学的尴尬。应该让孩子做自己喜欢的事，走自己能力擅长的专业之路。

家长要让孩子有独立的学习空间。对孩子的学习，家长不要采用"盯人"式的监控，孩子在房间复习，不要一会查岗，一会递水，这其实是家长对孩子以关心的名义督促、以关爱的名义控制。给孩子适度的空间是对孩子尊重的表现，只有在尊重基础上的自律，才会让孩子产生对自己行为负责的责任感。

家长与孩子沟通不畅时，建议改用书面交流。万一家长和孩子发生矛盾冲突，双方很难进行正常对话时，建议家长不妨用书信和短信等方式进行书面沟通，可以避免因言语过失而产生尴尬的局面。文字的表达会让彼此更冷静、更理性，能够产生比较好的沟通效果。

七、解答家长七个疑惑问题

（一）临近考试孩子表现疲沓怎么办

家长要分析具体原因，也许是孩子身体疲劳，也许是他多次考试成绩不理想而缺乏信心，也许是面对考试焦虑担忧所致。在了解真实原因后再进行有针对性的帮助。

（二）模拟考成绩出现波动怎么办

由于多次模拟考试的试卷难度与考题风格都会有所侧重，考生在每次考试中的适应度不同，成绩出现波动其实正常。家长要帮助孩子认真分析每次失分的原因，让孩子感受每次考试带来的收获，从发现问题、弥补缺失中得到充实感与信心。

（三）临考前孩子发生失眠怎么办

考生出现失眠情况家长不要紧张，其实孩子的情况大部分都是入睡困难，而不是真正意义的失眠，我们可以采取顺其自然的心态来对待。其实孩子今天晚上睡眠不佳，对明天的考试未必就产生重大影响。家长不要强化孩子睡眠质量问题，这样会让孩子更加焦虑而难以入睡。孩子出现入睡困难时，让他安静地平躺在床上，心平气和地对待兴奋的大脑，听一点旋律单调的音乐，注意房间温度，顺其自然地进行休息，平静进入睡眠状态。我要强调两点防止家长出现错误的做法：第一，不要让孩子吃安眠药。因为孩子平时从来不吃，临时用药，药量难以控制，会造成第二天进入考场后还昏昏欲睡的状态。第二，家长不要陪孩子入睡。有家长担心孩子的睡眠，就采取了陪他入睡的方法，这会让孩子产生退缩心理，使他们在面对困难时首先想到的是依赖，而不是有勇气面对。

（四）考试期间丢了准考证怎么办

请记住考生的考生号（就是高考报名号）和准考证号（如果记不住，可到班主任处或教务处查询），带上考生的身份证和学校开具的证明，家长可以去当地教育局招生办帮助孩子补办。如果考试当天丢失，要在第一时间和考点的学校老师、带队老师讲明情况，争取先进考场考试，然后再委托家人、老师及时补办，以免影响下一科考试。

（五）某门学科考砸了怎么办

有时考生会觉得自己在本科目考试中出现较大失误而忧心忡忡，其实有可能是本科目试题难度大造成的共性问题，所以，不要让孩子过于紧张。假如是试卷难度大造成的，对大部分考生来说都可能考分不高。让孩子不要太在意某一门考得怎么样，而是考完一门放下一门，集中精力准备下一门考试。不要让自责的情绪影响下一场考试。

（六）考试期间孩子生病怎么办

对一般性的感冒或过敏等问题，家长不要过分紧张，在适当服药后，按常规进行休息和应考。不要进行负面暗示如身体不好，肯定影响考试等。对突发的严重疾病，家长要重视并及时送医治疗，积极应对，让疾病对考试的影响降到最低。

（七）遇到突发事件影响考试怎么办

如果遭遇暴雨、堵车等突发事件，家长要告诫孩子，不要惊慌，冷静对待，随机应变，积极求助。事前多做一些预设，多考虑一些应对方法，可以更沉稳地处理意外事件，尽可能将意外事件造成的影响降到最低。家长与考生都要记住一点，有困难在校找老师，在社会上找警察，注意安全，保护生命总是最重要的。

八、为考生家长提八条实用建议

帮助孩子调整作息时间，忌通宵达旦。要保证考生有 7—8 小时的睡眠时间，充足的睡眠可以保证良好的精力。

要注意孩子的营养均衡，忌强力滋补。在考试期间要注意饮食安全。

陪伴孩子每天有一定时间的适当锻炼，忌激烈运动。防止因运动而造成身体意外伤害。

在备考期间，家长要做到表面松弛自如，内心重视谨慎，忌焦虑唠叨。克制负面情绪对孩子产生消极影响，创设和谐的家庭氛围，给孩子温暖与安全感。

对孩子多积极暗示，忌责备否定。对于考生来说，很多毛病都是经过很多年积淀下来的，不可能在迎考阶段，经家长提醒就能有所改变。所以，对待孩子非原则性问题，非严重的行为采用忍耐策略与"冷冻"处理，等考后有机会进行针对性解决。

要用欣赏、激励的态度对待孩子，忌彼此埋怨。多发现孩子的点滴进步，鼓励与赞美可以取得意想不到的功效。

要保持平和心态，忌期望过高。对考生来说，超常发挥是可遇不可求的小概率事件，大多数考生考试都是正常发挥，我们所做的一切是杜绝发挥失常。

保持家庭和睦，忌夫妻争吵。在对待孩子的问题上，家长的态度要一致。相互埋怨与指责，只能造成孩子无所适从。

九、给家长九点温馨提示

家长要做到"三尊重"：尊重孩子的生理规律，防止主观干涉；尊重孩子的应考习惯，防止强行指导；尊重孩子的性格特点，防止偏激教诲。

家长做到"三陪同"：陪同孩子用餐但不陪同睡眠；陪同孩子运动但不陪同复习；陪同孩子交谈但不陪同赶考。

家长做到"三适度"：保持对孩子适度的期望，让孩子感受自信和谐，避免亲子关系对立；采取对孩子适度的关怀，让孩子学会理智冷静，避免遇事急躁；把握对孩子适度的照顾，让孩子感受紧张但不焦虑，有压力更有动力。

我向学生推荐一种用身体来书写"鹰"字的运动操，身体最大程度舒展，按照"鹰"的笔画，每个笔画一个动作，身体意念集中，用最大幅度字写完。这个运动操一方面是有氧运动的身体调整，同时也是积极的心理暗示。

在准备考试期间，家长不要将自己的工作、生活压力转嫁给孩子，和谐温馨的家庭关系、平稳的心情、乐观的态度，直接影响孩子能否顺利应对高考。

最后我衷心地祝愿：考生们高考成功，家长梦想成真，教师教学有成。

（本文部分内容收录在《师道匠心》一书中）

主题介绍

　　青春期教育正逐渐得到家长们的重视,然而,具体应该怎样对待我们青春期的孩子们呢?他们有时欢畅,有时又突然忧郁,甚至大发雷霆,不妨让我们与戴耀红老师一起,相伴孩子成长。

　　戴耀红,上海市正高级教师,德育特级教师。毕业于上海师范大学。现任上海市杨浦区教育学院德研员,兼任上海市中小学德育研究协会理事,上海市青春期教育专业委员会主任,上海市名教师培养基地副主持人,上海市学科骨干教师德育实训基地主持人,上海市教育兼职督学。荣获上海市未成年人思想道德建设先进工作者、上海市心理健康教育荣誉奖等称号,出版《情窦初开时》《心灵体操》《寻找心的家园》等,参与《上海市中小学生生命教育指导纲要》的制定,连续两届分别获得上海市教育教学科研成果一等奖。

家庭，孩子青春远航的港湾

戴耀红

扫码听讲座

作家王蒙曾在小说《青春》中写过一首诗："所有的日子都来吧，让我编织你们，用青春的金线，和幸福的璎珞，编织你们。……是转眼过去了的日子，也是充满遐想的日子，纷纷的心愿迷离，像春天的雨，我们有时间，有力量，有燃烧的信念……是单纯的日子，也是多变的日子，浩大的世界，样样叫我们好惊奇，从来都兴高采烈，从来不淡漠，眼泪、欢笑全是第一次……"如果说 50 后、60 后的年轻人是读着优美而激情的诗成长的，那么伴随着 70 后、80 后青春期的是言情小说、武侠影视，如今的 90 后、00 后的青春期则在网络中畅游，在信息的高速公路上奔跑。虽然不同时代青春的关键词不同，但都有同样的身心发展特点和成长需求，他们时而积极，时而沮丧，时而乐观，时而叛逆。青春期是少男少女身体、心理、情感最为敏感、丰富、复杂的生命时光，是人生观、世界观、价值观形成的关键阶段。他们一方面精力旺盛、求知欲强、充满活力，处于人生学习知识、健康体魄的最佳时机，为未来发展和终身幸福打基础的关键期；另一方面又由于心智发育还不成熟，爱幻想、易冲动、极敏感，情绪常常不稳定，一些少男少女在面对青春成长中所遇到烦恼、困惑、危机时，因得不到及时排遣或援助而盲目轻率地选择极端方式伤害自己或他人的情感乃至生命，这时他们尤为需要来自家庭的关怀，如果说社会是青年人远航的海洋，那么家庭就是他们温暖的港湾，如何帮助青春期的孩子健康快乐地成长，是现代家庭教育不可忽略的。

各位家长已经陪伴孩子顺利度过了他的婴儿期、幼儿期和童年期，现在正进入青春期。你会发现他们有许多改变，而这些改变有时候会让你束手无策，让你感到不适应。

比如以前孩子上厕所从来不关门，但是现在他会要求你进他房间必须先敲门，得到同意之后才能进。

以前你给他买所有的生活用品、学习用品、买衣服,你买什么他用什么,你买什么他穿什么。但是现在他会对你说,这个牌子我不喜欢,这个颜色很难看,这个款式是去年的,已经 OUT 了,落伍了,我要自己选。

小的时候,你会给他拍照片,让他这样摆个 POSS,那样整个造型,他很配合。但是现在,你拿起相机,他就逃离,你能抓到的永远只是他的背影。所有这些改变,都让你觉得很无奈,你发现孩子离你越来越远,你们之间开始有距离了,这就是青春,是要来一次远航的青春。

当你面对孩子的种种变化,你会来不及适应;当你看到孩子茫然,你也不知所措,你渴望帮助他,却被拒绝;你想教育他,却遭到排斥。你越想走进他,他却把心门关得越紧。如何与青春期的孩子共同成长是现代家长的必修课。

一、正确认识青春期

根据人类生长发育各阶段的不同特点,有专家把人的一生按年龄划分为六个阶段,分别为 0—1 岁的婴儿期,1 岁至 12 岁的儿童期,10 岁至 18 岁(性发育期)的青春期,18 岁至 45 岁(性成熟期)的成年期,45—48 岁至 50—55 岁(性退化期,男性会比女性迟 10 年左右)的更年期,以及 55—60 岁以后的老年期。青春期处在人生身心变化的双高峰期,是这六个阶段中最为特殊与宝贵的时期,有人把它比喻为人生的黎明风景。

(一)青春期生理特点

青春期是每个人都必须经历的一个特殊的生命阶段,是人类从儿童期向成人期过渡的一个重要过程,也是人格养成的关键期,性发育是这一时期的重要生理现象,女性的月经初潮和男性的首次遗精是青春期到来的标志,一般在 10—13 岁,有些孩子发育较早,有些则较迟,最迟一般不会超过 18 岁。

青春期性发育,首先是第二性征发育。第二性征是指青春期身体形态上的性别特征。男孩的变化主要体现在肌肉壮实,身高迅速增加,胡须变浓,喉结突出,嗓音变粗。女孩的变化主要表现为皮下脂肪增多,体态丰满,骨盆变宽、臀部变大。其次是性器官发育成熟,具备生殖能力。

此时,家长要帮助孩子了解生理发育的常识,教会他们懂得自我保健和保护,悦纳身体的变化和自我的成长。

(二)青春期心理特点

性意识的觉醒是青春期心理的最大特点。从心理学上讲,处于青春期的孩子,性意识萌发,渴望了解性知识,对异性感兴趣,性心理日趋完善,情感活动异常丰富活跃,自我意识也开始觉醒,在面对性发育期的种种生理变化的同时,又经历着因心理准备不充分而造成的困扰,并产生青春期特有的心理表现。比如:

1. 体像烦恼

青春期的孩子开始特别在乎自己的形象,男孩子担心长不高,女孩子怕长得胖,男孩女孩都讨厌自己脸上的青春痘。

2. 闭锁心理

青春期的孩子会把心门关起来,你会发现孩子的话少了,有了不想让人知道的小秘密,不愿意和家长多交流。

3. 矛盾心理

有渴望成功和害怕失败的矛盾,一旦有一件事情被他做成功,他就觉得自己无所不能,得意忘形,觉得自己很了不起,什么事情都可以自己选择、自己决定,听不进旁人的意见,不需要父母教导。而一旦遇到一点点小小的挫折,或者有一点点的失败,就立刻表现出沮丧、退缩、逃避、放弃,甚至全盘否定自我,"我完了、我很笨、我不行……"成了口头禅,他们就是在这种成功和失败中纠结。还有一种矛盾的心理,就是依赖和独立的矛盾,青春期的特点就是自我意识觉醒,追求一种成人感,觉得成年人能做的事情自己也能做,所以他们渴望"我的青春我做主",但常常又在经济、生活等方面不得不依赖家长,在既要摆脱父母但又摆脱不了的矛盾中挣扎。

4. 情绪不稳定

女生敏感且多愁善感,男生冲动且容易暴躁,很多孩子都不太善于控制自己的情绪。

另外,还有偶像崇拜、爱做白日梦、青春抑郁等现象。

二、担当家庭教育的责任

随着信息时代的到来,社会文化、大众媒介传播的性信息无处不在,青少年接触性内容的机会越来越多,导致性发育提早,性行为低龄化。虽然他们自认为是知"性"的孩子,但在成长过程中还是有许多问题的,比如性别认同度不高,性健康知识比较缺乏,在恋爱婚姻中,只注重情感满足,法治意识和自我保护的意识不够,异性间交往的方法和能力还比较欠缺等。青春期的教育已不能仅仅靠学校单方面来实施完成,家庭青春期教育有着不可替代的优势。首先,孩子自幼就在家庭中无意识地、不自觉地接受着来自父母的最初的"性启蒙"。比如认识自己的性别等。家庭"性教育"对孩子来说是最直接、最私密、最安全的。因为很多私密的话题,不适合在学校、在全班同学面前讲。其次,美满的家庭生活本身便是一种最好的性教育,家长是孩子最亲近的人,父母在家庭生活中的互动行为及对待婚姻与家庭的态度对孩子有深刻而持久的影响。

然而中国很多家庭是忽视青春期教育的,或存在一系列的误区。一是有些家长将性教育视为绝对的禁忌,饭桌上、亲子间,很少谈论性的话题,因为我们觉得难以开口,很多家长从来也没有接受过性教育,"自然习得""经验习得"是他们唯一的学习途径,也成了中国传统观念下的默认的方法。二是放任自由和消极对待,对孩子的青春困惑或不当言行不闻不问。三是犹抱琵琶,欲说还休,这是我们大部分家庭的状态。随着新一代家长文化层次的提高和社会的开放,一部分家长虽然认识到青春期教育的重要性,想对孩子讲些性知识,但讲到什么程度、如何把握尺度,没有经验,所以在讲的时候,会躲躲闪闪,有些话题会回避。但恰恰是家长的欲说还休反而会增加孩子的好奇。四是还有一些家长,只关注孩子的学习,只紧张孩子的异性交往,而忽略人格的培养,他们一旦发现男孩、女孩开始有个别交往就紧张,觉得有必要进行青春期教育,然而教育目标,只是停留在尽快拆散他们,并不关注孩子的情感需求,更不懂得这种情感的发生对人格成长的影响。对孩子进行青春期教育,家长必须先学习。

(一)家长要建立科学的性观念

家长的性态度直接影响着家庭性教育的科学性。首先要认识到性器官是人体的一个重要器官,性本身不是肮脏、下流的,谈论性很正常,就像我们讲日月更新、四季更替一样,将科学的生理常识教给孩子,像要保护自己的眼睛一样告诉孩子要保护自己的性器官,性器官和身体其他器官同样重要,每个人都应该怀着严肃而科学的态度去理解和认识性,以提高自己的生命质量。性教育也不是教唆,而是培养青少年健全人格,以适应社会和家庭生活的重要内容。要帮助青少年从儿童发展为一个成年人,性教育的问题是无法回避的。性教育的目的在于教会青少年懂得节制,养成对性的认真、负责的态度,形成正确的性道德观,从而避免不合理的性的实践。

(二)家长要学习科学的性知识

孩子在青春成长过程中会遇到许多问题和困惑,需要家长给予科学的指导,家长必须要预先储备相关的知识,如:学习青春期生理、心理知识,理解青春期青少年身心发展特点及规律,掌握指导孩子学会自我保健、懂得自我保护的方法;学习性伦理道德、法律知识,帮助孩子明白作为社会人不同于一般动物,在和他人交往和互动中应遵循的社会规则,懂得尊重他人、保护自己,守住底线。

(三)家长要掌握科学的性教育指导方法

青春期的孩子成人感增强,有了自己的主张,他们需要独立思考,反感空话大话,青春成长需要一个不断觉醒的过程,孩子在青春前期、中期、后期会有不一样的需求及表现,家长要有足够的耐心和信心,学会选择时机适时、适度、适合地进行教育,不讲大道理,避免说教。对敏感话题的讨论要坦诚、自然,在与孩子发生冲突时能够理性对待。不同情境、不同年龄讲的内容是完全不一样的,这也是家庭教育的优势所在,随时、随地抓住教育契机,针对孩子的个体需求,提高教育的有效性。

另外,家庭的性教育,对少男少女要同样重视,不能忽略其中任何一者。很多家长重视对女孩子的性教育,却往往会忽略对男孩子的教育。事实上,进入青春期之后,男孩子在性知识上的困惑比女孩子要多,探求"性"话题的愿望更强,然而,由于家长的忽略,他们只能在同伴间互相"切磋""自学成才",有些通过图书馆等正规渠道获得相应知识,有些则只能走些"歪门邪道"获取这方面的知识。

三、善待青春恋

青春恋是家长最为关注的话题,也是青春期孩子面临的一大难题。开放的环境与早熟的身心,及"只要曾经拥有,不必天长地久"等流行而时髦的爱情观,使中学生恋爱比例不断上升,两性交往方式的随意性,婚前性行为增多等诸多青春困惑与烦恼挑战着家长的神经。

调查发现,高中生自我感觉有恋爱经历的有70%,包括正在恋爱的,曾经恋爱的,或者是暗恋过的。在高中生中流传这样的一种观点:现在大学里面没有规定大学生不可以结婚,大学生都可以结婚了,我们高中生为什么不能恋爱呢?高中不恋爱,我们到大学怎么结婚呢?所以他们觉得高中恋爱是很正常的一件事情。对于其他同学的恋爱,很多同学认为,只要他们觉得幸福就没有什么不可以。恋爱是他们自己的事情。恋爱的同学不会因为别人的看法而躲躲闪闪,有些还恨不得向全世界宣布"我恋爱了"。没有恋爱的学生说,我现在没有恋爱,不是因为我不想恋爱,而是我没有遇到合适的,如果遇到合适的话我也会恋爱,恋爱是中学生学业之外一个绕不开的话题。我们常常能看到这样的生活场景:公交车站、弄堂口,少男少女拥抱亲吻。对于这种举动,学生们已经觉得很自然,见怪不怪。

调查结果显示:青春期的孩子对恋爱的认知没有什么问题,他们对情感一般也并不功利,态度更是没有成年人那么敏感,但行为却很缺乏理性,单纯、盲目、冲动是青春恋的主要表现。面对这样的现状,需要家长对当下青少年两性情感的发展特征有所认识,同时建立科学的教育理念,用孩子能接受的方法进行指导。

（一）了解青春恋

发生在青春期两性之间的一种朦朦胧胧的互相吸引,我们称为青春期两性情感,这种感情比友情多一点,比爱情少一点,我们也可称为青春情或青春恋。

人类两性情感发展一般可分为四个阶段:

1. 异性疏远期

第二性征初现后,性意识觉醒,朦胧地意识到两性的差别,开始有不安和羞涩心理。对性别十分敏感,男女界限"泾渭分明",开始了暂时疏远。

2. 异性接近期

开始注意异性的变化,并产生新奇感,喜欢在异性面前表现自己,引起异性的注意,乐于参加与异性在一起的集体活动。

3. 异性眷恋期

由对群体异性的好感转向对个别异性的眷恋,形成一对一交往的"专情"行动,多用精神心理交往的方式来显示自己的情感纯洁性。但由于心智尚不成熟,自我控制能力较差。

4. 择偶尝试期

对异性的爱慕和追求更趋于专一化,进而萌发爱情,自然地进入恋爱择偶季节,但感情基本还处于不稳定阶段。

每个人的生理发育节奏是不一样的,由于家庭的环境、成长的背景、个人成长经历、性荷尔蒙的分泌强弱及遗传等因素不一样,每个人的发展阶段也有先有后,在某一个阶段停留的时间也有长有短,有的孩子疏远期很长很长,有的孩子很快就进入到第三个阶段,异性眷恋期,他在初中就开始谈恋爱,而且频率高,经历丰富。尽管每个孩子每一阶段所需的时间不同,但一般来说,这四个阶段走过都是正常的。

恋爱是人生的一门功课,孩子进入青春期以后,我们比较多的关注他的学业、分数,忽略他的情感世界,忽略他在这一方面的需求,其实青春期的情感经历也是他必须要学习的课程。很多家长认为,未来的孩子幸福不幸福,就看他能不能考取名牌大学,能不能找一份好工作,进而能不能赚足够的钱,以为找一份好工作,赚很多的钱就可以让自己生活很好,变得很幸福。但幸福不仅仅是这些,他能不能组成一个和谐的家庭,他和他的伴侣的互动能不能和谐,他经营家庭的能力,和他另一半的交往方式,都跟他的幸福紧紧相关。

遇到青春恋,对于孩子来说是一种人生的重要体验,是人格成长的一部分。这种情感是最纯洁最美好的,这段经历可能是他人生的一笔财富,是最美好的回忆。如果发生了,家长不要轻易地剥夺;如果没有发生,也不必刻意制造。

青春期两性情感还会影响他未来择偶的价值取向,未来选什么样的人,要和什么样的人共度一生,用什么样的方式和对方相处,这些都是在青春期的时候要学习的。青春期两性情感还会影响到他未来经营家庭的方式,无论是男主外还是女主外,没有对和错,只有合适和不合适。

(二) 理解青春恋

青春期的孩子带有怀春的心理,对爱情充满幻想的光环,在紧张的学习生活和激烈的竞争中，他们有寻求温暖、慰藉和浪漫等需要，随着青春荷尔蒙的大量分泌，他们很容易进入所谓的恋爱状态，这个时期的孩子尤其需要家长理解。

家长对于青春情感要有一个正确的理念与定位。对于青春期情感，要从正常心理需求的角度认同青春情感的真实和美好，青春期情感的产生本身没有错，青春恋的发生也无法预料，家长应从正视和善待的角度看待青春情感，从否定性、排斥性的态度转为肯定性、接纳性的态度，从预防青春问题、干预青春危机更新为青春幸福成长的辅导。

相爱是人生的重要课程，家长要告诉孩子，青春情感有它的特点，往往非常纯真、美好，但脆弱、不成熟，作为理智的社会人应该、也必须有能力去把握情感的发展。相爱是需要学习的，特别是对于情窦初开的青春期少男少女们，除了学语文、数学、外语之外，也要学习两性如何相处，情感如何把握。人不是到了谈恋爱的时候就一定会恋爱，如何找一个适合你的伴侣，也不是道理讲讲就可以了，需要在青春期的时候，不断和异性交往过程中去体会，去习得的，更不是爸爸、妈妈开一张"清单"就能对号入座的。即便是找到了符合要求的对象，也需要有爱的竞争能力才能维持和经营长久的情感。家长在关注孩子做了几道物理题，背了多少英语单词之外，还要让孩子学会认识自我，认识异性，学会如何和异性互动交往的方法。家长要帮助孩子认识到真正的爱情需要一定的成熟性，需要稳定的情感，独立的人格，体察、关怀、尊重他人的能力等。这种成熟性需要一个较长的发展过程和学习过程。

（三）尊重青春恋

家长对待青春情感应该持以尊重和善待的态度，不轻易否定，合理引导。对孩子来说，青春恋本身不是问题，只有不正确地阻挠才会使其成为问题，只有忽略或禁止才是危机的根源。对孩子进行科学的引导和正确的把握，还能使其成为孩子生命的财富，未来如何找一个适合的伴侣，需要孩子在青春期与异性相处过程中逐渐习得的。

家长应该鼓励自己的孩子与异性进行广泛的、公开的群体交往，在交往中学习情感把握、交往方式和应对感情危机；让他们正确认识男女相处之道，懂得相处之礼，善于应对相处危机。此时，家长不能只是为了防止出问题而停留在"禁欲"的层面，那样孩子永远无法真正懂得自己应该担当的责任。应该在赋予青春期孩子自我认识、自我选择、自我发展的权利的基础上,让孩子经历、体验、感悟、反省,从而调整认知、提升价值观,引导他们建立责任意识掌握担当的能力,学会控制生理性欲望带来的冲动,做出理性的抉择。

四、和孩子相伴成长

青春做伴,携手同行。第一次做青春期孩子的父母要了解青春期孩子的特点,了解孩子的所思所想、所困所烦,如孩子最近的心情怎么样?有什么烦恼?偶像是谁?梦想是什么?哪些是他的好朋友?最近在读什么书?最热衷的话题是什么?只有走进孩子的内心,才能有针对性地帮他顺利度过青春期。

(一)接受并适应孩子的长大

孩子在长大,家长也需要不断成长。有些家长感叹:我要走进你的世界,你不让;我想你走进我的世界,你又不来。我很想跟孩子交流,但是孩子就是不跟我谈,我也很难让他说出自己的心里话,有时候谈不上几句话孩子就烦了,甚至谈着谈着就吵起来了。青春期孩子的心门不再像童年期那样敞开,家长也已无法随意闯入,和孩子交流需要家长用心选择谈话时机、讨论话题等,要以对待成年人的方式和孩子交流。同时,当孩子需要和你保持距离的时候,家长就应该给孩子时间,并让他拥有自己的空间。面对青春期心理"断乳"的痛苦,家长要做到该放手时就放手。这不仅是孩子长大的象征,也是家长成长的必要之举。

(二)建立良好的亲子关系

当天然的亲子关系随着孩子进入青春期之后会发生微妙的变化,多年父子成兄弟,多年母女成闺蜜,家长不能再把孩子当小孩儿看了,自我意识觉醒后的青少年希望以平等的人格姿态与父母相处,此时,满足孩子的成人渴望有助于他建立独立的人格。

良好的亲子关系是在共同参与家庭事务中实现的,家庭里重大的事情家长要主动和孩子商量、讨论,并听取他的合理的建议,如果意见不一致,也要说明解释达成共识;良好的亲子关系是在彼此互相慰藉中形成的,家长不是孩子心中永远的圣人,特别是当孩子长大后,要让他明白父母也有脆弱的地方,也有需要孩子的帮助的时候。如你在单位里受的委屈,或在职场上遇到的挫折,不要害怕在孩子面前丢脸,你可以向他诉说,把孩子当兄弟、当闺蜜。一旦家长向孩子求助,孩子的责任感便会油然而生,他会在替父母分担中得到成就感和满足感,这也是一次很好的责任感教育的契机。

(三) 家长需要调整自己的心态

不良的竞争心态会引发家长的负性情绪。在职场上打拼的家长,会因为激烈的竞争而产生焦虑情绪,又常常会不经意地将焦虑带回家,并转加给孩子。你为什么牢牢地盯着孩子去认真学习、做作业、背书?表面理由是为孩子好,事实上,你在宣泄、发泄你的焦虑。家长在职场上拼得很累很累了,希望孩子将来在社会上有竞争力。恶性竞争的心态反而会使孩子失去学习的动力和生活的勇气。

盲目攀比也会导致家长教育行为的非理性。很多家长参加同学聚会回来,孩子就倒霉了。因为在同学聚会上,你听说什么都不如你的老同学的女儿英语得了一等奖,另外一位老同学的儿子钢琴考了 10 级。于是你坐不住了,回来就赶快让你的孩子去报名学钢琴,参加英语竞赛,读奥数。这些都是非理性的,每一个孩子都是不一样的。你的孩子有他自己的特点和特长,你总是用别人家孩子的长处来比自家孩子的短处,你的孩子就一无是处了。所以家长要调整好心态,给孩子以公正、客观的评价及合理的人生发展目标。

如果青春是帆,那家庭就是港湾。孩子们终将要去远航,我们要做的是什么?我们不能替代他们去远航,但可以为他们加油、喝彩。当他们远航遇到风浪的时候,可以回来避风;当他们远航没有油的时候,可以回来我们为他们加油,这就是家庭应该给孩子们的。

主题介绍

读书是为了什么?读书是为了人一生的幸福,为了成为一个有修养的人。黄玉峰老师的"人生教育"理念,是对教育目的的追寻与思考。

黄玉峰,1967年参加教育工作。上海市语文特级教师。现任复旦五浦汇实验学校校长,始终在教学第一线,至今工作50多年。兼任上海写作学会常务副会长,复旦大学社会科学高等研究院特聘教授,复旦大学高等教育研究所硕士生导师,华东师范大学中文系硕士生导师,上海儒学研究会中小学国学教育委员会主任,上海语文学会理事,上海诗词学会理事,复旦大学书画篆刻研究会副会长,上海语言工作协会理事。长期重视传统文化尤其是古代诗人和汉字文字学的研究,在北京、上海电视台讲《汉字趣谈》《天地一文人》等节目,出版《六朝山水诗》《说李白》《教学生活得像个人》《上课的学问》等专著,并在《上海教育》《语文学习》开《玉峰说字》《玉峰讲字》等专栏。坚持提倡并践行人生教育,并应邀在全国多所大中小学、机关、社会团体讲学,宣讲他的"人生教育"理念,受到普遍好评。

人生教育与君子养成

黄玉峰

扫码听讲座

2018年国际哲学界大会在中国召开,题目就叫"学以成人"。这个"学以成人"的意思正好和我们孔子的"修己之学""成己之学"一样。这就非常了不起。

我教书50多年,70岁出任校长。很多人劝我,辛苦了一辈子,又不缺钱,趁走得动可以到世界各地去看看风景。我说:每一个学生都是一道风景,你用再多的钱都买不到。我就喜欢看这一道道风景。这似乎是开玩笑,但确实是我内心的想法。我深感当今教育问题的严重,现在有这样的机会,能把我的思考付诸实践,我自然不会推辞。

20世纪90年代时,《新民晚报》发表了一篇文章《柳荫勤读出人才》,介绍我的教学,后来北京《中国青年报》来采访我,写了篇文章《语文教学的叛徒》,因为觉得我和当时的教育有点不同,所以用了"叛徒"这个词。

2008年,我在复旦大学研究院做了报告,题为《"人"是怎么不见的》。我提出:"五条绳索"捆绑住了现在的人,希望把"人"找回来。可是现在问题越来越严重了。

现在有新的词语,叫"学霸",很多人就理直气壮、冠冕堂皇地说我要做学霸,有的部门还在宣传什么"学霸加油站",说得振振有词,有"学霸"就有"学渣"。在我看来,学霸也好学渣也好,都是"学奴",都是奴隶,不是很自在地学习。有一个学生,二模考试考得不大好,大哭起来。他哭得很伤心,哭得天崩地塌。问他为什么哭啊?他说,爸爸妈妈付了很多钱给我补课,我怎么对得起爸爸妈妈?邻居还要笑我,天天补课还补不好。这个学生,读书好像不是为自己读,好像为别人读。还有一个学生非进名校不可,结果他拼了命,通过各种各样的补习,超常发挥,考进了名校。结果一进名校,没几个星期他就觉得跟不上了。他一下子失去了学习的兴趣,他觉得自己比别人差多了,然后开始厌学,后来不得不退学。这就是我们学习的一些现状。

这个问题不是现在才有,过去就有。让我们看看过去的情况。这是1949年丰子恺画的漫画,他说现在的教育就像捏泥人一样,完全一样,没有特点,没有个性,没有特长,完全按照考试要求。学习不是自己主动地要学习,是被逼着去学习。

读书是为了什么?读书是为了人一生的幸福,为了成为一个有修养的人。结果呢?我们忘记了这点,我们越走越远了。黎巴嫩的学者纪伯伦说,"我们已经走得太远了,以致忘记了当初为何出发。"我们生出来,父母亲希望我们成人、成材,成为一个幸福的人,幸福一辈子。结果我们现在忘记了,就是为了分数在纠缠。

教育应该打下两个底子:为使人们能过有学问的生活做好准备,为养成有头脑生活的习惯。巴金曾经说:"我们为什么要搞文学?文学,就是为了把人变得更好,把这个世界变得更好。"而我们把这个最终目的忘记了。亚里士多德说:"幸福,是人的终极目的。"怀特海说:"孩子是一个有血有肉的人,教育的目的是为了激发和引导他们的自我发展之路。"联合国教科文组织对这个问题也说过这样的话:"培养自由的人和创造思维,最大限度地挖掘每一个人的潜力,这就是最后的目的。"

联合国教科文组织还提到了"四个学会","learn to learn",学会学习,"learn to be, learn to do, learn together"就是要学会做人,学会做事,学会合作。这就是我们的教育,就是要使得这样的人才是幸福的人:会读书的人,会学习的人是幸福的;会办事的人是幸福的;能够做一个堂堂正正的人是幸福的;会和别人共处,共同来生活,能够一起共同成长的合作的人才,是幸福的。但是我们往往失去了这些,就是追求分数,把其他东西都丢掉了。

我在我们学校提倡要做君子,君子是怎样的?小朋友开学刚刚来,我们进行集训,我就和他们讲这段话。什么叫人"不知而不愠"?我说,简单地说就不要埋怨。有的人就喜欢埋怨,碰到什么事情就埋怨。我认为一个人一辈子不埋怨,他就是君子了。因为世界不可能很完美,总有不顺心的地方。所谓"卑以自牧","牧羊"的"牧",是自己管理自己。文质彬彬的君子是这样培养出来的.即使人家欺负了你也不要生气,这是一种修养。

整本《论语》,其实都在讲怎么做君子。中国传统文化的核心,我认为就是学做君子。孔子反反复复地告诉我们,怎样的人才是君子。"先行其言而后从之。"先要"行其言",把没有说出来的话先做到,然后才说出来。"古者言之不出,恐躬之不逮也。"古代的人,古代的君子,不轻易答应别人,为什么?他生怕做不到。如果你讲出来了,却做不到,这是多难为情的事情。

我最近两个朋友把房子卖掉了,刚刚在卖的时候,第二天大家讲好了,不过没有签约罢了。结果外面涨价了,一下子涨了一千多块。他马上就说:"昨天我说的价钱不行,我今天要加钱了,你不同意我宁愿毁约,毁约之后我再卖给别人。"很多人说当然应该这样了,经济的利益当然应该这样的,我们已经不知道守信用了。"君子一言,驷马难追。"君子的话不是轻易就可以改变的,一诺千金。答应了就答应了,你再蚀本也蚀了,赚钱也赚了。如果整个民族都是这样,就守信用,这个民族就好了。

还有个老师同样也是房子涨价了,他一点都没有说什么,按照原来谈的价钱。这就是践行他的君子风度。我们中国古代是非常讲信用的,一个不讲信用的人,我们在社会上面站不住脚的。我们社会是出了点问题,这种不讲信用的人,我们觉得很平常,没什么大不了。"人总是这样为自己的",好像是很有理由的样子。

"君子周而不比,小人比而不周。"周是团结,我们互相只要团结,但是不要勾结。而小人是勾结而不团结,什么叫勾结?他为了什么东西来的?他为了金钱,那么就叫勾结,大家为了道义那就是团结。我们可以有不同意见,做到"和而不同"。"同而不和"就是勾结。

"君子坦荡荡,小人长戚戚。"你看一个人一天到晚愁眉苦脸,他不会是君子。君子应该是什么样?天天笑颜常开,因为你很难让他难过。"君子坦荡荡",因为他心里很坦荡,他对事物看得很清楚,即使有些挫折,他觉得这是暂时的,生活当中应该有的,他就会很坦荡。孔子还有一句话叫"仁者寿",并不是说好人一定寿命长,而是说他的生命质量比别人高。在相对的情况下,他要比别人活得更滋润,更长一点。

"君子求诸己,小人求诸人。"君子碰到事情,反省一下自己,从自己的角度来考虑问题,而不是碰到事情就怪别人。就像吕坤说的:"射之不中也,弓无罪,矢无罪,鹄无罪。书之弗工也,笔无罪,墨无罪,纸无罪。故君子求诸己。"

"君子不以言举人,不以人废言。"这也很重要的。不要因为这个人很不好,我们就说他的话都不对;也不要因为这个人平时是好人,就认为他的话都对,孔子就把人和言分开。当然有的时候人的言和人是一致的。这句话其实是说不要有倾向性,把人看死。

中国的君子文化已经渗透到我们日常语言里面了。"君子成人之美",做君子的人,总是让别人能够成功,你做事情做不成功,我帮助你,"君子助人为乐"。"君子不夺人所好",别人喜欢的东西你不要抢过来。"君子动口不动手"自己平时在说的。"亲君子远小人""君子一言,驷马难追""君子一诺千金""君子爱财,取之有道""观棋不语真君子"。在我们日常生活中,君子这个词实际上已经浸透在我们民族的基因里面。我小时候一直听到要做个君子,不要做小人,但我们现在已经很久没有听到了。

中国人喜欢佩玉。过去君子一定要佩玉,为什么?玉象征很好的品德。君子佩玉就是要经常提醒自己,我要像玉一样。所以"古之君子必佩玉""君子比德于玉焉,温润而泽,仁也。"美玉,坚硬,宁可碎掉也不会弯曲,但又很温润,不是像金或钻石一样,很刺眼,很冲人。

"言言君子,温其如玉。君子之学也,入乎耳,著乎心,布乎四体,形乎动静。"君子像玉一样,他的内心世界在他身体里面表现出来,他在讲话时表现出来,他在动作上表现出来,他就是谦谦君子。你看《说文解字》对玉的解释。玉有五德,叫"润泽以温,仁之方也;䚡理自外,可以知中,义之方也;其声舒扬,专以远闻,智之方也;不挠而折,勇之方也;锐廉而不忮,洁之方也"。

中国人对玉的追求,就是对君子的追求。你看我们经常有这个词,说一个姑娘冰清玉洁。"君子于玉必得也"。我们看看《红楼梦》里面贾宝玉的玉掉了以后失魂落魄也就是象征这个意思,所以君子文化渗透在我们民族意识中,成为我们中华民族的文化基因。西方追求的和我们追求的不一样,我们是用玉来象征君子文化。

我刚才讲到 2018 年在中国要开一次国际哲学大会,它的主题就是"学以成人",也就是中国的成己之学;读书是为了成己,成就自己。

苏东坡这个人非常了不起，我们中国人都喜欢，因为他的个性非常好。他对得起自己，对得起别人。他是一个具有现代精神的古人。我曾经做过专门讲苏东坡的报告，在电视台专门讲过苏东坡，并列举了他的特点。他的第一个特点是换位思考，宽容；第二个是独立，自由不羁；第三个是博爱，悲悯情怀；第四个是自我，享受自己的生命；第五个是重情，他的感情生活非常丰富；第六个是旷达，顺天任运，有的时候老天会给你一点考验，甚至有的时候也会碰到一点挫折，就任天；第七个是平等，自主；第八个是重教，他非常重视教育；第九个是敬业，他非常敬业。他写字写得好，文章写得好，诗也写得好，他多才多艺，他是一个文化符号，是我们中国的文化象征。他最后死在常州，66岁死的。64岁他从什么地方出来？从海南岛出来，他是被贬到海南岛的，被贬了四年多时间，当时海南岛是荒蛮之地。他一到那个地方就做了几件了不起的事情，其中有一件就是办教育，培养人才。他培养了海南岛第一位进士，这个人名字叫姜唐佐。姜唐佐要去考试的时候，他写了一句话给姜唐佐作为送行，"沧海何曾断地脉"，大海没有把我们隔开，下面的地脉联通；"白袍端合破天荒"，这天姜唐佐穿白袍，"端合"是他们的土话，"一定"的意思，一定能够打破零的记录，破天荒，你一定能够考取。他说你考取了以后给我一杯酒喝。姜唐佐到京城去了，三年以后他考取了，回去找苏东坡。苏东坡说过，你考取以后再来，我把这首诗写完。结果苏东坡已经去世了。他于是找到了苏东坡的弟弟苏辙，就叫苏辙把这首诗写完。苏辙含着眼泪把他哥哥的诗补完，补了很长。现在这首诗我们在《苏东坡全集》里面找不到，要到苏辙的全集里面找。

苏东坡的一生当中，即使到了最艰难的时候，他也是高高兴兴的。他在金山快要去世的时候，写的最后几首诗，其中有一首《自题金山画像》。他说，"心如已灰之木，身是不系之舟"，我的心已经很淡定了，我的身体就像飘来飘去的船一样，"问汝平生功业"，问你平生最有成就在什么地方呢？"黄州惠州儋州"，都是他被贬的地方。恰恰是在这些地方，他觉得最有成就，最开心。

一个人到了这样的地步，就像金刚不坏之身一样，还有什么东西能够毁坏他，还能让他不高兴呢？所以这样的人物是我们的荣光。

大家如果有时间，特别孩子们如果有时间，可以好好地去看看他的事迹，比如说我谈到的他的宽容,真是很了不起。我们看看这首诗。

我们知道损害苏轼的人,其中有一个人是王安石。因为他反对王安石变法,王安石就把他贬出去。当然直接害他的不是王安石,王安石也是正人君子,直接害他的是其他的人,后来再害他的就是章惇,是他的同科进士,他年轻的朋友。他被贬到黄州回来,四十几岁了,他去看望的第一个人就是王安石。王安石那个时候在南京,把皇帝给他的庄园送给了寺庙,自己住在破屋子里。苏东坡刚刚被贬结束要进京启用了,回来路上他的小儿子夭折了,应该是最痛苦的时候,但是他还是首先去看望王安石,王安石和他谈得很开心。他也承认自己过去反对王安石有错的地方,说王安石的政策也有道理,不应该这样反对。王安石和他谈得很投机,和他说:我们两个人可以住在一起,你做我的邻居算了,官场上面不要去了。苏东坡觉得自己有担当精神,我还是要去做官的,所以临走的时候写了首诗给王安石:"骑驴渺渺入荒陂",我看到王安石远远地骑着驴子走到山坡上面,"想见先生未病时",我想到你没有生病的时候你是那样叱咤风云,你是那样的健壮,几年不见,你就这么老了?下面一句话更动人了,"劝我试求三亩宅",你劝我买一间房做你的邻居,但是我现在不能做你邻居了,"从公已觉十年迟",我十年前就应该跟着你,我现在不能跟你了,我迟了。这话什么意思?好像苏东坡在承认自己的错误,当然苏东坡确实觉得自己有不足的地方,他反省自己。但更重要的是什么?他对王安石在进行临终关怀,因为王安石的身体很糟糕了。王安石最难过的是什么?苏东坡不原谅他。现在我不但原谅你,而且我告诉你我错了,我十年前就应该跟着你。果然王安石听了这话非常高兴。第二年,他是含笑而去的。

另外我刚才讲到的章惇,他是苏东坡的朋友。两个人一起做官的时候他们都是通判。他们一起去玩,到一处很高的山上,这座山和另一座山之间横着一棵很粗的树,看上去很陡。章惇说,苏轼,你敢过去吗?苏轼说我不敢,我性命宝贵,怎么好这样过去?章惇说我敢过去。章惇就过去了,然后在上面写了一首诗。写完这首诗他又走回来的时候,苏东坡就说:"我觉得你这个人将来会杀人。"章惇说:"你怎么知道我会杀人呢?"苏东坡说:"你连自己的生命都不爱,你怎么会爱别人呢?"他后来果然就杀了很多人,还把苏东坡一贬再贬,一直贬到海南岛。

但是你要知道,当苏东坡在海南岛出来准备做大官的时候,章惇被贬广东去了,他的儿子章援是苏东坡做考官时候的状元。章援就写了封信给苏东坡,我好久没看你了,为什么不来看你?因为我实在对不起你,我爸爸一直欺负、迫害你,现在我爸爸要贬到南边去了,你能不能高抬贵手。苏东坡拿到信,在路上马上就写了封信给他。那封信是人道主义宣言。他说,我和你父亲一直关系蛮好的,我们虽然40年来关系有点损益,有点不好,但是我们还是兄弟。他现在到南边去了,年纪这么大了,又到南边去,确实值得同情,但事情已经这样了,也不要去说了。不过你不要认为广州不是人待的地方,广州也不错的。他说我在南边生活了这么多年,我写了一本《海南生活指南录》,我现在打在包里面,等我到了马上寄给你。你和你爸爸讲还要准备什么药,那个地方风湿比较重,你不要担心,我绝对不会这样报复的。

苏轼还一直给朋友在写,"吾侪虽老且穷,而道理贯心肝,忠义填骨髓"。所以中国传统的君子文化培养出了很多这样的君子。他给他朋友的那封信,他说:"昔之君子,惟荆公是师;今之君子,惟温公是随。所随不同,其为随一也。老弟与温相知至深,始终无间,然多不随耳。"荆公就是王安石,温公就是司马光,那么王安石被贬的时候,司马光上来了。司马光上来以后,把王安石的人全部贬下去了,然后把苏东坡调上来做大官。结果苏东坡到京城后,在朝廷上就向司马光提出来,说你不能够把王安石的人全部打下去,王安石的话也不是全错的,结果苏东坡又被打下去。苏东坡是"不随"的,别人一会儿跟荆公一会儿跟温公,而他有道义。

还有个人,我很佩服,就是胡适先生。他是安徽绩溪人。胡适先生我们提的很少,但这个人确确实实很了不起,我只讲一件他助人为乐的事情。

林语堂和他的妻子在国外生病了,没钱,就写信给北大,说给我点钱,我以后到这儿来教书,先预支2000块。那个时候2000块是很多的,鲁迅先生买一个小的四合院才用掉800块。胡适看到了信,认为这不合规矩,你还没有来教书怎么可以给你钱?胡适就自己先后拿出4000块钱寄过去了,寄了两次。林语堂后来回来了,就到北大还钱,会计处告诉他,你没有在这借过钱。林语堂就奇怪,明明我收到学校寄的钱了啊?查来查去,后来查到,是胡适寄的。其实胡适自己的钱也并不多,经常有拮据的时候。

我们对旧的东西要继承,对新的东西我们要发扬。严复说过一句很有名的话:"非新无以进,非旧无以守。"没有新的东西,你不能够与时俱进,不能进步;没有旧的东西,你守不住。我们的传统文化过去拔掉了,我们现在守住他,但是我们对新的东西不要拒绝,这是智者说的话。所以君子的概念,在中国的文化的这种积淀,是这么多年来一点一点被人打碎的,比如打小报告。打小报告就不是君子的行为,但很多人就打小报告。

下面谈谈我自己。我到青浦去做校长,是带有一种悲壮的情怀去的。因为虽然身体看上去还好,但是人说不定的,命运能够给我几天,我不知道。老天如果给我十年,我就很开心做十年;如果老天给我 20 年,那我就干 20 年;如果能够给我 30 年到了 100 岁,我肯定要好好地干到 100 岁。

我从来没有治理过学校。我怎么治理学校呢?我想无非是两条,第一条要有制度,没有规矩不成方圆,在古代叫"礼"。第二条就是要把人心抓住。如果人心齐,那么这个学校肯定办得好。我在还没有上任之前,暑假里面我就自己编东西。看了好多书,我还打电话给教育报的老编辑陶建新。他送了我好多怎么做校长的书,我都来不及看。我就自己编了一本《校礼》,就是学校的规矩。《校礼》编好了以后,我就给郑方贤校长看,他知道我是纸上谈兵,就没有提意见;然后我给其他人看了都没有提意见,我看大概是别人一点不感兴趣。如果说不好我倒也蛮开心的,说好也开心的,最糟糕的就是也不说好,也不说不好。我想过了三五年以后,我一定要叫每个部门来写,我们要规矩,比如,门房间应该有些什么责任,有人来了,门房间是我们学校的脸。你是客人到学校后第一个接触的,你怎么给人家倒杯茶,人家远道而来怎么客客气气。对学生的要求,学生如果出去到地铁里面应该怎么办?地铁里面不能打电话。过马路时,即使没有人,你要走也要等绿灯来。当然主要是学校里面的规范,我想定下来。

《校礼》太长,我就写了《三字经》,叫《校礼"三字经"》,要大家一起讨论,最后定稿。另外,我提出"人生教育,功不唐捐"的口号。功不唐捐来源于"福不唐捐",是佛教里面的话,就你积德会有福报的,就不会白费的。那么我的人生教育是指什么?不但要关心他的今天,而且要了解他的昨天,要关心他的明天和后天,要关心孩子一辈子的幸福。不是说今天成绩好没用处。而是说我们要打根底,把基础打得扎实。

后来,我又提出我们的校训:"独立,善良,智慧,美丽"。我到现在没有看到过其他校训里面出现美丽这个词。我觉得这个很重要。

　　首先要独立。要独立,肯定要有能力。你生活上面要独立,只有自己能够独立才能够帮助别人,你自己都不能独立,怎么能够帮助别人呢?每个人要管好自己,思想要独立,要能够独立地思考问题。1999年时,我送了三个学生到清华大学去,把他们的文章交给大学。副校长看到说这些是谁写的,我说是我们的学生写的。他有点不大相信,我们请他来考一考,于是4月22号,三个学生就"进京赶考"。面试就像我现在面试小朋友一样,稍微做点题目,稍微写一篇文章。他们当天把三个人全部收下来,这是史无前例的。他们晚上和我讲,黄老师你给我们送来了好学生,让他们马上去参与当年清华的招生工作。那天我就带他们到清华大学二校门,门口有一块碑,碑上就有这样一段话:"先生的著述,或有时而不章。先生的文章或有时而可商,但是先生的独立之精神,自由之思想,与天地而同,在三光而共光。"我觉得他们要有独立的精神,要用现在的话说,要活出自我,你不是为别人活,你活出自我。这是校训的第一点。

　　第二点,善良。大家都知道的,要做个好人、善良的人。现在善良不大提出来。有个小朋友和我讲,她说我妈妈说讨饭的人是假的,你不要给他钱。我倒不大同意。你妈妈肯去讨饭吗?不肯做。讨饭的人,他是没有办法,对吧?你给他一块钱,同情一下,对不对?社会需要同情。恻隐之心,人皆有之,有的人装到这种程度实在是没办法,他也没有去抢,对不对?任何社会都有乞丐,对不对?已经有钱的人都应该照顾他们,是吧?那么我说你以后碰到,不管他真的假的,你还是应该给他点东西。我们培养学生的善良,一种助人为乐的精神,因为快乐是在助人当中得到的。你自己享受到这种崇高感,就是我今天帮助了好多人,我很开心。

　　我今年最开心的一件事情,就是我给我的一个好朋友送去了一样东西。我家小区的对联,每年都是我写的,我写了16年了。到过年的时候,我就在门口摆摊给他们写,然后大的对联在小区门口挂下两副对联。这个朋友与我一起贴对联已经15年。去年他中风了,不能与我一起贴了,住在他女儿家,不久住到医院里了。我去看他,给他带去一块玉,给他的护工一点钱,他开心得不得了,说:"我身体好起来了。"

　　一个人帮助了别人以后,心里特别高兴,为什么?人的幸福在于你的价值,你的价值实现了,你才感到幸福。你去捞取别人的东西,你会很苦,比如说一名孕妇在我边上,我因为自己不舒服,没站起来给她让座。她走了以后我就很难过,我今天为什么不让座,应该有这样的一种心态。我说善良最重要的。

第三点,智慧。有的人就是耍小聪明,你看《红楼梦》里面的王熙凤就是耍小聪明,对不对?机关算尽太聪明,反误了卿卿性命。人要有大智慧,比如说郑板桥说的吃亏是福,吃点亏有什么关系呢?对不对?难得糊涂。有的时候就是?要吃点亏,对不对?因为你吃亏了,别人合算了,让他合算点没什么大不了的事情。

智慧是看穿整个人生。智慧是一种淡泊明志,智慧是一种静。能够静得下来,能够安静下来,人不会冲动。大智慧不是我可以教你的,大智慧是自己读书读出来的,大智慧是自己做人做出来的,智慧是无法教的,只能感悟。我教育学生,我们要智慧,不要只想我要比他好!不帮助别人,不是智慧,是小聪明。耍小聪明是没有意思的。

最后是美丽。美丽是从内而外的,只有心灵美以后才能够真正地实现美。美国总统林肯有一次要招一名助手,叫属下去找。他提出要求,懂几国外语,懂得数学,有法律背景等。手下人去找了,费了很大力气,结果找来了,林肯看了一眼,说请这个人回去吧。属下说,我们这么辛苦把他找来,你怎么一句话没说就叫人家走了,什么道理?

林肯说我不喜欢他的脸。你不喜欢他的脸就可叫他不来吗?林肯接着说了句名言:40岁的人要为他的脸负责。40岁以前是爹妈生的脸,40岁以后是你自己40年的经历刻下来的一张脸。你如果是个贼,你第一次偷东西的时候,你的眼神是不变的,第二次也不变的,第三次你的眼睛就变得贼眼溜溜;如果你天天是非常高兴的,你是笑容满面的,你的脸上会荡漾出笑纹,这种笑纹很自然很美好。如果那些从来不笑的人,他故意要去笑,反而很难看。比如,监狱里面的典狱长,典狱长不笑的时候,我觉得不怕,他笑起来我就怕了。人的脸是装不出来的,他的内心和经历是刻在脸上的。美丽很重要。

周有光在104岁的时候还写了《朝闻道集》,一百岁开始每年写一本书。我在他106岁的时候去拜访他。有一件事情让我很感动,最后到离开的时候我说,周老我想和你拍张照。周老说好的,你等等。我不知道什么事情,他跑到里面去洗了脸,换了衣服,又换了眼镜,才跑出来和我拍照。他问我这样好吗?我很感动,这就叫绅士。他一百多岁了,还注意自己的形象。我们很多人,美丑不分。我今天乘地铁过来的时候,看到一个姑娘长得还不错,但她的牛仔裤这边一个洞,那边一个洞。到公众场合,她怎么会这么穿?我们很多人做客时也穿着这样的衣服呢!

我们真的要懂得美丽。审美对我们来说太重要!我和我们的学生讲,过了一两年后,你走到外面,一看就是我们青浦五浦汇的学生,你就成功了。什么叫成功?是做人的成功。赚多少钱算成功吗?有好多人赚了几个亿了,结果也不开心,因为家里闹矛盾。人要有平常心,真正的人是天天开心,享受亲情,享受友情,享受社会对你的爱,享受自己还能够有奉献和做事情。人活着为什么?人活着本来是没有意义的,人的意义是自己找的,这是胡适先生说的。他说人来到世界上什么意义是你自己找的,比如说我特别爱孩子,或者有的人自己没孩子,找了一群流浪孩子,他养护他们,他觉得临死的时候他想到他们,他的意义就在于这一群孩子。意义是自己找的,有的人年纪很大了,他的父母还在,他觉得我不能够死,因为我还要赡养我的父母。像我做教师,我就想到我能够培养出一些学生来,我是很开心的,这是我最开心的。

现在我们学校里的学生都偷偷地问,到底叫校长爷爷好,还是叫爷爷校长好?我说都可以叫。那天我带他们去外面玩,他们当场写诗,我带了立轴,立轴是空白的,当场给他们写,我图章也带去,他们写老师当场改,改了以后再写,写了好多。和学生在一起多么开心,这是我的生命价值。比如你如果是搞其他工作的,也是有价值的,每个人活着都有价值。问题就是你是以什么为价值,怎么去对待它。

我在第一次进学校的办公室时,写了副对联贴在我的办公室里面,"一树蓓蕾,莫道是他人子弟;满园桃李,应看作自家儿孙。"当你把这些孩子都看作自己儿孙的时候,他们确确实实就像你的儿孙一样。我到食堂里面,叽叽喳喳一批学生围着我,觉得很享受,就像有这么多的子孙一样开心。他们写诗背诗,说黄老师我背出来了,到你这来,然后我就写了很长的手卷送给他们。你背出哪篇长的我给你写。有个同学在背《离骚》,我说你背出来我写你给一篇。

所以,我的人生教育的宗旨,就像我在一封给家长们的信中所说:一曰,终身幸福就是人生教育,我们考虑他的终身幸福。二曰,彰显个性,每个人要把个性彰显出来,我的个性不能彰显,你叫我去做其他的事情,我不高兴,我做不来。我搞教育我开心,那么就是我的个性。这个人如果是善于搞交际的,那么去搞交际,这个人善于做演员的,做演员,每个人有每个人的价值存在。三曰,守礼修身,要守礼教。四曰作育公民,五曰博雅励志,六曰智慧应试。

补充一点,我们不是不要应试。有很多人怀疑,黄老师,你们学校能够应试吗?我在复旦附中教了这么多年。我在教的过程中,从来在平时不考一次试,但是他们最后的考试成绩往往比别人好。什么道理?底子打得厚。天天做习题有什么用?你现在要刷题,什么叫刷题?刷题就是眼睛闭着刷啊刷啊刷啊,对不对?这有什么用处呢?

我们要养成君子,首先要讲"孝",第二要讲"礼",第三要讲"情",第四要读书,第五要反省。

主题介绍

家长在对青春期孩子的家庭教育中,最大的问题是亲子沟通,面对自我意识觉醒中的孩子,家长如果没有相伴成长,亲子间就容易产生矛盾、发生冲突。让我们一起讨论,如何做一个能听会说的家长。

戴耀红,上海市正高级教师,德育特级教师。毕业于上海师范大学。现任上海市杨浦区教育学院德研员,兼任上海市中小学德育研究协会理事,上海市青春期教育专业委员会主任,上海市名教师培养基地副主持人,上海市学科骨干教师德育实训基地主持人,上海市教育兼职督学。荣获上海市未成年人思想道德建设先进工作者、上海市心理健康教育荣誉奖等称号,出版《情窦初开时》《心灵体操》《寻找心的家园》等,参与《上海市中小学生生命教育指导纲要》的制定,连续两届分别获得上海市教育教学科研成果一等奖。

做能听会说的家长

戴耀红

扫码听讲座

五月的大地充满生机,到处都能听到花开的声音,也许有人要问,花开有声音吗?我们能听见吗?能啊,如果你懂花语便能听花音,正如我们的孩子进入中学以后,便步入了他们的人生花季,开始了青春之旅,如果家长懂得青春期孩子的身心特点,就一定能够听见他们的心声。

一、和青春期孩子的相处之道

(一)走进青春期

所有的家长都是从青春期过来的,但是经历过,未必懂得,因为你的青春时代和现在孩子的是完全不同的。"00后"的孩子们玩的是智能手机,交的是网友,而你青春期时候,爸妈只有BB机,你的朋友圈就是隔壁家的小孩;"00后"的孩子不仅看动漫还玩Cosplay,你青春期的时候最多坐在电视机前看《黑猫警长》;"00后"的孩子操作VR、机器人,你青春期的时候有一台任天堂打打俄罗斯方块,已经是一件非常幸福的事了。当青春与你渐行渐远,当你差不多已经忘记自己曾经的叛逆时,当你的身份从孩子变成家长,当你要面对孩子青春期的问题时,你便会有许多烦恼。你会发现,孩子宁愿每天在网上花很长时间和网友聊天,也不愿意和你多说一句话,不管你说什么,他总是和你对着干。你发现孩子好像变坏了,原来的乖巧可爱变成了桀骜不驯,原来的顺从听话变成了暴躁、冲动、任性、偏激,原来的阳光活泼变成了爱理不理,难以琢磨了。

(二)接受、适应孩子的长大

难道真的是孩子们变坏了吗?不是,是他们长大了。伴随着青春期的到来,他们的身心发生了很大的变化,自我意识开始觉醒,他们不再崇拜父母,不再惧怕家长的权威。他们内心很多秘密也不愿意与家长分享,当父母渴望走进他们心灵的时候,他们却把心门牢牢关起来了。

要敲开他们的心门,和青春期的孩子相处,家长首先必须承认、接受并且适应他们的长大。伴随着孩子的长大,家长也要成长。和青春期孩子的沟通是现代家长的必修课,而这必修课的关键词就是"能听""会说"。

众所周知,"听"和"说"是人类沟通交流的基本要素,但是不要以为有耳朵就能听,有嘴就能说。和青春期孩子沟通,家长除了用耳听以外,还要用心去听。除了用嘴去表达爱之外,家长还要用智慧。

(三) 沟通定律

怎么才能够听而明其意,说而有其道?心理学上有一条黄金定律:你希望别人怎样对你,你也就怎样对别人。比如你希望别人真诚地对你,你希望别人尊重你,你也得尊重别人,也得真诚地对待别人,也就是"己所不欲勿施于人"。但黄金定律也有其局限性,因为它的出发点是从我个人的角度来看问题,把人和人看成都是一样的。我是这么想的,所以我认为你也应该这么想,或者你也必须这么想。但是人和人千差万别,特别是进入现代社会以后,即便你和你的孩子在基因上相似度很高,但是你对问题的看法和他的看法可能大相径庭。

当下家长青春成长的年代正好是中国改革开放之初,社会转型给每个人带来很大的挑战,又提供了自我发展的无限可能。今天的许多家长,就是靠着自己在年轻的时候努力、刻苦学习,长大后又拼命工作,靠着自己的奋斗,拥有了稳定、美好的生活。正是这个深刻体会,所以家长就会要求孩子和你一样,但孩子并不认同你的观点。他们在优越的家庭中长大,所有的需求都能够得到满足,所以面对奋斗,他们并没有家长所期待的动力。现代心理学在黄金定律上升级了,那就是白金定律:别人希望你怎样对他,你就怎样对他。

各位家长,你知道孩子希望你怎样对他吗?

第一,进我的房间要敲门,不要偷听我打电话,不要翻我的手机看我的短信、微信,不要翻我的书包,这是对我的尊重。第二,我的选择我做主,我的时间我安排,这是对我的信任。第三，相信我说的话，原谅我的过错，这是对我的公平。

也许你难以接受自己的好心不被孩子领情，但如果你了解了孩子的心声就会释然：

孩子A：不要帮我理桌子，我的桌子再乱七八糟、再一塌糊涂，我想要什么我都知道它在哪里，一找就可以找到。只要妈妈帮我理过桌子，帮我摆放得整整齐齐、干干净净，我找一个U盘怎么也找不到。我的"乱"对我来说是整齐，你的整齐对我来说恰恰是乱了章法。

孩子B：不要在学习的时候送吃的，一会送个苹果，一会送杯牛奶，看似你很关心我，但事实上我知道你是趁机来监视我、检查我，看我在做什么。你知道吗？我做这道题刚有一个思路，你一进来说"喝杯牛奶吧"，我的思路马上被打乱掉。

孩子C：不要总是把我和别人比，每个孩子都有一个敌人，那个敌人就是"别人家的孩子"。

（四）建立关系

当然，不管什么定律都是建立在一定的关系中的，亲子关系是家长和孩子间最天然的关系。但是伴随着孩子的长大，这种关系会发生微妙的变化。孩子在婴儿的时候，有一次断乳期，这是人生的第一次断乳，人生进入青春期后还有一次心理上的断乳。当孩子进入青春期后，你会发现原来整天黏着你的"小尾巴"，突然变成一个要甩开你的手，独自往前冲的冒险家，这个时候你想拉也拉不住。如果第一次断乳痛苦的是孩子，那么第二次青春期心理断乳更痛苦的恰恰是家长。孩子要长大，要寻求自己的人生，要成为他自己，家长就是不舍得放开孩子的手，就怕一放手孩子会闯祸、会摔跤。这时亲子矛盾就出现了。

如果能做到该放手时就放手，说明你伴随着孩子也成长了。中国有一句话叫作"多年父子成兄弟"，天然的父子关系多年以后像兄弟关系，"多年母女成闺密"，如果能够建立这样的关系，彼此沟通也许就畅通了。

心理学上有一种理论，讲的是一个人在跟他人进行沟通时，会有P、A、C三种状态。这三种状态交互存在，或者某一种状态成主导，P就是parent，当你跟别人交往以父母状态出现的时候，你的态度往往就是权威的、教诲的、主观的、武断的，你经常会说:"你给我听着,你必须这样,你不可以这样。"有的时候你和他人交往时会是 A 状态(adult,成人状态),当你以成人状态跟别人交往时,你会显示出你的理智精神、冷静、平等,这个时候你说的话大部分是这样的:"对这个问题我是这样认为的,你觉得呢?"有的时候我们也会以 C 状态(child,儿童状态)出现,当一个人跟他人交往是儿童状态时,他就会比较感性、依赖、任性、冲动,他的语言都是:"我猜想""我不要"。

亲子之间交往是什么样的关系?爸爸妈妈往往就是 P 状态,孩子在小的时候他承认父母的权威,处于 C 状态,PC 和 CP 这两条线是平行时,交流是畅通的。

比如,孩子在很小的时候你会对他说:"宝贝,你拿了那么多压岁钱,爸爸妈妈帮你存起来,将来你读书,我帮你付学费。"孩子拿到压岁钱:"爸爸,这是我的压岁钱,你帮我存起来。"孩子入了小学,你跟他说:"孩子,你要好好读书,你考试考得好我就让你玩游戏。"他回家说:"爸爸,我考试考了一百分,你让我玩游戏好不好"。你们家旁边一所区里面最好的中学,你跟他说:"宝贝,我们好好读书,将来就读那所中学。"当别人问你家孩子,将来读什么中学时,他会表示就读那家中学。他跟你是完全一致的。你告诉他,萱萱是你们班里成绩最好的,你要和萱萱做好朋友,他就告诉别人我的好朋友是萱萱。所有的 PC 状态、CP 状态都是通的、一致的,如图 1 所示。

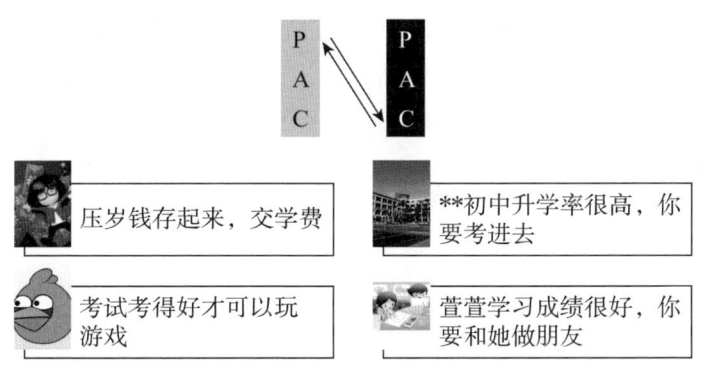

图 1 孩子小时候的亲子沟通模式:PC 对 PC

但是当孩子进入青春期以后,便会摆脱自己的 C 状态,常常以 A 状态出现,于是他要求"我的青春我做主"。压岁钱怎么处理是我的权力,选择什么学校、进什么学校我自己决定,和哪些人交朋友,父母不要干涉我,我到底是玩游戏还是听音乐,这是我的自由。这就是他已经从 C 状态变到了 A 状态,他已把自己看成成年人,他希望你也是以成年人的方式跟他交流,所以当他跟父母再交流的时候是 AA 状态,但如果此时的你还停留在 PC 状态,沟通的方式还是 P 状态主导的话,这两条线就交叉了,"亲子的小船"说翻就翻,如图 2 所示。

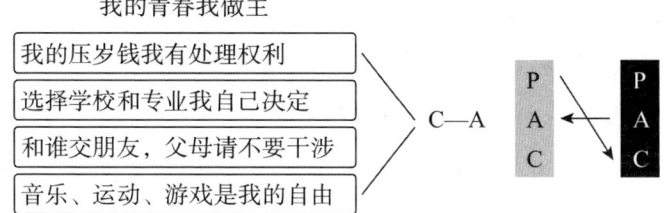

图 2　青春期后的亲子沟通模式:AA 对 PC

再看一个例子,这天爸爸兴致很高,把孩子叫过来:"儿子你过来,你的生日就要到了,爸爸想送你一个礼物。"小时候你就是这么哄他的,但是他现在再也没有说:"好啊,太棒了。"出乎你的意料,他很冷静地回答你:"如果你想表达诚意的话,就给我买最新款的游戏机。"你说我已经帮你准备了一套立志成才的故事书。他马上说:"那算了,你自己看吧。""亲子的小船"就这样说翻就翻。

要走出沟通的困境,家长必须改变自己的角色,调整亲子互动关系,当孩子以 AA 状态对你的时候,你也要用 AA 状态跟进,建立成年人和成年人的沟通方式;如果你用自己成年人的姿态和那个处在 C 和 A 动摇当中的孩子交流的时候,可以更快地帮他从 C 完成向 A 发展的历程。

沟通从 PC 模式向 AA 模式发展,家长要能听会说。

二、能听

听是有技巧的,"听到"和"听见"还不是一回事。有时孩子语言所表达的并不是他真正的想法,家长要弄清楚他想说什么,用他乐意的方式倾听,适时适当回应与反馈,听完后澄清异议,确认理解。

(一)听而不语

听孩子把话说完,不随意打断,不急于表态,不过早下结论,不轻易警告,不乱批评,分享足矣。举个例子,孩子说:"妈妈,我想跟你谈我的学习问题,这次数学可难了,我考了58分,不过我很努力,所以……"没等孩子说完,妈妈抢着说:"所以你不及格了。""可是……""没有可是,你就是不努力,差一口气"。妈妈两次武断地打断,不让孩子讲下去,后面的信息就捕捉不到。孩子想告诉你的是:"所以这次我们全班60分以上才三个,我第一次数学考了前五名。对我来说是多么开心的、飞跃的一件事。我原来一直是十几名,从来没有考过十名以内,这次考了前五名,我多高兴。数学越难我越考得好,看来那些简单的数学题我不够重视,太轻题了,所以小错误不断,永远考不好。但是碰到有难度的我能够攻下来,看来我有数学头脑吧。"他想跟你分享学习的体会,而家长只听到一个58分的结果便急于批评,并不知道这58分意味着什么,更不了解孩子内心真实的感受。

有的时候,孩子把一段话讲给你听,他只是想找一个听众而已,来听他的快乐或者不快乐。他只是希望有人分享,并不需要点评,也不需要建议。你是一个好听众吗?好听众的第一条是沉默是金,听而不语。

(二) 听而有应

这与听而不语并不矛盾。反应有很多种方式,说话不是唯一的反应方式,你还可以有肢体的反应、表情的反应、目光的反应、眼神的反应等。

当孩子向你表达一件事的时候,你很专注地看他、点头、微笑,其实就是告诉他,你说下去,这个话题很有意思,我很想听,或表示我听明白了。孩子在你的反应中得到鼓励,他就会滔滔不绝地把心里话告诉你。当然有时候你正忙着刷屏、看剧,便觉得孩子的话很无聊,就用"等会,等会"或者"你说吧,你说吧"来打发。当孩子觉察到你的朋友圈比他的话更重要时,他便和你没什么好聊的了。

(三) 听而趣之

生活是多样的,学习不是唯一的话题,一些看似无关紧要的话题里却蕴含着丰富信息,即便是非正经话题里也可有许多人生哲理、生命功课。

有一次,我读初中的儿子兴冲冲地回家说:"妈妈,今天放学后,我和我同学在奶茶铺打牌,我们打到A,对方还没打出2。"我像许多焦虑的母亲一样唠叨着:"打牌赢人家没什么了不起的,有本事你考试考100分,人家考20分。放学了好孩子都回家做作业,你放学了还到奶茶铺打牌,不是浪费时间吗?"后来他还去奶茶铺打牌,但是他晚回来的理由，不是做值日生就是写作业、补课。在我准备这个讲座之前，我又和我现在已经读研究生的儿子讨论，他已经忘记了那件事情。但是他说："妈妈，你别老说你的鸡汤文。我们在读高中的时候，那些学习成绩不太好，或者被人称为'学渣'的家长去问那些'学霸'：'你书怎么读得那么好？'那些'学霸'总是跟家长说：'让你的儿子再努力努力呗。'但是那些'学霸'心里很明白，你的儿子再怎么努力也超不过我，天赋是很重要的。"我说："不至于吧，天赋只决定了你的上限，努力决定了你的下限。"他说："但是有的'学霸'下限就比那些没有天赋的上限还要高，就好像你握着一副烂牌，怎么打也赢不过握着一副好牌的，也就是说实力永远比能力强。"我说："如果我拿着一副烂牌打80分，这副烂牌我只能拿到40分，但是如果我和我的搭档配合得好，我们心有灵犀，用心理战术让对方失误，说不定我们就能拿60分了。20分是一级，他们就可以少跳一级了。反过来如果我拿到一副烂牌，本来40分，我和我队友开始吵架，互相责怪，自暴自弃，说不定40分的牌只能拿20分，让别人多跳一级。"虽然没有完全认同，但他承认了我的话有一定的道理。我后悔在他初中时没有抓住这样的谈话机会，当他很开心地分享他的成就感，如果我饶有兴趣，可以了解孩子和哪些人交朋友，他在这个群体当中，是什么样的角色。现在他已经长大了，虽然我们可能谁也没有说服谁，或者说我们谁也没有争论赢了谁，但是我觉得至少我们分享了各自的感想，甚至给彼此有些许启发。

所以，很多无关紧要的话题里面，其实富有教育的内涵，家长往往等事情发生了教育他，但是生活当中点点滴滴、场景式的教育机会却被我们认为不重要而错过了，有些错过是一辈子也无法挽回的。

（四）听而懂之

要听得懂"00后""90后"孩子的话是不容易的。有一个网站专门搜罗了"萌文化""宅文化""腐文化"等各种网络用语和符号，而这些语言早已被青少年广泛地用于日常生活交往中。这些用语中有些是家长听不懂的，如"扩列""666"等，有些则会令成年人产生歧义，如"TMD"，显然是骂人、恶俗的话，但在青少年网络伦理中完全不是这个意思，在他们看来，"TMD"只是表达一种情绪而已，这个词面的意义完全被异化了。

"90后""00后"创造了那么多不规范的词,一方面是因为网络文化的需要,另一方面是为了"防火、防盗、防大妈",防止家长偷看他们的记录,用家长所不懂的语言和符号,即使你看到也未必能看懂。有个家长说,他和孩子一起看动画片,孩子笑得不行了,家长不知有什么好笑的。孩子说,你的笑点跟我不一样,因为你不知道有个"梗"在那个画面、那个情节里。

在信息技术高速发展的今天,知识层面上很多家长没有绝对的权威,成年人需要向年轻人学习,在他们的语境中也能有所交流,以便更好地了解他们。

(五) 且听且信

青春期的孩子正处在做梦的年龄,有很多梦想,有时会一本正经地、真诚地说"梦话",而家长因为总是觉得这个梦是不可行的,不现实的,所以就轻易否定或不相信,让孩子备受打击。有一天孩子回家说:"我要参加学校好声音歌唱比赛。"你立刻表示:"你参加唱歌比赛?五音不全,去垫底的吧。"一盆冷水浇下去。"不会的,我们同学都说我有当明星的潜质。"他坚持着。青春期的孩子,同学的评价比家长的更有影响力,"同学说我有当明星的料,我就争取一下"。你继续否定:"得了吧,你还是把书读好,不然你做什么都没有出息。"孩子觉得很无趣,说什么都不信,唱歌、读书全被否定,那就不说了。

同样的对话,如果换一种对话方式:

孩子:"爸爸妈妈,我们学校要开展'学校好声音'的歌唱比赛了。"

家长:"哦,你现在开始喜欢唱歌了呀。"

孩子:"是啊,同学们都说我有当明星的潜质。"

家长:"你知道成为明星需要什么条件吗?"

孩子:"我知道,当明星不是一件容易的事情,我现在只是想想而已。"

家长:"等你比赛完了,我们来聊聊你的生涯规划如何?"

孩子:"好的呀,我对未来有很多的想法,我正想听听你们的意见。"

这样的对话使孩子觉得爸爸妈妈多么亲切、多么尊重和相信自己,也更愿意和父母分享未来的设计,家长和孩子才会共同期盼下一次谈话的到来。

(六) 听之等之

焦虑的家长常常会"听风就是雨",还没弄明白事情的真相,就迫不及待地下结论，或训斥或开导。一位高中女生和闺蜜打电话说，有个男生想吻她，妈妈听到了，立刻警告女儿不要和这种男生交往，妈妈的一串话根本解不开女儿的烦恼。后来女生去找老师了。

"老师，那个男生想吻我，我要不要给他吻呢？"

"你就让他吻呗。"

"可是我不想让他吻。"

"那你就不让他吻呗。"

因为老师懂孩子。一般来说，青春期男女生情感的发生，男生都有一些生理的欲望，希望有肢体接触，这是荷尔蒙决定的，并不是说男孩子品质要比女孩子坏。女孩子一般更多的是希望有一种精神的依恋，并不希望过早有身体的接触。女生来寻求老师帮助，一定是在犹豫、矛盾中。老师没有直接告诉她答案，而是问了她三个问题：你是真的很喜欢这个男生吗？这个男孩子能懂得你喜欢他吗？如果这个男生根本不相信、不信任你的情感，非得要强迫你做你不愿意的事情来证明，你认为这样的男生值得你去喜欢吗？老师话音刚落，女孩子马上笑了，"老师，我明白了"。老师最终都没有告诉女生该不该接受男生的吻，但相信这个女生一定知道了如何把握这段感情。

一般来说，青春期的男女生交往，大部分一个月、两个礼拜就分手了，最长也不过半年。如果家长发现孩子恋爱了，可以冷静观察，只要孩子生活规律还正常，只要他还按时回家，只要学习生活状态还好，你先冷静观察，要听之等之。很多事情不是立即干预就好的，有时候默默陪伴比急于批评更有力量。

倾听的目的是什么？是要捕捉正确的信息。首先我们要听到孩子热衷之趣，然后你要听到他的委屈之音，还有弦外之音，对家长来说用耳听不如用心听。

三、会说

说也是有技巧的，了解对方的需求，通过认同、赞美的方式实现，说话要幽默、热情、亲和、友善。

孩子最不愿意接受的五种谈话：比较性语言，如别人能得奖，你怎么就不行；威胁性语言，如有本事你别花我的钱；伤人性语言，如我看你永远都不会有出息；否定性语言，如你是肯定不行的；独断性语言，如我怎么说你就怎么做。

其实家长的这五种谈话,孩子在心里都默默地回答:"人家是科长、部长、局长,你是什么长?""有本事你别把我生出来,有本事你别做我的监护人!""我看你也没有多大出息吧!""你也不是什么都行的吧!""你怎么说我就偏不这么做"。他们之所以不大声说出来,是怕伤害你,是担心你生气而已。所以如何恰如其分地对孩子表达关心和爱也是需要学习的。

(一)说而有情

孩子是亲生的,当然有感情,家长说的每句话,都是为孩子好。但是你常常不被领情,你说:"中学生正是长身体的关键期,要多喝牛奶,牛奶里面有丰富的蛋白质、钙质,可以补脑、健体。"孩子说:"我不要喝牛奶,我吃鱼吃肉、吃虾里面都有蛋白质。"你不得不说:"我这都是为你好。"孩子知道这是你最后一句话,再说下去就把你逼急了。人的情感需要有两种,一种被爱的需要,还有一种爱的需要。在孩子看来,"我都是为你好"是家长的需要,所以我们不妨把"都是为你好"改成"你觉得好吗",更能够被孩子领情。

家长除了领情还要跟孩子共情。有一个爸爸跟我说过一个故事:有一天他接到学校电话,说他的儿子考试作弊,学校要处分他,让他到学校去签字。到了学校以后,老师把孩子给批评了,把这位爸爸也批评了。父子二人一路回家,默默无语,心情都很沉重。回到家以后,一般家长都会火冒三丈,责骂孩子,而这个爸爸回到家里,拍拍儿子的肩说:"孩子,没事的,我知道你这么做也是为了取得好分数,也是让我可以为你骄傲。虽然我完全不赞同你这样一种做法,但是你的心情是我理解的,我知道你现在很难过。"听到这里孩子潸然泪下:"爸爸,我错了,对不起,我再也不这样了,我再也不让你丢脸了,我一定要让你为我感到骄傲。"爸爸说:"儿子,如果我看到你通过这件事情成熟了,你懂得为自己的错误去负责任了,你快乐了,我就快乐了。"当听到爸爸讲这段话的时候我也感动了。所谓和孩子共情,就是感受孩子的内心体验,理解孩子的需求,并真诚传达对孩子的信任与包容。

(二)说而有乐

营造快乐的氛围,寻找快乐的话题,保持良好的情绪来交流很重要。快乐的话题才有下次继续谈话的可能。然而生活当中不是所有的话题都快乐,聪明的家长可以把紧张的话题轻松地说，沮丧的话题自嘲地说。比如，孩子参加一次比赛，什么奖都没有得到，回来很沮丧。这个时候你可以调侃："你已经很了不起了，这种比赛我读书的时候也想参加的，但连入围的资格都没有。你好在还入围了，你见过世面了。"严肃的话题调侃地说，敏感的话题风趣地说，焦虑的话题幽默地说。孩子考试很忧虑，你可以幽默一点，让孩子感到很轻松。找到交流的乐趣，有满足感，良性循环，孩子才会期待下一次谈话的到来。

（三）说而有理

一般家长都认为自己和孩子说话都是讲道理的，但是你所说的讲道理，是大道理呢，还是真的是有理有据？青春期的孩子特别在乎别人对他的评价，父母的批评和表扬对孩子来说很重要，批评的时候要对事不对人。他今天碗没有洗，你回来就火冒三丈地批评："这个孩子就是懒，我看你就是懒惰一辈子了，你就是没出息了。"你否定了他的所有，他会顶撞："我叠了被子，还扫地呢，不就是一个碗没有洗吗。"如果你换一种说法："今天看到你被子叠了，地也扫了，碗却没有洗。""哦，我忘记了，我去洗。"对事情的批评更能让孩子接受。

同样表扬也要在理，家长通常的表扬是，你真棒，你真聪明，我为你骄傲。面对家长这么笼统的表扬，孩子会觉得："好肉麻，太假了。"相对于这种夸张的表扬，孩子更希望得到实事求是的评价。有一个爸爸对儿子说："你知道吗？昨天妈妈一个晚上缠着我说话，她一直在表扬你，说进口电饭煲的说明书她一点都看不懂，怎么都弄不好，你过来三下五除二，两分钟帮她搞定了。她就一直夸你怎么聪明、怎么了不起。"孩子嘴上说"这有什么了不起"，心里却很得意：我原来一直以为妈妈瞧不起我，没有想到妈妈给我这么高的评价。孩子的自信心就找回来了，表扬也是有技巧的，背后表扬比当面表扬更适合青春期的孩子。

青春期的孩子荷尔蒙分泌增加，大脑情绪系统特别活跃，很容易激动并难以控制。亲子冲突时常发生，他容易把冲突方都假想成敌人。理智的家长首先会选择沉默，让自己冷静下来，之后的做法是引导孩子表达自己的感受而不是计较孩子的态度。一旦计较了双方就会较劲，一旦较上劲，关系就容易破裂。所以这个时候要理性的冷静：孩子你是不是很难过？你是不是刚才很生气？你是不是很愤怒？当孩子在表达自己情绪的时候，也是在整理自己的情绪，安抚自己，同时也开始心平气和地思考起来。这种 AA 交流方式，就可以化解矛盾以成年人和成年人的方式交流，这才叫说而有理。

（四）说而有信

家长有时候一激动，什么都承诺：考得好我奖励你，买个 iPad、买个手机。手机、iPad 买回来了，没想到孩子整天玩 iPad 停不下来。你后悔不许玩。孩子说："怎么不许玩，你答应给我买的，买回来了怎么不让我玩。"如何说而有信？"信"的制定和执行都很重要。在买之前家长先定规矩。如果说好玩一个小时，家长不要在孩子刚开始玩时就进去说："玩了 15 分钟了""玩了半小时了"。反复打扰会使孩子游戏时间"报复性反弹"，因为前面一小时根本没有好好玩，所以都不算。当然孩子的自控能力非常有限，打游戏打到一关停不下来。怎么办？玩到 55 分钟的时候，你提醒一下，还有五分钟就到一小时了，或者问一声："已经玩了 55 分钟了，你玩过瘾了没有？你玩得好不好？"不多讲，讲完走开，这是提前 5 分钟提醒他保存，如果到点他还没有停止，你必须指出，时间到了，你应该停了，如果他还继续，你便可以警告了。之后警告频率加快，三分钟提醒一次，两分钟提醒一次，"烦死了，我不玩了"，他就停下来了。你反复这样训练他几次，养成习惯，他知道 1 小时以后玩是没有质量的，不断被爸爸妈妈打扰，玩得没有意思，还不如不玩，1 小时到了就关。青春期的孩子还是懂道理、守规则的。

（五）说而有备

青春期的孩子很难对付，别以为随便说说就可以了。有些话可以随便说说，想到就说，而有些特别严肃的、敏感的话题，你要有准备地说，要备好课来说。而且你要备几套方案，一套方案谈失败了，还有一套预案。建议爸妈可以共同备课，角色互补，一个谈崩了，另外一个来打圆场。另外，对青春期孩子说话要留有余地，不能把话说死。给孩子退路，也是给自己退路，给孩子台阶，也给自己台阶。话不说死，才能有继续谈下去的可能。

（六）说到为止

有一句话叫"重要的事情说三遍"，说三遍够了，第四遍就不要再说了，家长说了三遍孩子还不听，不是他没有听，你把嗓门扯得再高，你再反复强调，没有用，他早就听见了，但是他根本不想听到心里面去，他不愿这么做。经常有家长催孩子"快快快",总是觉得孩子动作不够快。其实学习是有快有慢的,遇到困难的时候必须慢下来,慢慢思考、慢慢琢磨,这个时候他在坎上。他本来是要下决心,花时间认真研究研究,把难题搞定,你却一直催他,思路被打乱,情绪就变得很急躁,你越催,他的效率越低。所以点到为止,不打乱孩子的节奏是最有效的说。

讲了那么长时间,也许会让各位家长失望,因为我没有讲过一招对付孩子的"必杀技"。我从头到尾讲的都是如何改变我们自己,怎么让自己成长,所以我最后想分享的是,比怎么对付孩子的技能更重要的,是家长的修养,也就是情怀,比修养、情怀更重要的是家长的理念。你认不认同孩子的长大,你会不会为孩子的长大感到开心、欣喜,这是做好家长能说会听的第一步。

主题介绍

珍惜学生的每一份天赋潜能,尊重学生的个性特点,通过多角度、多方式认识孩子的独特性和丰富性,强调对学生个性潜能和优势潜能的发现、识别、保护和培养。通过建立学生个性化特征识别系统,对学生的个性化学习过程进行持续跟踪和记录,为学生提供个性化学习的环境和机会,从而让每个学生都获得充分自由的发展,成为最好的自己。

徐红,上海市语文特级教师,特级校长,上海市教育功臣。现任上海市实验学校校长,多次获上海市、全国基础教育教学成果一等奖。主要著作和主编的作品有《让每个学生成为与众不同的自己》《护长容短——我的教育随笔》《教师专业发展学校的理论与实践研究》《谁是教育的敌人》《新教师百问》《时文阅读》《上海名师课堂——中学语文徐红卷》。

护长容短，让每一个学生成为有用之才

徐 红

扫码听讲座

　　我的讲座是从一本书开始的。书名叫《发现孩子心中的精灵》，作者是美国的一位校长，有40多年的经验，做过小学和中学的校长，他的教育背景非常好，在哈佛拿到硕士学位，是美国著名的教育家和演说家。

　　这本书不是一本理论性很强的书。书中有一个很关键的词：genius，这个词中文很难对应去翻译，可能是指天性、好奇心、兴趣、创造力等，译者是一位台湾教育家，她索性就把它译成"精灵"。

　　每一个孩子都有一个精灵，或者说做父母的相爱生了一个孩子，一定把身上最好的东西在孩子身上遗传下去了。但是遗传了什么，也许父母也不一定知道。这孩子带了你身上哪些东西，或者上天赋予了他什么东西，我们不知道。所以教育的真正的奥秘是发现，不管是家长还是老师，都要学会去发现。

　　我在学校一直讲到一个词叫"潜能"，可能与"精灵"意思比较贴近。"潜能"就是人内在的天赋能力，犹如矿藏，发现、识别、打磨、成品、赋值，教育的意义大致如此。

　　对孩子潜能的发现与识别是教育的关键。如果你的孩子没有这方面的潜能，你拼命地要想让它发展，事与愿违最终你将成为一个失败的家长，你的孩子也可能成为一个失败的案例。我今天不讲理论，我就讲故事、讲案例。希望今天我讲的所有故事和案例中有一个恰巧与你的孩子差不多，你也许会找到一点启发。

　　我讲的第一个故事来自于这本《发现孩子心中的精灵》，作者写他才一岁的女儿，自己走出家门，往通向了森林的一条小路走去。在第一个转角处，她居然还跳过了一个小水洼；到第二个转角的时候，她抬头看了看前面的树林，她走路的方式好像她知道自己要去哪里，直至200码的弯路，一直走到树林边。当她来到一个车道和树林的交

汇处，她左看右看，停了大概两秒钟，好像在考虑、在思考。然后她非常有决心地转过身来往回家的路上走，最后直接回到家里，在地板上继续玩她的游戏。这是作为一名当时还是一岁的孩子的家长，正在哈佛念书，他非常有心地记录下来。

他写自己当时的心理活动。他说，他当时心里在想四件事，第一，看着她；第二，不干涉她；第三，不要让她看到我；第四，我一定要确保她的安全。如果在座的家长，我想你们的孩子现在都超过一岁了，如果遇到这种情景，你的孩子不要说走到外面了，只要离开你的视线两米、三米的时候，你肯定把他拽回来了，这是我们中国父母的一种习惯思维。但作者40年以后回头看，他说："我仍然觉得这是一个非常睿智的教养行为。"他说引领孩子往森林去的力量是什么？好奇心，因为她不知道前面这片树林里面会有什么，其实1—2岁的孩子是最有好奇心的。

家长有时也会抱怨，我怎么没生一个非常乖的孩子呢？我这个孩子为什么那么不爱学习，或者那么顽皮，为什么别人家的孩子总那么好？

接下来我讲第二个故事。这个故事也是作者记录的场景。他的儿子，到16岁的时候，向他宣布："我要休学一年，或者至少一学期。"他说："每个人都告诉我很聪明，但我自己没觉得自己聪明。成绩总是C，满足不了你们对我的期许。"

有这样孩子的家长一定不少吧，人家的孩子都一百分，我的孩子永远在六七十分，是不是会很焦虑？在座的家长，孩子回家跟你说我要休学了，我可以断定，你一定会阻止他，动之以情晓之以理，实在不行拳脚相加，一家鸡犬不宁。

但是作者说："我知道这是一件非常严重的事情，但是我知道严重到我最好不要插手。我知道退而求其次，让他讲，我来听，我不替他解决问题，这增加了他的勇气，可以继续跟我谈心里话。否则的话他就不跟你谈了。"儿子对父亲说，他要去蒙大拿州，到那里找朋友，然后要去做侍者，端盘子为生。我想你们大概听到了肯定也会很吃惊。

作者和妻子给儿子准备了一个大背包、一个小背包、两个大箱子、一个小皮箱、一个厨房用的高脚凳、一辆自行车。这副装备看起来他好像可以在蒙大拿州过一生了。各位家长，你们会这样做吗？

儿子8月1号走了，离开了夫妻俩。10月4号，儿子说在爱达荷州，他想要骑车到西雅图去。再过一个礼拜，他说改主意了："假如我不去西雅图，我回家你觉得怎样?"父亲说:"太好了,这样我会很高兴。"故事还在继续。10月21号他回家了。回来的时候只有一个背包,还有一辆自行车。他骑了1930.8千米的路,穿越了落基山,回到家里,脑海里只有一首新歌。到12月份他又回到学校,他创作的新歌在学校表演,他的成绩上升为B和A。

作者写这本书的时候,儿子已经40岁了,在东京教日本人学英语,并在写第三本小说。

这两个孩子是一个娘胎里生的,却各不相同,小女儿是非常理性的,儿子恰恰非常感性。由于父亲的细心观察、尊重差异,保护兴趣与特长,才让两个孩子都能随着自己的成长轨迹发展自己。

今天讲的第三个故事也来源于这本书。他记录道:三岁的海伦在沙坑当中玩,另一端两个孩子为了一把铲子扭打在一起。海伦四周看了看,发现旁边还有一把铲子,于是就把另一把铲子递过去,两个孩子很快就不打了。这个过程海伦没有说过一句话。然后海伦回教室里做作业,老师过去问今天的作业有没有问题。海伦说:"老师,你为什么不去教另外两个?"有些孩子天生自信,具有领导力,有些孩子天性羞怯,不善言辞,若你一定要不同天性的人相互比较,说别人能演讲,你为什么不能演讲,最终这个孩子就可能被认为是"熊孩子"。

回到我们今天的主题:"让每个孩子成为与众不同的自己",与众不同的自己就是最好的自己。一个人如果能做到最好自己的,我认为就是人生意义的最大实现,刚才的三个故事都在告诉我们,每个孩子是不一样的。

怎么发现每一个孩子的不同?我们做家长的怎么去发现?我们做老师的怎么去发现?

我一直跟我们的老师讲,只会看分数的教师,就是教书匠。能够从分数背后看出这个孩子是什么样的人,你才是一个专业教师。同样两个人考了90分,一个孩子上完课完成基本的作业,就轻轻松松得了90分,另外一个孩子上课做完,家长再回家给他补课,额外布置各种试卷,也得了90分。

这两份卷子的背后是什么?一定要做分析。无论是老师还是家长,当你眼里不是只有分数,而是能够发现孩子的与众不同点,那么教育才能开始发生作用。

其实，我们要做到的就是共同帮助他找到这样一个东西，用翻译家讲的就是精灵！如果我们暂时找不到，没关系，耐心地继续找，相信天赋潜能一定会有。那么接下来我们再来听个故事。

第四个故事讲的是一个西点军校出来的画家叫詹姆斯·韦斯理。他在西点军校学习，然后工程学教授要求画图纸。图纸的要求是设计一座桥梁，韦斯理的设计图上有绿草如茵的河岸，一座五彩的小石桥，还有两个儿童在垂钓。作业交上去，教授说，你把那两个孩子赶走，这工程图上怎么能画两个孩子？几天后，韦斯理交上了修改后的设计图，他把孩子从桥上转移到了岸上。教授非常愤怒，就跟他讲，你必须把两个孩子从画上搬出来，否则我就不会给你及格。韦斯理修改了设计图：桥边画了两个小坟墓，然后写道："被独裁者杀死的小天使。"结果他被西点军校开除了。西点军校少了一个将军军官，但是成就了一个天才画家。

这个故事有没有给你们一点触动，你们有没有想到过你们的孩子，也许被你们有意无意中扼杀了很多天才苗苗。

第五个是一名加拿大园艺师的故事。这个孩子在学校读到16岁，一直留级，所有的成绩都不及格，而且他的不及格的成绩基本上是个位数。所以学校的老师们等他到了16岁，就劝他，你不要再读书了，你再读也是不会及格的。学校基本已经把他判定为智商比较低或者智障的边缘了。

万一我们的家庭真的生了愚钝的孩子怎么办？上天给了你这么一个孩子，你怎么对待他？我还是回到这句话，上天赋予每个人生命，一定给他带来与生俱来的东西。只是我们没发现，或者我们用的一些世俗标准去衡量，比如数学没学好，他就是个笨蛋；语文没学好，就是个傻瓜。

回到故事中，他也很沮丧，每天在外面游荡。有一次，他到公园里，看到了一名退伍军人，退伍军人只有一只手、一只脚，还有一只眼睛。退伍军人在公园里只要一吹口哨，公园里所有的鸟儿都飞过来。衣衫褴褛、独手、独脚、独眼的退伍军人告诉他说，每个人都有一样别人比不了的能力，每个人都有。

于是，他就开始打零工，帮人家收拾收拾花园，人们发现这个孩子在花园里面经常不出来，不厌其烦，对花草的色彩有一种特别的敏感，好像还会跟花草对话。他收拾过的花园得到大家的赞赏。后来有人将市政大楼的一片废墟交给他,结果他做成了一片美丽无比的花园,渐渐他成了加拿大非常著名的风景园艺家。

虽然他学科考试成绩很差,但是他却以他特有的对色彩的敏感度,对花草的通灵性,让他成为最好的自己。

上面的五个故事均来自于我阅读的书籍。因为在上海图书馆做讲座,总要与书籍有关,接下来的故事来自于我所在的学校:上海市实验学校。这所学校在上海家长眼中有点神秘,还有些疑问,这所学校是天才学校,缩短学制让孩子提早考大学,他们是不是拔苗助长?

我借此机会简要介绍这所与众不同的学校:上海市实验学校是一所以中小学教育整体改革实验为主要任务,集教育、教学、科研为一体的市实验性示范性学校。学校的基本学制为小学、初中、高中十年一贯制,在此基础上实行弹性学制,实验研究的主要理念是"充分发掘学生智慧潜能,充分尊重学生个性特长"。

所谓弹性学制,就是你在这个学校学制短则8—9年,也可以10年、11年、12年甚至13年。快也好,慢也好,只要符合孩子的成长节奏就可以。

我今天只选取实验学校几个故事,就像刚刚我讲的几个故事一样,这些故事的角色各不相同,希望每个家长找找看,有没有跟你的孩子正好比较相似的。

第六个故事讲的是向美而生的大男孩王可达。这个孩子是2016届刚刚毕业的,他在实验学校学习了10年。在这里我是一个能把故事讲10年的人,但很少有一所学校能够做学生从小学到高中毕业这么长的跟踪研究,实验学校做到了。实验学校的老师除了学科教学,还要成为学生的观察者、记录员、分析师、引导人。

那么现在就来看看王可达的10年生活。2006年刚进学校的时候,王可达胖胖的、"皮皮"的,学习成绩一般般。一位小学美术老师注意到了他,在个性卡中有一段记录:他是在我这批学生当中最早认识的学生之一!记得第一次美术课让学生画画,他画了一个相当复杂的卡通形象。对于一年级的学生来说,要记住这样一个卡通形象难,而且线条还非常肯定。

2008年,正好是我国举办奥运。美术课上,他画了奥运协奏曲,五个福娃五种打扮,手里有五种乐器。美术老师问他:你的想法很棒,那怎么把这张画画得有金属感呢？他说：我可以用荧光棒来做效果。当年这幅画获得了浦东新区少儿绘画一等奖。

2010年，他升到了中学，学校每学年通过"达人秀"比赛，搭建平台，让学生展示自己的潜能。王可达也来参加，他说他是PPT达人。下面的这段对话非常有趣：

评委：PPT大家都会做。

王可达：我做得多，做了1000张。

评委：1000张也不能证明有多强呀。

王可达：小学部老师教学得奖的PPT都是我做的。

评委：……

他成了当年的"达人"。

2011年，王可达开始遭人嫌弃：第一，话痨，第二，他永远认为自己是最好的，他的东西是最美的，别人的都是"不灵"的。一上课，他一个人可以讲40分钟，别人打断不了他。结果老师、同学、家长就闹意见了，联名写信，要把他驱除出班级。我记得当时班主任把全班签名的信交到校长室，我的办公室基本上是"特需门诊室"。我找来王可达，对他说：你特别想说话的时候，特别憋不住的时候，就到学校的"苹果工作室"去。你就去那边做作品，你爱画什么、爱怎么美都可以。如果能克制自己想回去上课，就必须不影响同学。他觉得这是个比较好的方案、就接受了，也没有太伤他的自尊心。结果他在这一个学期，在苹果工作室完成了一批数码宣传画，而且都是以学校为题材的。

2012年，学校有一个重要的论坛，需要做一个学校课程的全面介绍，我已经写好上万字的书面稿，但想做一个数字故事，可以更生动。一开始请了一个公司帮忙做，不仅价高还不能按时交付，于是我想起了王可达。我想让他多做几张PPT应急。他告诉我已经不玩PPT了，现在已经玩什么线性编辑。我也不太懂。他说你只要给我个苹果电脑，我就帮你做。我就对他爸爸说，你给他买一个（此处有笑声）。后来他用了一个星期完成了数字故事《瞩望每一片的成长》，不仅完全理解校长的文稿，而且用非常适切的形式予以表达，片尾特意给他署名：制片王可达，12岁。这个数字故事至今还成为学校介绍课程的资料。

2013年，他说要拍部微电影，把当年要赶他出去的班里的学生和班主任做他的电影的角色，片名《当年十三》，纪念他和他的同学们的初中生活。后来他的班主任写了一篇随笔，说自己有生以来第一次当了女主角。

2014年，他搞了一个复兴电台。

2015年，学校建起科创楼，其中有一个楼面给数学建模组，大概几百平方米，需要做数学建模学习空间的设计。他数学建模不行的，因为他数学成绩中等。但是他自告奋勇搞了一套设计图案，专门做了一本设计册子，交给我看。我有点愣了，怎么只有两个颜色，黑的和灰的，我说人家学校设计都是色彩缤纷，你的怎么这么灰暗啊！

他说："徐校长，你又不懂了。数学是最深层的思维方式，只有这两种颜色是压得住的。"于是我批了十万块钱，配了一个装修队，让他去搞。现在已经成了实验学校参观景点之一。

2016年，他要毕业了，毕业典礼上，他代表高三的学生作发言，题目是"向美而生"，他说实验学校的十年生活告诉我，是美好成就了成功，而非成功造就了美好。

2016年北京大学、清华大学到我们学校来招生，我把王可达十年的故事讲给他们听，北京大学给了他50分的加分，他就到北京大学去报到了。他的学习经历，帮助他走向了更好的学校，成为他最好的自己。十年故事，一个轨迹，我们在这十年中，充分尊重他的潜能与个性，才能让他自信地用十年时间完成了12年的学业，并且进入了理想的大学。

我们通过照片能够看到他十年里的成长变化，小时候是个小胖墩，每天把自己弄得脏乎乎的，现在1米80多，身材修长，特别帅气。

各位家长，你们生养一个孩子，就要陪伴他、关注他、欣赏他，你们就会拥有一个你们眼中最好的孩子。

我讲了这么多故事，来总结我今天的讲座，我想与家长分享这么几句话，是不是能跟以上这些故事对应得起来。

第一句话，自己的孩子是独一无二的。父母在孕育孩子的时候，你已经赋予了他潜能，他好也是你带给他的，他不好也可能是你给他的，你不要怪他，要怪怪你自己。

第二句话，家长也是教育工作者，千万不要认为教育是学校的事情，我们对自己的孩子,也要学会去观察、记录,分析孩子的成长轨迹,帮助孩子发现他的小精灵。

家长天天和孩子在一起,却往往最不了解自己孩子,对自己的孩子一无所知。什么时候叛逆,为什么叛逆,你都不知不觉,突然有一天发现儿子出走了,然后很焦躁。实际上事情发展不会是一朝一夕的,一定是在小学、初中到高中点点滴滴的细节当中潜移默化,你一定要有敏锐的眼光去观察分析。先听他讲,只要这个孩子愿意跟你讲,还是不怕的。一旦所做的行为他不再跟你讲了,你的教育已经基本失效了。

第三句话,不要去跟别人的孩子比,让自己的孩子做到自己的最好,就是成功!

我也曾经有过一个伤痛的案例。我有一个学生,一直是学生会主席,成绩一直非常好,一直是宠爱有加,被老师们呵护!

到高二的时候,突然有一天,他发现自己原来遥遥领先,总是第一名,后来怎么不能一直做第一名了,为什么现在有很多人一下子窜到前面去了,他一下子就崩溃了。

我们看到这样案例的时候是很痛心的。所以作为家长,目光不要老盯着分数,老去跟别人家的孩子比,你自己也做不到总是第一,为什么一定要让你自己的孩子定了一个不切实际的目标,你让他做到自己最好就可以了,这就是教育最大的成功。

第四句话,不要焦虑孩子的错误和失败,挣扎、摔跤,这是正常的,没有一个孩子是一帆风顺的。命运也是公平的,成长太顺利了,总有一天他会要让你受挫折的。所以越小的时候挫折越好,让他慢慢变得心理强大起来。所以不要怕孩子有问题,家长心里要淡定。

第五句话,不要替代孩子做事。我经常看到家长来找老师,说都是我的错,把孩子的错误全部揽在自己身上,自我检讨。家长要检讨什么?孩子的问题孩子自己去检讨,他自己想到了去检讨、去反思,教育目的才能达到。

最后一句话:护长容短。

人各有所长,也一定各有所短。我们自己都不完美,千万不要让你的孩子完美。长愈长,短愈短,如果你的孩子在某一方面特别出众,就可能在某一方面也会令你心烦。所以我们要"护长容短"。"护长容短"的含义是:珍惜每一份天赋潜能,哪怕与当下的应试评价不匹配,也要小心呵护其不被扼杀,不能做故事四中卫斯理的老师,宽容每个孩子身上或多或少的个性与短板。人生最大的幸福莫过于做一件自己喜欢且擅长的事。划一刻板的教育不仅会扼杀"精灵",还会泯灭人性。

谢谢大家今晚与我一起分享我的一些教育的经验,我感觉今晚还是非常美好的。

主题介绍

教育有艺术性、社会性,更有科学性,教育自身规律的研究属科学性研究。认知规律为教育规律的一部分,教师需要了解,家长也需要,小学、初中学段学生的家长更需要。遵循学生的认知规律,能帮助学生爱上学习,也才有可能让学生学得更好。

张人利,上海市特级校长。现任上海市静安教育学院附属学校校长,兼任教育部中小学校长培训中心兼职教授,华东师范大学课程与教学研究所兼职研究员、教育部、长三角、上海市各类名校长培养基地和上海市德育骨干教师实训基地主持人,教育部"国培计划"首批专家,荣获全国"五一劳动奖章"、享受国务院特殊津贴。长期从事教育工作,既有高中教育经历,又有初中、小学教育经历;既有重点学校教育经历,又有薄弱学校教育经历;同时拥有专门从事教育科研和教师培训的经历。领衔的教育科研成果曾多次获得国家级、上海市高等第奖。

了解孩子的认知规律

张人利

扫码听讲座

一、教育的基本属性

我讲座的第一个问题是教育的基本属性。按道理这应该是教育内部讨论的问题,但是我越来越感觉到,现在教育已经成为社会问题,家长也需要了解。教育应该有三个基本属性。

一般我们认为,教育具有科学性和艺术性。但是科学又可以分成自然科学和社会科学,因为要突出教育的社会性,我们往往把教育的基本属性看成是三个:科学性、社会性和艺术性。

这三个属性的运用水平高低直接影响最后的教学效果。例如,你讲话,学生听得进去,他讲话学生就听不进,其实这句话内容可能是差不多的,为什么有人讲的学生会听,有人讲的学生不听?这往往与艺术性有关。

正因为有艺术性的问题,艺术性被教育广泛应用,如朗诵、电影、戏剧,教育运用这些艺术的表达,可以使得教学效果更好。在你的孩子的教育上也有艺术性的问题。

除此之外还有社会性。我举个例子,有一名学生在我们学校读了九年书,后来到了上海中学,然后进了哈佛大学读本科。我校小学一年级是不上数学必修课的,每周只上一节用英语教的数学活动课,给学生一些数感、形感及学习数学的兴趣,二年级才开始系统学习数学。这位学生在小学读书时,学业成绩平平,也没有参加过奥数班。我们是九年一贯制学校,全部小学生都可以直升中学部。他进了中学以后,学习积极性突然爆发,对数学尤感兴趣。到了初三,参加高中数学竞赛,他获得全国二等奖。后来到上海中学,他在高一就获得全国数学竞赛金奖,高二被清华大学提前录取,但他没去,高三去了哈佛。

记者问他:"你初三时能获高中数学竞赛全国二等奖,学校给了你什么?"他说:"静教院附校给我的帮助,主要有两个方面:一方面是给了我时间,这个学校的课外作业确实不多,我基本上都能在校内完成,回家就有大量时间学习我感兴趣的数学。另一方面是给我学习数学的兴趣。"记者又问他,这个学校怎么给你学习兴趣的?他举了个例子:在课堂内,他做题目特别快,数学老师总是准备几张带有一两道数学题目的小纸头,谁做得对,谁做得快,才能拿到一张小纸头,他都能拿到。这些题目是很难的,但是通过努力还是能做出来的。

我分析了这件事情,发现它完全符合心理学。第一个是不容易得到的,你容易得到,他不一定感兴趣。第二,富有挑战性的,没有挑战性,提不起他兴趣。第三,给他成功感,如果题目很难,难到学生都做不出,也不行。

实际上,老师有意识或者无意识地应用了教育的社会性。我们的家长在教育孩子时,要思考一下,怎么运用社会性增加它的效果。

第三是科学性,科学性的问题可能更大。今天我讲的主题就是要了解孩子的认知规律。认知规律属于什么性?既不是艺术性,也不是社会性,而是科学性。

我认为,教育的三个属性里两个基本不变,只要有一个属性有显著变化,也会带来教育效能提高。今天我主要讲科学性,讲孩子的认知规律。

二、孩子学习的最佳发展期

现在有句话几乎全国流传,叫作"不要输在起跑线上"。目前,已经严重到什么程度,不是输在起跑线上,而是很多人在抢跑。小学幼儿园就开始抢,一直到初中还在抢跑。幼儿园孩子学拼音,初一学生学物理等,是否什么知识都是越早学越好?是不是存在合理的规律呢?这就是科学性的讨论、认知规律的讨论。

有意识的教育活动称为课程,课程决定着学生学什么。课程设置应该是三方面的考虑:一是学科,二是学生,三是社会。那么我们的学生应该在什么时候学习什么学科更有效呢？

这里举个例子，有理数的加减法。

上海"一期课改"的时候把有理数的加减法内容下放到小学。小学老师反映，56个课时都不够，很难让学生学会。但是上海"二期课改"把有理数的加减法放到了初中，26个课时就够了。

这块内容放在小学好还是放到初中好？我想应该放到初中。原因还不是效益高低的问题，是根本学不会的问题。例如跳绳，不到一定年纪，就不会跳。一年级不会跳的，往往是月份小的孩子。有家长责怪孩子：人家怎么跳得好，你怎么跳不好，其实相差几个月都不可以，不到这个月就不会跳。不是脑子笨和聪明，而是与年龄有关系。

还有你认为简单的，对孩子不简单，你认为复杂的，对孩子倒简单了。例如"左"和"右"，左右这件事情很复杂的，你知道吗？你的左右，我的左右，我的左右相对你的左右，全部搞清楚，一般要到七八岁。年龄不到，搞不清楚是正常的，搞得清的是少数人。

认知是有规律的，什么年纪学什么是有规律的。小孩子记性可能比你好，语言的模仿能力比你强。比如，外地到上海的人，口音很难改变。少数人能改变，大量的人很难改变，尤其到了一定年纪才到上海，更加难改变。但小孩子到上海来，一年下来上海话不仅听得懂，而且都会讲。语言模仿能力比你强，记忆能力比你强，学了以后不会忘。

这就是年龄特征呀！所以我一直很反对，中小学教师高级职称评定要考外语，人家考得出的时候不让人家考，考不出的时候叫人家考了。大学毕业的时候考得出，大学毕业以后过了十年、十五年，他又不用外语，你叫他怎么考？现在合理了，评高级职称不需要考外语了。我认为是对的，早就应该取消了。

要研究人到底在什么时候学习什么才是合理的，不要盲目跟风，跟风是没有意义的，是苦了孩子，害了孩子。当然话要说回来，如果该学的时候你不学也不行。有个故事大家都听说过，印度的"狼孩"，明明是正常人，被狼叼走以后过了几年回来，再也不会说话了，因为错过了学语言有最佳发展期。

我认为：同一个学生，学习同一门学科，要达到同一个目标，在不同的年龄阶段所花费的时间是不一样的。我们把学生学习某一门学科效能最高的年龄阶段，称为学习的最佳发展期。这就是科学性，是人的认知规律，确定了人到底在什么时候学习什么，学习到什么程度才最合理。幼儿的特征是什么？形象思维强，语言模仿能力强，记忆力强，什么弱？逻辑推理能力弱，抽象思维能力弱。所以，我认为幼儿时期学奥数是不对的。当然，奥数本身是件好事，但现状有三个地方不好。

第一是低龄化不好。小孩不适合学习奥数。所以正规的奥数一般都是到初中才开始。第二是大众化不好。奥数是少数人的游戏，大量不学奥数的人也可能都是聪明的。第三是功利化不好。明明不喜欢的人却一定要学，有什么好处？有人说没办法，有的学校要考，那你就不要进这种学校。明明不喜欢的，你叫他学干吗！我过去也学奥数，在高中，参加的市里的奥数班，这是规范的，这么学习才是对的。

小孩的语言模仿能力强，记忆能力强，所以我主张小学一年级学习外语，大量事实证明，这是对的。为什么小学一年级的外语不讲语法，没有书写？因为听和说符合幼儿学习语言的基本特征。小孩子母语怎么学的？就是在情景中学习，在生活中学习，在游戏中学习。看到妈妈叫妈妈，看到爸爸叫爸爸，不是都会了吗？

三、怎样才能使孩子真正学会

有些话老师会说，家长也会说。例如："这小孩真笨呀，一模一样讲了三遍还听不懂。"例如，今天来的家长肯定是全国各地的人都有，我插几句上海话，你也许听得懂，但是我全部讲上海话，有些人可能听不懂了，特别是刚到上海的人更听不懂。但是我不能说，听不懂没关系，我一模一样讲第二遍上海话，你还没听懂，我就讲第三遍。这样做是讲的人傻还是听的人傻？当然是讲的人傻。同样，我们的孩子不是听不清，而是听不懂。听不清讲第二遍是有效的，听不懂讲第二遍有什么效果呢？

还有家长会说："同样在教室里，为什么他懂你不懂？他懂，说明老师讲过了，没讲过，他怎么会懂？你不懂，说明你没有认真听，你脑子又没毛病。"

老师讲得十分清楚，他认真听了，他很聪明，听不懂，有没有这种情况？杨振宁，大概没有人怀疑他的脑子笨,诺贝尔奖获得者。杨振宁回忆他的大学生活时,说了发人深省的话。他说在教室里他物理往往只能听懂一半,还有一半是晚上没有电灯,跟同学闲聊中搞懂的。这当然是杨振宁的谦虚,也说明杨振宁确实还有听不懂的!有杨振宁还听不懂的,你们的孩子一听就懂?

我自己也碰到过。我原来是高中校长,我当校长的时候还在上高三毕业班,我是教物理的。这一年静安区所有选考物理的同学全部在我们学校参加高考,本校学生也在本校考。

那天下午考物理。中午时分,两个高三的女同学走进我校长室:"张校长,我还有三道多选题不会做,你帮我解一下。"我拿起笔帮她们解,全部解好后离考试还有十分钟,这两个女同学挥挥手,高高兴兴地进了考场。

这一天我作为主考官去巡视。巧了!真的有一道题目是刚才学生问到的,这使我感到庆幸。考试结束,我在校门口看到她们中的一个,我说:"小姑娘,这次给你赚了。"万万没想到,她摇摇头跟我说:"张校长,你中午讲的这道题目,我还是做错了。"我告诉大家,这个学生不傻!她后来考进了医学院,毕业以后就在我们静安区中心医院做内科医生。

为什么我刚讲她就忘掉,我没讲清楚?她没认真听?她脑子有毛病?看来都不是,我得出一个很重要的结论:教师讲的不等同是学生学会的。那么问题就出来了,你讲的不一定是学会的,怎样才能学会?我给你举一个课堂里的例子,你就知道为什么老师讲了,有些人没懂,为什么你家长讲了他听不进去。

初中物理讲浮力时,老师问学生:"军舰为什么能够浮在海面上?"学生说:"因为是盐水所以浮起来。""因为是形状改变,所以浮起来了。""因为是接触面积大了,所以浮起来了。"都是错的。但是我们的老师不管学生在想什么都是:不懂是吧,我跟你再说一遍,$F=\rho g \bar{V}$,这是浮力公式。你怎么还没懂?我跟你再说一遍,$F=\rho g \bar{V}$。

为什么?很多老师只有一套本事,讲正确答案,却从来没有关注学生在想什么。其实我们有的家长也是。"讲不讲是教师的责任,家长的责任,懂不懂是学生的问题",这句话是不对的。

怎么才能学会？孩子学习某一样东西的时候，他们头脑里都不是空的。如果他的头脑里是空的话，我们的教学太简单了，只要把"桶里的水"倒到他的"杯子"里去。其实每一个学生都有他原有的知识、原有的经历，这种知识和经历，有的能帮助他掌握新的知识，有的与掌握这个知识是完全相悖的。

何为灌输何为启发？灌输就是不管你脑子里想什么，反正我告诉你的都是正确的。何为启发？启发就要想方设法、千方百计，引导学生把原有的经历，原有的想法讲出来，还要碰撞，再放到脑子里去，这样的教学才叫有效教学，才算真正学会。家庭教育和学校教育在这一方面是一样的。

各位家长，称职的家长的第一步是什么？你的孩子愿意跟你讲真心话，不管他是错的还是对的，他愿意跟你说话，你就成功一半了。然后学生与家长的观点才有碰撞的机会，才能真正搞懂，才能明辨是非。

学生真正学会需要对话，家庭需要对话，学校也需要对话。联合国教科文组织把教育界定为"人和人之间的交流"。但是对话不一定是讲话。行为学专家早就做过统计，人和人之间的交流中，语言的交流只占了很小的一部分。其他的交流什么？脸色的交流，行为的交流。

有家长说，我是不会教育的，全拜托学校了。这句话好像蛮好听的，让教师觉得自己很厉害的，其实是推卸责任。有的家长一边打麻将，一边对孩子说："好好读书，好好读书！"我说你太谦虚了，还说不会教育，你已经在教育你的孩子："读书是没用的，读书是没用的。"

四、习题是否做得越多越好

有人说："做总比不做好，多做总比少做好。"上海经历了三次 PISA 测试。这个测试不但测学业成绩，还要测与学业成绩有关的其他方面情况，例如回家作业情况、学习兴趣、家庭文化背景、家里经济条件等。经过 PISA 测试大数据统计、归纳，我们得出的结论是：15 周岁的孩子，一周的回家作业总量最好不要超过 11.8 个小时。也就是说在 11.8 小时之内的时候，作业量越大成绩越好；超过 11.8 小时之后，提高不明显,甚至适得其反,心理学上称为"高原现象"。当然,这是个大概率表述,不代表每位学生。

上海第一次、第二次测试时,一周作业时间是13.8、13.9小时。所以当时的教委领导明确指出,上海学生的作业负担太重,这是有依据的。我们学校测下来比上海市的平均值少了20个百分点,说明我校11.8小时可能还不到,可能要适当增加。所以减轻学生过重的学业负担是从目前上海的现状提出来的,并不是越少越好,也不是越多越好。这样做的本质是怎么探索科学规律,按科学规律办事。

更重要的是要提高作业的质,以提高作业的质来控制作业的量。我校早就规定,不准为全体学生买统一的教辅练习题,所有题目要求教师自己选、自己编。我校还专门研究了一个市级课题"提高教师命题素养的研究",以提高教师的命题能力。同时,我们也不提倡家长盲目地为孩子大量购买教辅材料,因为超量练习,多做没有质量的题目,并不能提高学业成绩。

另外,人是有差异的。例如数学中考满分150分,最后一道题目,大家俗称"压轴题"。我们学校压轴题能够上手的同学是60%—80%。有的学生是根本掌握不了的,教师让全体学生都做划一的题目合理吗?

我们学校对作业有分类,最高一档称"荣誉作业",是给一部分学有余力学生的。你特别行,多做一点,不是对你惩罚,而是奖励,是教师送给你的礼物。中间一档称整体作业,大家都做。学习上有困难的少数学生做基础性作业,保证他能及格。所谓基础性作业,就是在整体作业中删去一些较难的题目,保证能够达到基本要求。人是有差异的,这门学科成绩不好,其他学科不一定都不行;学习成绩不好,也不一定他别的都不好,没有必要把自己的弱项跟别人的强项比。不要跟风,他在读什么班,我也去读什么班,他在做什么题目,我也做什么题目。

作业还应该多样化。在高考改革以后,全市马上要推进的是中考制度的改革。其中有综合素质评价,有跨学科考试等变化。

我国比较强调的是学科体系,分学科学习。国外的一些国家,强调的是跨学科的主题学习、项目学习,这两种学习方式实际都是有利有弊的。

我们这种分学科学习有什么好处？知识不会遗漏，很少有重复，但是它的不足在哪里？解决问题能力不强，综合能力不强，创新能力培养难。外国这种学习方式，它的优势在于综合能力强，解决问题能力强。问题是知识系统性不够，知识容易遗漏，容易重复。

其实，以上两种学习方式还要看什么学科，有的更适合系统学习，有的更适合主题、项目学习。当然，也可以在系统学习中，增加少量主题学习。中考改革是多方面的，其中一个方面就是试图克服目前义务教育中在教学上的一些"短板"。这样就要求我们的作业还需要多样化，增加主题、项目学习、跨学科学习的内容。

五、一张卷子的教学测试，可靠性如何

这两天，各个学校可能都在进行期中考试。考试下来，肯定是几家欢喜几家愁。如果考试成绩好，家长认为孩子用功了；考试成绩不好，家长总是觉得孩子不努力、不用功。用功了怎么会退步呢？有没有可能，你的孩子努力程度没变，成绩退步了或进步了？完全可能的。实际是因为家长对教育测量不太了解。

测量有两种：一种叫直接测量。如测这间房间多大面积，叫物理测量。只要测量工具准，测量方法对，测下来误差是不大的。即使有点误差，算一下平均值，也会降低误差。另一种测量叫间接测量，教育测量就是这种。读了一年书，就用一张试卷作为测量工具进行测量，是抽样测量。这个测量从两个维度进行抽样，一是内容维度，从力学、电学、光学等中去选；另一个维度叫能力维度，就是难到什么程度。这样拼成了一张卷子，是间接测量。间接测量有很大的误差。中考数学是25道题目，你考试考得不好，正确的表达应该是什么？你25道数学题目没考好，不是数学没考好，你仅仅是25道题目没考好。同样班级40个人，这个老师出的题目和那个老师出的题目考出来的分数会一样吗？不一定。对某个学生来说更不一定。然而，这个班、这个学生的数学基础变了吗？没变，只是测量工具——试卷变了，得出的结论就不一样。

我校一位初中毕业生在数学竞赛中获一等奖，初中毕业时进了上海中学；高中毕业时进了上海大学。同一届的学生分数比他低，考进了育才中学，最终有五个进了上海交通大学、复旦大学。这里绝对不是说上海中学不好，原因很复杂，有学生的变化，

有学校的适合与否,也有这一年试卷的变化。

另外,还有性别上的差异。一般说来,同样是数学,代数对女孩比较有利,几何对男孩比较有利。数学卷难在代数还是几何,可能选拔的人会不一样。物理学科是男、女生差异比较大的学科,一般男孩容易喜欢,容易学好。如果选拔增加物理的比重,可能对男孩子有利。教育测量是很复杂的问题,并不是某些家长说的,"难,大家难;易,大家易",也不是家长想象得这么精准。考试第一名比第二名多1分,完全可能第二名水平超过第一名,因为测量工具——试卷的误差还远不止1分。当然,目前在中考、高考中,只能以分数高低来定,可能也是无奈之举。

各位家长,我说这些只是期待大家能理性地看待自己孩子学业成绩的波动。考得好不一定就是他努力,考得不好也不一定是他不努力,为什么?因为测量卷子本身就有误差,而且这种误差很大。

六、怎么正确对待孩子之间的差异

今天讲的是孩子的认知规律,认知规律是教育规律中的一部分。教育规律是孩子成功的大概率事件,即大部分或绝大部分的孩子是这样认识知识、掌握技能的,是这样提高他们的关键能力的。但是,在教育上还要特别关注和正确对待孩子之间的差异。请各位家长注意,这里不是讲差距,而是讲差异。差距是在同一维度上的,差异是在不同维度上的。教育不但有对学科的研究,更有对人的研究。在基础教育阶段,对人研究的复杂程度往往大于对学科研究的复杂程度。可以说人有多复杂,教育就有多复杂。孩子的认知规律就是对人的研究,关注孩子的差异是对人更复杂的研究。

我是学理科的,对文科也蛮感兴趣。最近我看了印度伟大诗人泰戈尔的一首诗,题目叫作《世界上最远的距离》。第一句一看,各人会有各人的看法。他说世界上最远的距离不是一个人从生到死,而是当我站在你面前的时候,你不知道我爱你。40岁的中年妇女和18岁的少女对这句话感受会一样吗?即使两个都是18岁的少女,因为经历不一样,感受还是不一样。我最近在报纸上还看到,世界上最远的距离不是一个人从生到死,而是你在上网,我站在你的旁边。如果你去问一个物理学家,世界上最远的距离是什么,他马上告诉你,世界上哪有最远的距离,世界是无限的,你们这些都是文学的语言,不是科学的语言。哪个说得正确?都正确。既然都正确,你有什么理由讲自己的一种感受,要叫别人都接受呢?人是不一样的。

在知识的掌握上差距就更大了。有的人喜欢文科,有的人喜欢理科,理科当中有的喜欢物理,有的喜欢化学。有人学业知识不一定好,但动手能力很强。这类人也要受到尊重,社会是需要各类人才的。

我们学校的毕业典礼上,作为学校的最高荣誉,我常常要表扬一位学生。有一年我表扬了一名叫房晓飞的同学。我表扬他的理由是:他初二升初三的时候竞选小队长。房晓飞的竞选词是这么说的:"论学业成绩,可能全班绝大部分同学都比我好,但是我很爱这个学校,更爱这个班级。我在这个学校已经读了八年书了,我很想为这个班级多做些事情,希望大家选我,给我一个机会。"他不但这么说了,也这么做了。因为成绩差,到了初三,语文老师拖住他辅导,数学老师拖住他补课。补完了之后,他还回到教室,把桌子摆摆齐,把地上纸屑捡起来。

后来我在毕业典礼上说,房晓飞同学是我们上海静安区教育学院附属学校的优秀学生,希望他毕业以后常回来看看,我们学校欢迎这样的学生。他父母都在现场。父亲是残疾人,母亲是癌症患者,推了车子上来对我说,"校长,我真的很感谢学校"。毕业之后,他还来看我,把我悄悄地拉到旁边,送我一块巧克力。他说:"校长,我真的很感谢学校。"

我认为这是我们教育的成功。后来我知道他参军了,做航空地勤兵,回来以后到街道,做事业单位工作人员。单位里的人很喜欢他,因为他为人正派,做事情认真。我想,房晓飞同学给这个家庭带来的不是烦恼,而是欢乐。

各位家长,所谓要理性地看待自己的孩子,前提是认识到人与人之间的差异,充分认识自己的孩子,为自己的孩子创造一条适合他发展的道路,也许这才是我们家长应该做的。

主题介绍

现在,青春期被过度地妖魔化了,很多家长一谈起青春期就"色变"、焦虑、恐惧、困惑,于是设卡防范、高筑防火墙,试图逃离这个人生重要的生命阶段。如何科学把握青春期的规律?如何有效开展青春期教育?如何塑造家长的理想形象?如何客观准确认识自己的孩子?讲座和家长、老师一起去解开青春期阶段亲子关系的秘密。

陈镇虎,1978年参加教育工作。上海市德育特级教师。现任上海市中小学德育研究协会副会长,连续多轮兼任上海市德育名师培养基地领衔人,上海市德育实训基地主持人,普陀区特级教师工作室导师。曾先后获得上海市教育系统先进工作者、上海市未成年人思想道德建设先进工作者、首届上海市十佳模范班主任、上海市园丁奖、德育先进工作者等数十项荣誉称号。主持或参与的德研课题有十多项荣获国家、市区级各类奖项,主编、参编了10多本图书。近十年来积极创新培养模式,培养了一大批优秀班主任和德育工作者。

拥抱吧！ 美好的青春期，生命中的春天

陈镇虎

扫码听讲座

在讨论交流题目的时候，有人跟我建议，你去做报告，是不是把标题浓缩一下，能不能把"拥抱吧！"删掉。我说这个题目中任何一个词语可以删，但是"拥抱吧！"不能删。我要强调它的情感色彩，就是因为青春期，它本应该是拥抱的生命阶段。刚才主持人已经讲了，青春期是我们人的生命阶段当中一个非常美好的阶段。它的美好就在于人走到了一个开始自觉觉醒、感悟生命的阶段。所以我个人认为，青春期它本来就应该拥抱。

假如说生命也有四季的话，那么青春期就应该是生命中的春天。尽管春天还会有一些料峭的春寒，也会有一些令人烦恼的春雨，可能还会有一些"一天三变孩儿脸"的天气，但是我们从来不会因为这些去拒绝春天，更不会因为这些去拒绝拥抱春天。非常遗憾的是，青春期被过度妖魔化了。

讲起青春期，我们似乎想到的总是青春期的负面形象。谈青春期色变，焦虑担忧，设卡防范，高筑防火墙，把本应该是人生命当中最美好的季节，变成了孩子、家长、老师都忧虑重重的生命阶段。我个人认为，这是我们对于青春期的误解。所以在交流一开始，我就亮出我的观点，我认为青春期，它是我们生命中的春天，我们就应该以积极乐观的心态，科学认识青春期。就像沐浴在春天里那样，去享受生命的春天，像拥抱春天般地拥抱青春期。唯有这样，生命阶段非常重要的生命密码，一定会迎刃而解。今天我们要解决的问题，就是如何处理好青春期的亲子关系，师生关系。

因为我们对青春期的误解，对青春期没有科学的认识方法，所以带来了很多问题。今天我在网络上看到一条信息，有一个做教师的家长，带着青春期的儿子到眼镜店配眼镜。儿子嫌妈妈配的眼镜价格太低，不理不睬，在那里玩他的手机。妈妈

不高兴了,就把找来的零钱放在他手机上面,阻碍了他玩手机。这个男孩,手机一放,抓住妈妈的头发一顿暴揍。这样的例子,在我们的亲子关系当中肯定不是主流,是个案。但是在亲子关系当中,这种对立、不和谐,在我们亲子实践过程当中,一定会经常碰到。

下面我想用比较时髦的话,分析一下,为什么在我们如此美好的青春期阶段,"亲子关系的小船"怎么会说翻就翻的。先请看几个青春期过程中,亲子小船翻船的故事:

情境一:

妈妈:你们班的男生真不错。

女儿:是啊!尤其是小明帅呆了,我的男神。

妈妈:我怎么不知道?他家什么背景?爸爸是干什么的?妈妈是……

女儿:你是查户口的。

情境二:

妈妈:今天我给你蒸了一条大甲鱼。

儿子:我好喜欢。

妈妈:你要对得起这个甲鱼,下次一定要考个第一名。

儿子:那你吃吧。

情境三:

妈妈:今天我们俩谈谈心好吗?

女儿:好啊!好久没有和你谈心了。

妈妈:听说隔壁王阿姨家的小韩数学考了 100 分……

女儿:那你认她做干女儿吧。

情境四:

爸爸:宝贝,你今天作业怎么写得这么潦草?

孩子:我已经很认真了,比以前有很大进步了。

爸爸说:还进步了?明天请你们老师看看。

孩子说:明天老师请病假了。

情境五：

爸爸：你今天怎么留这么长的头发？

孩子：我喜欢这个发型。

爸爸：什么喜欢不喜欢，给我剃掉！

孩子：就是不剃！

今天我们就想讨论一个问题，如何让青春期阶段的"亲子小船"变成"和谐的巨轮"？我想给在座的朋友提几个建议。

一、深化认识，把握青春期的科学定义

究竟什么是青春期？我认为青春期首先是生命发展的客观规律，你想要也好，不想要也好，它总会到的，不会被我们意志左右的。第二，青春期是变化剧烈迅猛的过程。第三，它是充满春天般美好的阶段。

首先，青春期是生命发展的规律，它是一个重要的阶段，大家知道人的生命是一个过程，它由各种阶段组合而成。我们按照生命的发展顺序，可以看到这样的一些阶段：

胚胎期，孩子在妈妈肚子里的时候。现在我们对胚胎也有了科学的认识，所以现在也有胚胎期的教育。一些准妈妈，会让还没有出生的孩子听听音乐等。这是第一个阶段。然后孩子进入了婴幼期。第三阶段，孩子进入了童年期。这三段我们都把它看成是人生命的前期，然后出现了非常重要的时期，就是我们讲的青春期。青春期以后，我们就进入了相对成熟的成人期。接下来是老年期，最后一个是我们大家都不愿意，但是必须要经历的，就是死亡期。这是人生命整个过程的各个阶段，而且是客观规律性的，谁都违背不了。

我们可以看到青春期，正好是处在这七个阶段的中间。因此，我们给它冠名以青春期的阶段，就显得十分重要。这个阶段有一些什么样的重要功能？首先它是一个连接期，它连接了生命的前期和生命的后期，连接了人类生命两个大的部分，所以它就具有承上启下的连接作用。

因为它是连接了前期，又连接了后期，所以它又有一个很重要的功能，就是修补的

功能。有经验的老人经常会跟我们讲,小孩身上有一些毛病,可以在发育过程中带掉。我有一个侄子从小有哮喘,很严重,后来就是在青春期的时候,大人给予高度重视,结合他的发育,他哮喘的毛病在这个阶段治好了。所以青春期还有非常重要的修补功能。

它还有第三个功能,就是助推的功能。大家知道,它连接的后面是人的高级阶段,就是走向成熟的阶段,这时候就是通过青春期加以助推的。我们可以通过这三个功能充分认识青春期是生命发展过程中重要的阶段,是规律决定的,你无法抗拒它,只有正确对待它。

青春期又是变化迅猛的黄金时光。在这段时期里面,我们的小孩儿会经历生理变化,又会因为生理变化带来剧烈的心理变化。所有这些变化的表象,老师和家长,包括我们的孩子可能都会自己体悟得到。问题是我们如何看待这样的变化?我们常常把这样迅猛的变化看成了是一种令人恐怖的东西,有的人把这个过程称为危险期。我个人认为,尽管这时候发生了迅猛的变化,我依然把它看成是一段黄金时光,理由在于这种剧烈的变化,它指向的是什么?这种变化带来的是什么?这是很重要的。

假如这种变化,带来的是一种负面的、不能促使人成长发展的影响,那这种变化我们肯定把它摒弃掉。但是这样变化,它指向的是成长,指向的是成熟,指向的是成才,指向的是成器,指向的是成功,指向的是成人。我们有很多家长,经常会说孩子叛逆,家长会感觉孩子什么话都不肯听,我什么意见他都跟我唱对台戏。实际上孩子的变化,已经悄悄地告诉你,他长大了,他应该走向成熟了。所以这样的变化,它指向是积极的,是人类的更高阶段,所以我依然把它称为"黄金时光"。

问题就是我们在座的家长,要拷问我们自己,这样的变化扑面而来,你准备好了吗?所以今天这样的交流,其实就是在做准备工作,就是我们要为扑面而来的变化做准备。

青春期是充满美好的花季年华。在这样的阶段里,我们的孩子开始有了生命主体的觉醒和自我意识的提升,假如说青春期前期还是懵懵懂懂,对生命还没有感悟,进入青春期以后,孩子开始有生命的觉醒,有一种自我意识。开始关注别人对他的评价,开始想要追求自己的一种独立,开始有自己的一些想法,实质上这就是一个人成长的表现：就是不再轻易盲从和依附。

在青春期里面，他们开始有了道德感的新发展，对自主独立的自由的向往；他们开始喜欢仰望星空，憧憬未来，坐在那里想一想以后的生活场景。有时候我们家长不了解，就会怪他坐在这里做白日梦，其实这是道德情感的新的发展。他们开始有了对异性的美好情感，有了少男钟情、少女怀春的美好情感，这些都是美好的东西：形体美好、情感美好、色彩美好。

我个人认为首要的问题，是我们的家长，我们的老师，包括我们的学生，如何科学理解青春期这个人类生命发展中的重要阶段，对于我们正确处理青春期中的亲子关系，是观念上的引导。如果我们一直把青春期看成负面的东西，会永远处在焦虑中，并且会把焦虑传递给孩子，这是我们对青春期的误解。

二、转变观念，回归教育的本原

青春期教育到底是什么？青春期是人类生命中重要的阶段，它依然离不开教育。那么青春期教育的本原是什么？我认为青春期教育是一种美的教育。理由很简单，青春期是一个充满美好的花季年华，黄金时段，重要的阶段。青春期教育是一种美的教育，这种教育最根本的就是会给孩子提供一个能够显现他们作为人主体本质力量的宜人形式，就是适合他的，并为他喜闻乐见的形式。所以青春期的教育，就是美的教育，通过教育，把孩子主体生命的这种自觉给他唤醒，然后显现他主体本质力量。

既然青春期教育是美的教育，我认为它就应该按照美的规律去开展。按照刚才我们对它的定义，它是一种可以显现主体本质力量宜人的形式开展教育。我认为核心就在于我们经常讲的真善美。真，就是合规律性。要遵循青春期的规律，遵循孩子成长的规律，比如说他的身心规律、认知规律去进行教育。善，就是合目的性。青春期的教育要有鲜明的目的指向，指向的就是生命。最后是美，就是合审美性。就是能够找到孩子喜闻乐见的教育形式。科学的青春期教育，它的主题词就是陪伴、守望、静候、春风化雨、潜移默化。在教育过程中，我们要用平等取代强势，用体验取代灌输，用说服取代压制，用对话取代说教，用榜样取代空洞语言等。

在这里特别要提醒的，就是我们在青春期教育过程中，切记不能把我们孩子的青春期发展的特点当成问题。比如说青春期的孩子开始对异性有感觉了,你能不能把这个作为缺点纠偏呢?如果一定要纠偏,那一定是过多阻碍了孩子的成长,等他应该谈婚论嫁的时候,他就不能也不会,这时候家长一定后悔莫及了。绝对不能把青春期孩子的特点当成问题纠偏,那是违背规律的做法。

三、摆正位置,塑造理想形象

让我们亲子关系的小船成为和谐的巨轮,其实非常关键的是我们的家长和老师,尤其是我们的家长,如何摆正自己的位置,塑造一个能够有助于这条小船变成和谐巨轮的理想形象。孩子喜欢的父母是什么样的呢?不要太高,也不要太矮;长得不要太漂亮,也不要太丑;视力不要太好,也不要深度近视。很形象,其实他们就是需要这样的父母。高与矮,他想诉求什么呢?大家知道太高要仰视,太矮要俯视,只有不高不矮才能平视,其实是希望孩子和家长之间能够平等。漂亮与丑的问题,当然要区别看待了:假如从审美角度来讲,当然越漂亮越好,审美价值高;但是从心理学的角度,不管太漂亮还是丑,都会刺激眼神经,会产生一种违和的感觉,就是不亲和,孩子希望家长和他们之间能够有亲和力。中国家庭中很多都是独生子女,但是家长和孩子之间的亲和力,还是不够。视力太好与太差,我做家长 就有这样的体会。他们不喜欢眼睛特别尖的家长,遇到一些小问题,就抓住不放,喋喋不休,有时候还要上纲上线,孩子现在最不喜欢的家长就是这样的。有时候他经常要逃避你,实际上就是你眼睛太好。当然他不喜欢的还有一种家长,就是一个大活人在你面前就像没有看见一样。所以这样的好与差,就是希望家长与孩子之间能够有宽容度。这种平等性、亲和力和宽容度,就是我们今天做家长蛮生动的理想形象。

怎么成为这样的理想形象?我想首先要摆正我们的位置,完成五个方面的改变,能够成为孩子的亦友、亦师。我个人的操作建议如下:

(一)单一型转向多元型

我的经验告诉我,你真的要和你的孩子能够保持对话,特别是青春期孩子保持对话,你的知识结构一定不能太单一。你跟他谈来谈去,就是成绩,就是考试,对不上他的路子,你就很难跟他沟通。

（二）权威型转向对话型

在孩子成长教育中，不能用一个家长的角色所形成的权威对待孩子，因为从本质上来讲，你和孩子都是两个生命体。生命体之间最好的沟通方式就是对话。你老是以家长权威自居，孩子也总是把你看得那么高，然后你无法和他进行对接。更有甚者，你站在高的地方，压抑住孩子，让他看到你害怕，那么青春期当中发生的一些困惑，一些迷茫，他找谁倾诉？所以家长从权威型转向对话型，关键点就在此。

（三）限制型转向发展型

不用那些否定词，比如"不允许、禁止、不准，不用"这样的一些词语，你能够说话吗？能够提出对他的要求吗？这个很重要，因为你永远是禁止，是限制的话，孩子就永远没有办法发展。

（四）经验型转向科研型

今天的家长一定要有科研意识，我讲的科研意识不是搞学问的科研意识，是你能不能对你的经验进行一些验证和思考。你上辈传给你的育儿的经验，你要想一想，这个经验到我这里，用在我孩子的身上可用吗？我们所碰到的孩子，不要说隔代，即使在同一代里面都是不一样的。从教育角度来讲，我们认定 一棵树上不可能有两片相同的叶子，更何况是人呢？

（五）封闭型转向开放型

现代的家庭特别是在青春期亲子关系中，一定要强调开放，封闭永远让你的孩子不能够成熟，不能够长大。

四、七个"学会"

学会微笑。在我的记忆当中，我在青春期的时候，很难看到爸爸对着我们微笑。严父，是我对父亲的记忆。当然他们那一代人，可能接受了那一代人的文化传统教育。但是确实在我的成长阶段，青春期的成长阶段中，有一种渴望就是爸爸能够对我也展露他的微笑。实际上这是所有青春期孩子的需求。5月8号是世界微笑日，这一天我在我的微信当中，收到的几乎都是笑脸，所以这一天我过得特别开心。老年人都需要微笑，更何况是我们青春期的孩子。微笑是最美丽的表情，是最温情的表情，是最有力量的表情,是传递正能量的表情。你老是板着脸,你传递给孩子的,都是一种负面情绪。一个人经常浸润在负面情绪当中,他的情绪也会变坏的。

学会表达。家长对子女的表达,有时候想一想,好像这是还要讲的问题吗? 其实最不会表达的,恰恰就是在青春期阶段亲子之间家长对孩子的表达。说不好,不说也不好;说的重不好,说的轻也不好,就不知道怎么表达。其中还有一个非常重要的问题,假如我们把青春期看作负面的东西,是要做防范的东西,要做防火墙的东西,你很难用表扬的方式表达。家长怎么在青春期阶段的亲子关系当中,学会表达,尤其是善于表扬,我认为是很重要的。

学会亲近。它的标准就是你能够走进,并且能够接近,最终能够靠近孩子。这不是物理距离,而是一种心理距离的要求。现在孩子和家长不要说靠近,接近就很困难,有时候都没有办法走进他。

学会倾听。要听得出青春期孩子的有声语言,还要能够听得出他的弦外之音。所以沟通学里面,听是非常重要的元素。首先用耳朵听,家长听的时候,是不是真心用耳朵听了,听得进去吗? 其次用眼睛去看,在听的时候你目光还要注视他。第三用心揣摩,通过耳朵听,用眼睛看,然后用心揣摩他的神态。这样才能取得"听者为王"的效果。

学会沟通。沟通是人际关系,包括我们青春期的亲子关系的核心。小船为什么会翻? 问题在于我们没有沟通好。沟通的核心在哪里? 核心就在于"通"。中医学认为"通则不痛",经脉打通了不痛了。从青春期的亲子关系来讲,通即和,你能够通了,你们关系就温馨了,和谐了。这个"通"的主题词是什么? 首先要平等,第二要真诚,第三要相容,第四要悦纳,两方都非常喜欢的接纳。在沟通方面,我认为有几个关注点:

在和孩子进行沟通的时候,一定要体现关注。你不要把沟通仅仅当作是一个任务。你要真诚地进入,然后体现关注,比如说目光接触,显示出兴趣十足;用言语响应,用声音参与,有时候用肢体语言响应,点点头,拍拍肩膀。而且还要注意,有时候要用说明的语句重复孩子说过的话,比如说:我没有听清你刚才讲的话,是不是这个意思? 还需有合理的引导,前面体现关注,创造了交谈的氛围,然后我们要引导,因为毕竟你是成人,你代表的是成人的优秀文化。要弹性地处理分歧,家长和孩子处理分歧时候,尤其是青春期阶段亲子关系分歧的时候,特别要注意回应情绪。比如,妈妈问孩子:你今天为什么又板着脸?孩子回答:妈妈你为什么生下我?这个孩子就是有情绪,你应该回应情绪。但这位妈妈,用了一个不应该用的词,就是"难道":难道我生下你错了吗?更加增加了对立。妈妈应该这样说:孩子,我知道你今天不开心,能不能和妈妈聊聊?这就是回应孩子的情绪了。还要避免激烈的冲突。当青春期的亲子关系发生剧烈冲突的时候,一定要注意从家长的角度控制情绪,马上避开,不再进行,或者不再继续激化冲突,或者明天再讨论这个问题,或者过一段时间再讨论这个问题,绝对不能在已经开始冲突的时候,还要坚持对与错。

学会感受。刚才我们讲到的沟通,在很大的程度上,还需要我们有一种同理心做支撑。什么叫同理心?就是同情和理解我们的孩子。因为从他那个年龄出发,他所有的行为举止都有他的理由,尽管有时候你听起来好像荒诞得很,但是确实从他的角度,他的认知水平,他提出了他的理由。因此,你首先要有这样同情理解的心,然后去感受他的情绪变化。

学会发现。在青春期阶段,家长常常会把孩子置于对立面,总是认为他在对立我,在叛逆。我们常常把"叛逆"当贬义词用,"叛逆"实际上是孩子成长的表现。要拿着"放大镜"发现他的亮点,这点很重要,心理学告诉我们,你在放大什么,你其实就在强化什么。

五、了解特点,对接话语系统

青春期阶段,孩子有很大的变化,这个变化不仅仅在于他的生理,有时候还体现在社会对他的影响,进而产生的特点。这里给大家看一个预备年级青春期小孩写的随笔片段,不知道大家能看懂吗?孩子是这样写的:

那个星期天妈妈带我逛100(第一百货),我的哥哥,带着他的"恐龙"GF(女朋友)也在100玩,GG的GF长的又妖又萌,看的我真TMD的羡慕嫉妒恨,她一个劲对我PMP(拍马屁),好像我们真的认识很久了。后来,我跟一个同学到网吧"打铁"(聊天)了,他们7456(气死我了)!大虾、菜鸟一块儿在我的烘焙机上乱灌水(无聊帖子)。刚想说886的时候,居然碰到了三班的班花同学,聊了一会儿,觉得这个人很

UES(有意思)。

你看看,这就是今天孩子在语言表达上的特点,社会在他身上烙的痕迹是很明显的。我们跟他在语言表达系统上面,就形成了差异。所以我们首先要了解我们孩子的一些话语特点。比如说孩子最喜欢听到我们家长哪些话?我是做过调查的,我们调查下来,最喜欢听爸爸妈妈12种话:

赞美性的话语(这件事你做得不错)。激励性的话语(你最近状态很好,继续保持!)。理解性话语(别和他人比,做最好的自己)。关怀性话语(最近天气比较冷,注意身体)。同感性话语(我知道你很难过)。名言式话语(机会永远垂青有准备的人)。欣赏性的话语(你做得好,值得我们学习)。建设性的话语(如果选择A的话,是否会更好?)。信任性的话语(你一定努力过)。尊重性的话语(既然已经决定,我会保留意见)。支持性的话语(再试试,需要我的话,我可以帮你)。接受性的话语(没关系,失败了就重新开始)。

孩子最不喜欢听的话很多,我把他们最不喜欢听的话,最集中的前五类提供给大家:

比较性的话语(他能做到,你怎么就不行?)。威胁性的话语(再不听话就告诉你们老师!)。伤人性的话语(你是不是脑子进水啦!)。否定性的话语(说真的,你能考进前几名就不错了。)。独断性的话语(我说这样做,就这样做。)。

这些都是孩子最不喜欢听的话。我有一个建议,家长,包括我们老师,能不能在青春期亲子过程中,多说孩子喜欢听的话,不要说,至少少说孩子不喜欢听的话。我想从这里着手,就能够有助于我们青春期的亲子关系的良好营造。

(六) 改变行为,弘扬人文情怀

有人认为:我和儿子、女儿都有一种血缘关系,这不就是人文情怀吗?不尽然。比如我们现在不少家长习惯站在固有的位置上,用传统的思维方式对待已经变化了的孩子。一种以赐恩者的方式打"悲情牌",比如家长不容易,花了多少钱给你买了甲鱼等等,你要对得起甲鱼。还有是以道德评判者和责罚者的身份打"强势牌",总是站在高高的位置上,我是评判你的,我是责罚你的。这里面还有一个问题,家长一定要正确理解"监护人"的角色定位,法律规定你是孩子的监护人,因此,我们不少家长常常把监护人的"护"字淡化了,强调"监"字,有时候曲解为监视、偷窥。偷拿了孩子的日记还有理由:我是你的爸爸,我是你的妈妈,法律赋予我的权利。其实我个人认为,这是缺少人文情怀的表现。我建议,先转变一些影响亲子关系的错误的教育行为。比如说居高临下权威型的教育,你能不能转变为一种重平等的教育?第二,简单粗暴惩罚型的教育,转变为重呵护。第三,自以为是主观型的教育,这样主要是根据自己的情感好坏。有时候心情不好,很容易把自己的情绪传递给孩子。要重依据,为什么这样惩罚孩子,总要有理由。第四,千篇一律切菜式教育,不考虑孩子的个性。第五,放任自流牧羊式教育,这是我们今天家长当中比较多的,反正交到学校了,家长就甩手不管了。

除了教育行为以外,我认为家长的一些话语倾向也要转变。第一就是语势太强,能不能转变成和煦的春风。第二,语辐太窄,说来说去就是分数,可以转变得宽泛一点。第三语调太硬,能不能柔软一点。第四,语速太快,这也和强势有一定的关系,不让孩子有申诉的余地和空间。第五语音太冷,冷嘲热讽,现在热讽都没有,只剩下冷嘲了。最后一个是语境违和。我们做过调查,孩子现在最不喜欢家庭什么时候?一家人坐在一起吃饭的时候,很难想象。这应该是一家人享受亲情,享受天伦之乐最好的黄金时段。但是我们的孩子现在很不喜欢这段时间。因为这个时段已经变成了家长批评孩子,或者家长比较孩子的时段。很多孩子吃完饭,碗一推赶快跑,他要离开的是这样的场景。所以怎么去转变,转变到什么程度?有个什么标准?我想大概有这三个方面:一个就是适切度,就是你说的话,孩子能听得懂。第二,你说的话孩子愿意听,那叫投缘度。最后一个,在你和他的谈话当中,他能够有一种获得感。

我坚信,青春期是美好的,只有当我们学会发现美、欣赏美、创造美,按照美的规律营造青春期阶段的亲子关系,像拥抱春天般的拥抱青春期,它的密码一定会迎刃而解,亲子小船一定会变成和谐的巨轮。

主题介绍

孔子"君子不器"的智慧扎根于中华民族的血脉之中,推动着社会进步和人类发展,也开启着青少年的未来之门。君子当"志于道",不以"成器"为目的。今日的莘莘学子当博学多识、通观全局、胸怀天下,不囿于一技之长,不在方寸之中限制自己,不按图索骥、墨守成规。唯有如此,才会成己达人,赢得未来。

谭轶斌,上海市语文特级教师,正高级教师,现任上海市教育委员会教学研究室副主任,兼任上海市中学语文名师培养基地主持人、华东师范大学中文系教育硕士导师、教育部"国培计划"专家库成员、全国义务教育均衡发展督导评估专家、上海市教师学研究会副会长、中国教育学会中学语文教学专业委员会常务理事。出版《阅读教学田野研究》《让语文课堂更精彩》《语文教学的现实与愿景》等多本个人专著。

君子不器　赢得未来

谭轶斌

扫码听讲座

大家看这八个字："君子不器，赢得未来"，是很严肃的话题。但是大家已经历了一周的疲惫，讲座不宜太严肃。我们一起来看看图，听听故事，适当地读一些文字，重要的是在我讲的过程中，大家能自己去思考，去悟得一点什么。若我讲的某一点击中了您的心房，另一点敲中了他的心房，我就心满意足了。

1988年，世界诺贝尔奖获得者在巴黎集会上发表宣言："人类要在21世纪生存下去，必须回头2500年，去吸取孔子的智慧。"有人说半部《论语》就可以治天下，确实，《论语》15900字，字字箴言。但我不是来跟大家讲《论语》的，因为有太多人解过《论语》，也有太多人讲过《论语》，而且都是大家，如钱穆、南怀瑾、李泽厚、李零等。今天，我们仅从《论语》中取"君子不器"四字，聊聊如何引导孩子赢得未来。

一

器皿，往往用途单一而不能相通。孔子说"君子不器"，意味着培养君子不能局限于一才、一技、一艺。

达·芬奇的名字不仅仅和《蒙娜丽莎》《最后的晚餐》联系在一起，他还研究自然科学，在医学、军事、机械等很多方面都有杰作。帕斯卡，物理中压强单位就是用他的名字命名，数学领域的成就有帕斯卡三角形，而"人是一根会思想的芦苇"这一经典名句也源自他的著作。

祖冲之也是通才。圆周率被他精确到小数点后第七位，成为当时世界上最先进的成就，这一纪录在1000年以后才被打破。他还创制了"大明历"，最早将岁差引进历法，在机械学方面也有很多发明。但他不仅仅是"理工男"，还精通音律，擅长下棋，小说《述异记》就出自他的笔下。孔子更不必说，精通"六艺"，礼、乐、射、御、书、数，称得上是"全科老师"。

通才不仅仅属于古代。2017年8月8日,柯俊教授逝世。他被誉为"钢铁科学与技术的集大成者""中国电子显微镜事业的先驱者""中国冶金史研究的开拓者""我国金属物理专业的奠基人""新中国高等教育改革的先行者"。然而,这位让中国赢得世界尊重的"一代宗师"的去世,网络热度却几近冰点。

人类社会从石器时代到青铜时代,再到蒸汽时代、电气时代、信息时代,今天已踏入人工智能时代。当你戴上眼罩,眼前的场景、事件就会以3D的形式出现,你还能用手加以控制。VR(虚拟现实)、AR(增强现实)、MR(混合现实)技术正在影响我们的生活。

我们来看一首诗。

像花的颜色/也渐渐模糊得不分明了/蘸着它在我雪净的手绢上写几句话/钢丝的车轮在偏僻的心房间/香花织成一朵浮云/有一模糊的暗淡的影/是我生命的安慰/只得由他们亲手烹调

这首诗不是徐志摩的诗,不是舒婷的诗,当然也不是我写的,而是机器人小冰写的。小冰诗集《阳光失去了玻璃窗》出版的同时,九段棋手柯洁惜败AlphaGo。

2017年6月7日,人工智能机器人AI-Maths花了22分钟答完北京文科数学卷,得105分;花10分钟答完全国数学Ⅱ卷,得100分。虽然满分是150分,可它还是震惊了我们。据说它的目标是到2020年参加所有学科的高考。

2017年8月8日,中国地震台网的机器人用25秒完成了九寨沟地震新闻稿的写作,当时离地震发生仅仅18分钟。如果不说,没人觉得这稿子是机器人完成的,新闻要素一个不漏,用词规范准确。

2017年5月,在旧金山召开一年一度的谷歌网络发布者大会。这个大会推出了一些智能产品,也提供了一些数据。如2000年,高盛在纽约总部的美国现金股票交易柜台有600名交易员,但是现在只需要两个人;花旗预测,在2015—2025年这十年间,欧美银行将裁员30%,很多人面临转岗的危机;苏格兰皇家银行将要发布线上的AI客服系统,该系统可以根据客户的语调来做出反应,而且可以长时间加班不要费用。可见人工智能将给很多领域带来颠覆式的改变。如果2500年前的孔子醒来,估计这位

"全科老师"捻断数茎须,也琢磨不透地球上的飞速变化吧?如果我们只拥有一才、一技、一艺,如何直面这瞬息万变的时代?

时代呼唤复合型人才!

当前,人工智能已上升为国家战略。2017年7月8日,国务院发布《新一代人工智能发展规划》,提出在中小学设置人工智能相关课程,强调培养复合型人才。教育做好准备了吗?上海教育人早已在行动。

智慧学习环境的创造、技术与教育的深度融合、基于大数据的科学分析与评价、全球教育资源的整合共享,还有情境感知学习、基于电子书包的课堂互动式学习,一些学校已经开始了探索。

未来的学校不再是"孤岛",它和社会紧密相连,和学生生活息息相关。它没有"围墙",实质上打通了学习和社会生活之间的关联。教育就是在学生的知识世界、生活世界和心灵世界之间建立起关联。知识就在生活之中,倘若我们只是"纸上谈兵",就会埋没学习的价值。当前学校开展的创客教育、STEAM课程、项目化学习等,都是在引导学生应用所学到的知识来创造、设计、建构、发现、合作并解决问题。

"课程"一词在唐宋时期就已经存在,但那时的意义不同于今天我们所理解的。从夸美纽斯的课程即教材,到杜威的课程即活动,再到泰勒的课程即经验,课程内涵在不断发生变化。以前强调学科知识,现在更关注学习者的经验和体验,关注过程本身的价值,强调课程是教材、学生、教师、环境的整合,强调显性课程和隐性课程的并重、校内课程和校外课程的并重。课程建设正从学术取向转为学习取向,更加注重学习动机的激发、个别差异的处理、学习环境的设计,更加承认经验在学生学习中的重要作用(见图1)。

一位记者采访刚退休的物理老师,请他谈谈从教30年的体会。他说,我这30年可以分为三个十年,第一个十年是在教物理;第二个十年,我是在教学生学习物理;第三个十年,是学生有困难的时候,我予以帮助。这三个十年,假如套用王国维的三种境界,第一个十年就是"唯我之境",即只有老师自己,只有教材,只有教学内容;但到第二个十年就是"有我之境";到第三个十年就是"无我之境","无我之境"的背后则是学生主体。

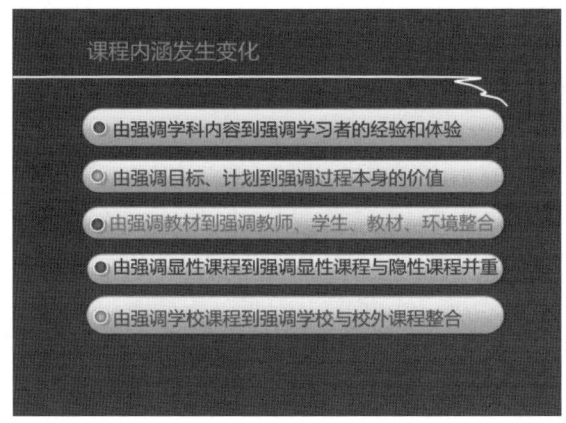

图 1　课程内涵发生变化

教育学中有著名的"鱼牛童话"。童话写的是，小鱼和小蝌蚪是一对好朋友，小蝌蚪长大变成青蛙来到陆地上，每天回去把看到的大千世界讲给小鱼听。有一天，它告诉小鱼，它看到一头母牛，母牛头上有两只犄角，身上有花白的斑点，还有四条腿。但是小鱼在池塘里从来没有看到母牛长什么样子，听着小青蛙的述说，它在头脑中构建了自己对牛的形象——既有牛的特点，又有鱼的特点。当老师教学时，全班几十名学生所构建的认知图式是不一样的，因为他们的生活经验不一样，前理解、前结构也不一样。

我朋友带着孩子去学琴，音乐学院老师让孩子触摸花盆里的仙人掌，那种碰太轻没感觉、碰太重就扎手的状态，让孩子找到了弹好颤音的诀窍。学习就是要为学生提供各种体验，让学生在体验中获得经验。

我们来看一个课例（见图2），源自季苹老师《教什么知识》一书。高中政治教材中有关于商品、货币、价格这个单元，四节内容通常上四节课。通常来说，第一节课学习关于商品和商品的基本属性，第二节课学习货币，第三节课学习纸币、通货膨胀和通货紧缩，第四节课学习价值、价格、价值规律。这样的学习非常枯燥，很多同学不喜欢，等到考完试就忘了。能不能换一种方式来上？有位老师把它设计成一个和生活紧密相连的学习任务，整个单元的学习任务就是制定一个买房计划，买房计划的背后一定会涉及商品、货币、价格。还是四节课，当然不是说正好一堂课上一节内容，有的可能只上15至20分钟。第一部分，为什么要买房？学习商品的使用价值。第二部分，怎样买到价格合适的房子？就会涉及商品的价格是怎么确定的。第三部分，用谁的钱来买房？就会涉及货币的问题。第四部分，何时买房合适？就会涉及通货膨胀的知识。这些知识是融合在解决实际问题的过程当中来学习的，以后生活中他用起来就会很拿手。所以，怎样建立起和知识世界和生活世界的关联，怎样还原知识的实际价值，怎样整合知识，极为重要，现在已经有不少老师在努力。

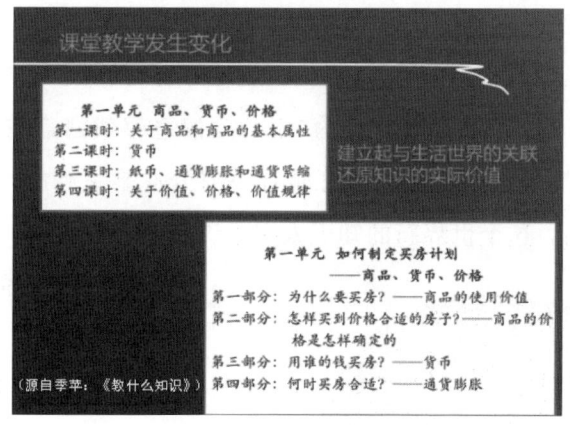

图 2　课堂教学发生变化

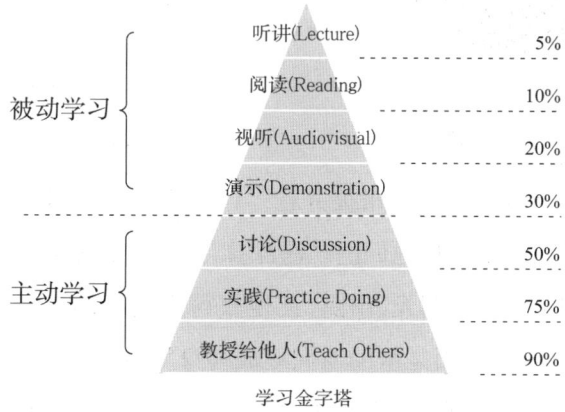

图 3　学习金字塔

这是美国缅因州国家训练实验室经过很多年的研究得出的学习理论，叫学习金字塔（见图3）。简单地说，就是课堂上，假如通过听和讲的方式来进行学习，两周以后来检测学习内容的平均留存率,只剩下5%;假如是通过听讲、阅读的方式,留存率10%;视听的方式则是20%;演示的方式是30%。但是这些都还属于"被动学习"的范畴。假如让同学们来讨论,来动手实践和操作,或者让他做老师,在小组或全班教授给他人,两周以后的留存率就分别有50%、75%、90%,这些属于"主动学习"的范畴。

爱因斯坦获诺奖后接受记者采访时,记者问他声速是多少,他十分不悦,"我不需要记住它,因为书里都有答案。教育的价值,不在于记住许多事实,而是训练大脑会思考"。他还强调自己没有特殊的天赋,只是极度地好奇,强调想象力比知识更重要。

大家看这张图(见图4),该图被称为"王竹立信息超载脑。"在座的有没有谁能够说图上所有的概念都是你所了解的?可能有一部分你是了解的,但也一定有你陌生的,甚至闻所未闻的。这个世界新的知识太多了,谁都不是百科全书。

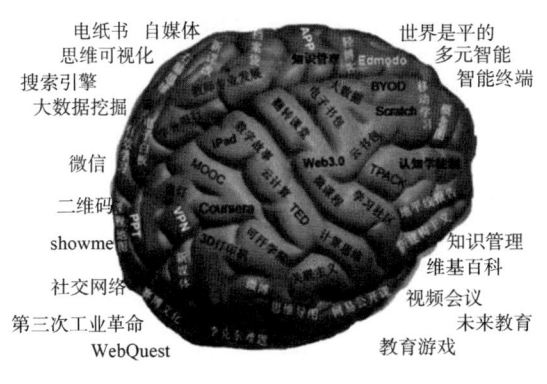

图4　信息超载脑

就像自然界的植物,我们不可能全部叫得出名字,但今天可以通过软件来识别。再伟大的教师,也没有能力倾其所有,将普天下的知识教给学生,更何况教师自己也不是百科全书。《学记》中说,"教人尽其才",教育就是把人内在的东西挖掘出来,把人从沉睡中唤醒。

"孩子是一张白纸"的说法显然不能和"孩子是一颗种子"的说法相提并论。因为前一表述中,孩子是客体,是被动的,老师和家长可以在白纸上按他们的想法涂抹,从而把孩子塑造成他们心目中的人。而后一种表述,强调给予种子阳光、雨露,让他获得内生性的成长。教育不是塑造,而是唤醒,不是教给学生知识,而是帮助他们形成终身发展的能力,让他们拥有无尽的渴望和梦想。年轻学子失去梦想,毫无渴望,恐怕是这个世界上最糟糕的事情,这比考试不及格要糟糕100倍。教育就是挖掘潜能的过程。

从学徒制时代到普遍学校教育时代,再到终身学习时代,我们强调个性选择和学会学习,教学层面强调的是互动,包括人与人的互动,人与机器的互动(见图5)。

假如今天的老师依然用过去的经验去面对今日的孩子,将无法帮助他们迎接未来的挑战,家长亦是如此。美国社会学家玛格丽特·米德就代沟问题提出了"文化三喻"说:一是晚辈向长辈学习的"前喻"文化,二是晚辈长辈共同学习的"并喻"文化,三是长辈向晚辈学习的"后喻"文化。今天已经进入文化反哺的"后喻"时代,当

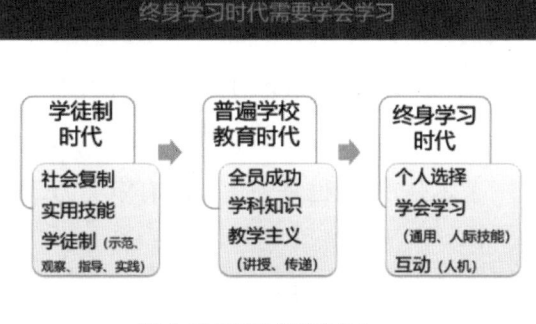

图5 终身学习时代要学会学习

你手机用了三年准备换一个新的了,却发现好多功能从来没使用过,而孩子拿在手中半小时,几乎就把90%以上的功能都琢磨透了,而且不用看说明书。我们还敢对自己的学生或孩子说,"我走过的桥比你走过的路还多"吗?

在这个时代,人人都是新手,人人都得学会学习。

二

器皿通常是用来盛装物品的,具有实用功能。"不器",意味着不能仅仅注重实用性。

美学家朱光潜先生在《我们对于一棵古松的三种态度》中写道:木商心里盘算它是宜于架屋或是制器,思量怎样去买它、砍它、运它。植物学家把它归到某类某科里去,注意它和其他松树的异同点,思量它何以活得这样老。画家却不这样东想西想,他只在聚精会神地观赏它的苍翠颜色,它的盘屈如龙蛇的线纹以及它那股昂然高举、不受屈挠的气概。

这三种态度分别是实用的、科学的、美感的。只是在今日生活中,实用的态度占了主流。有一次,台湾美学家蒋勋和朋友一起去希腊游览阿波罗神殿,走了好几小时山路,终于到了目的地。看着矗立在空旷山谷中的六根柱子,他的朋友抱怨道:"走这么多路,难道就是来看六根柱子,其中三根还是断的?"蒋勋告诉他,这柱子就是希腊两千年的品牌,全世界许多国家的国会大厦都依循希腊柱式。朋友无奈地说,那我们留个影就走吧。蒋勋无言以对。

建筑、书法、舞蹈、戏曲、绘画、文学、音乐、影视，我们愿意并且能够欣赏这些艺术之美吗？当我们走向大自然，或是长河落日圆，或是疏雨敲打着梧桐，或是波澜壮阔，抑或波澜不惊，我们能从中理解不同的生活本质吗？美是无法用语言教化的，审美力的培养也非一日之寒，然而教育就是引领每个人向美而行的过程。

艺术是审美，也是创造。没有审美力，哪来好的创意？没有创意，怎能创造性地解决问题？

未来呼唤创意型人才！

十年前，我同学去读MBA，聚会时数他最牛。过了几年，一个朋友去读EMBA，那可是牛上加牛。可据说现在时髦的不是这个，而是MFA（艺术硕士）。全世界有名的咨询公司麦肯锡，1993年员工中67%是MBA，2003年降到了41%，现在依然一路下降，但是却增加了很多MFA（见图6）。因为公司需要的是创意，是艺术的表达，是拿出新的概念。

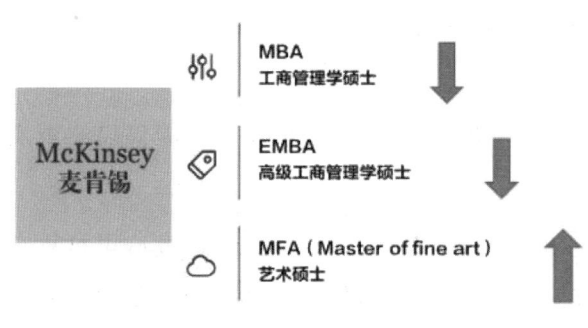

图6　创意型人才广受欢迎

被誉为"现代管理学之父"的彼得·德鲁克提出了"知识工人"一说，指出逻辑能力、分析能力和语言能力是他们的强项。他预言，擅长左脑思维的这些"知识工人"将逐步遭到淘汰。美国前副总统戈尔的首席撰稿人丹尼尔·平克提出，当前已进入"概念时代"。"概念时代"更多地依赖于创意，受"右脑"主导。未来，人工智能将会取代很多重复性工作，曾经引以为豪的职业将会被弱化，而创意领域的工作将会越来越受到重视。平克将设计力、故事感、交响力、共情力、娱乐感、意义感，称为"决胜未来的六大能力"。

每个人都是无法复制的生命体。邓恩夫妇的学习风格模型，将学习者分为听觉型、视觉型、触觉型、动觉型和触觉/动觉型。霍华德·加德纳则提出了九种主要智能：语言智能、逻辑—数理智能、视觉—空间智能、身体—运动智能、音乐—节奏智能、人际交往智能、内省智能、自然探索智能、存在智能，每个人都有擅长的若干种智能。确实，天生我材必有用。

在今天的高中教育中,我们不再强调"木桶理论",即补上短板,而是注重扬长。教育如何适应个性化的需求?孔子和他的学生的谈话,每一次都是因人而发,注重的就是因材施教。

跳出既有框框极为重要。譬如,报纸有什么用?阅读、在空白处写字、垫在地上、叠纸飞机、做装饰、擦窗户、遮盖物品、作为接头暗号、扇风、放在衣柜中除湿除虫、撕碎后取代猫砂盖住猫咪的尿骚味……如果你想不出五种以上的用处,那么赶快像马克·吐温说的那样:"掏出你的大脑,踩在上面跳一跳吧——它都结成硬块啦!"

爱德华·德·博诺针对"垂直思维"提出了"平行思维"。垂直思维跟平行思维的差异在哪里?垂直思维通常考虑"是什么",而平行思维考虑的是"可能是什么";垂直思维通常是"批判性思考",平行思维是"建设性思考";垂直思维通常是非此即彼、非黑即白的二元论思想,但平行思维兼容不同的观点;垂直思维最后形成的就是一个判断、质疑或许是争论,而平行思维更多的要去聆听、理解以及设计、创造。我想大家都很清楚,未来,我们需要什么。我们的思维方式也需要改变。

如图 7 所示,这是一个洋葱模型。先看最外圈,一个孩子的学习行为和学习策略包括他的人际关系,通常还是比较容易感知到;但是洋葱一层层往里剥,学习风格和问题解决能力就不太容易把握住;再往里,认知风格和信息处理能力就更难把握住;最核心、最深层的是价值观和内驱力,也是最重要的东西。如果一个孩子自己愿意去学习,他的学习行为、学习策略就会很好,人际关系也很好。

所以我们怎么去引导孩子保持学习主动性、积极性,引导他更好地发挥自己的特长,这是非常重要的事情。今天,上海不少区校在进行个性化教育、个别化教学的研究和实践,就是站在儿童的立场上来思考教育、做好教育。上海还有不少学校在开展创

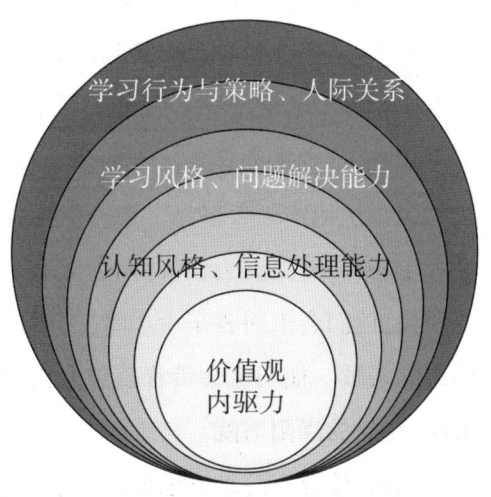

图 7　洋葱模型

新实验室活动,探索文创教育、戏剧教育,都是在为未来人才的培养做好准备。

三

苏格拉底是和孔子同时代的思想家、哲学家、教育家,也是百科全书式的人物。我们一起来看看苏格拉底的学生柏拉图在《理想国》中提出的"洞穴隐喻"。

一群囚徒坐在洞穴之中,身体不能动,连头也无法转动。洞穴和外界之间有长长的通道,高处有一团燃烧的火,囚徒和火之间有一道矮墙,墙后有几个人拿着各种东西走来走去。时间一长,囚徒们以为他们看到的墙壁上的影像就是真实的世界。有一天,其中的几个囚徒被人拉着穿过通道来到外面,一霎时,刺眼的太阳光让他们头晕眼花,十分痛苦。但慢慢地,他们发现外面的世界祥和、安宁、美好。

教育就是把一个现实的人(洞穴之人)变成一个理性的人(太阳下的人)的过程。苏格拉底说,"知识即德性"。孔子说,"至于道,据于德,依于仁,游于艺"。智慧具有德性维度,教育若朝向物质、短视、功利,智能会导致真善分离,理性难以启蒙,善与美无从培养。

哲学家康德的墓志铭上刻着这样一句话:"有两样东西,我对它们的思考越是深沉和持久,它们在我心灵中唤起的惊奇和敬畏就会日新月异,不断增长,这就是我头上的星空和心中的道德律。"从这句话中,我们也可感受到道德对人成长的重要性。

现在,不少家庭有条件带着孩子去世界各地旅游,但理性的家长不会带孩子去商场大包小包地购买奢侈品。去海德堡,他们会带着孩子走走哲学家小径,在静谧中思考人生和未来;去波士顿,他们会花上一天时间,去瓦尔登湖感受梭罗澄澈的内心;去莫斯科,他们会来回驱车十小时,去图拉瞻仰世间最美的坟墓,因为他们心中有对托尔斯泰的崇敬。他们也会带着孩子去长沙的岳麓书院、九江的白鹿洞书院、商丘的应天书院、登封的嵩阳书院。

当前,传统书院教育强调的"博学之、审问之、慎思之、明辨之、笃行之"的治学之道,已被一些学校用来探索拔尖创新人才的早期培养。

儒家文化强调"学以成人",即人之为人,离不开教育。从人类学角度来说,作为个体的人并非是自然而然天生的,而是通过教育的作用生成的。通过学校教育、家庭教育,共同将孩子培养成智慧之人、审美之人、德性之人,"一切教育的最终目的在于形成品德"。唯有这样,他才是一个完整的人。只有完整的人,心理才会健康,内心才会善良,人生才会快乐。

今天,上海基础教育改革正和机械性学习、权威性答案、冷冰冰的分数说再见。以高中为例,正推行个性化学程、创新学分管理模式、实施走班教学,课堂教学更注重自主学习、合作学习、探究学习。上海市教委还对高中生推出了慕课平台,学生们可以在网上听到不同学校优秀教师的精彩讲课。大学招生更看重学生的综合素质,不仅仅看修习课程与学业成绩,还要看品德发展与公民素养、身心健康与艺术素养、创新精神和实践能力。

上海高中语文教材中有《子路、曾皙、冉有、公西华侍坐》一文,写孔子的四个弟子分别谈各自的志向。曾皙曰:"暮春者,春服既成,冠者五六人,童子六七人,浴乎沂,风乎舞雩,咏而归。"夫子喟然叹曰:"吾与点也。"曾皙的志向以修身为前提,不以谋求社会职位为目的,得到了孔子的认可。因为只有先修身,以后才能齐家、治国、平天下。其实,"六艺"之教,本质上亦是德性之教。

"形而下者谓之器,形而上者谓之道。"借用《易经》中的这句话,"形而下"是塑造,"形而上"是唤醒;"形而下"是习得知识,"形而上"是学会学习;"形而下"是眼前分数,"形而上"是综合素养。

这就是君子不器,不器才是君子。至此,君子的含义也已变得明确,那便是有德之人。

有句话说得好,鸡叫了,天会亮;鸡不叫,天就不亮了吗?可见,决定天亮的不是鸡,而是斗转星移。人工智能时代已经到来,我们如何面对自己的学生、自己的孩子?让他们遵从内心,满足兴趣,拥抱变革,拥有让自己幸福的能力,创造自己喜欢的事业,找到工作背后的意义,这些才是最重要的。

都说"未来已来",让我们看看获得诺奖的波兰女诗人维斯瓦娃·辛波丝卡怎么说:

当我说出"未来"一词/第一个音节便已成为过去/当我说出"寂静"一词/我就立刻打破了这种寂静/当我说出"乌有"一词,我就在创造一种无中生有。

其实我们每个人都要创造这种无中生有。

主题介绍

  时代的变化，如今的教育已变得大为不同。张校长从强调尊重孩子的个性差异出发，阐述了不同年龄段孩子培养的侧重点。

  张志敏，1980年参加教育工作。上海市特级校长，正高级教师。现任上海市格致中学校长，曾任第九届国家督学，兼任中国教育学会副会长、全国高中专业委员会副理事长、教育部华东师范大学校长培训中心兼职教授。2013年被评为上海市教育功臣。先后编著《格致校史稿》《格致文化的传承与创新》《创新成就校长》《课程成就学校》《议教论道》等著作，在国内外重要学术刊物发表论文50余篇，主持多项国家级、市级课题。

鼓励孩子，勇敢地做唯一的自己

张志敏

扫码听讲座

今天在这里和大家交流非常高兴。大家看这张图，小朋友你来，请你上来做我的助教好不好？你告诉我，看了后面这张图画，你有什么感想？很多白色的伞，其中一把是绿色的。你想到什么？

这没有标准答案。你可以想到什么？独一无二是不是？大家注意，我为什么选用这张图片？当我们远远望去一片白色的时候，忽然看到有一点绿，你会有一种惊喜。当我们看到所有的人穿着统一服装的时候，来了一个穿着奇特衣服的人，所有人都会关注他。为什么？这就是今天我要跟各位交流的主题。

我们每一个人都要做唯一的自己。什么叫唯一？唯一就是独一无二。唯一就是当这所学校的校长，见到你的材料的时候，觉得这个孩子不但学习好，他还有许多特长，这些特长是别人没有的。

老师接触了40个学生的时候，他就会发现在他班里，有的学生会唱歌，有的跑步跑得快，有的喜欢科技活动，有的喜欢集邮，每个人的喜好都不一样。我当老师30多年了。我当年当班主任的时候，学校给我一个班，我拿到56张学生的登记表，从登记表上看，我只能看出男的女的，但是当学生第二天报道的时候，我就发现不但有男的女的区别，还有高的、矮的、胖的、瘦的、皮肤白的、皮肤黑的，这就是差异。三天之后，我就会发现这个学生非常热情，性格非常奔放，心胸非常坦率，而有的学生非常腼腆，性格有差异。一个月之后，我们考试测验就会发现有的孩子文科好，有的学生理科好，这就是差异。

但是这种客观的差异，我们的家长，我们的老师往往不能够正确对待。所以今天我跟各位大朋友小朋友交流，我们的教育到底应该怎么样？

现在的教育跟 30 年前的教育完全不一样,因为社会变了。再过个几年,我们看到街上行驶的汽车可能就有无人驾驶的了。出国以后,我们不要因为自己语言不通感到尴尬,耳朵里面塞一个自动语言转换器,到日本你说中国话,对方听到的是日本语,日本人说的话传到你耳朵里边就是中国话。

今后学外语还那么重要吗?你们现在学外语的时间比学母语的时间还要多,是不是?我们把自己的时间和精力解放以后,我们做什么事情?我们不是去刷题,我们去做自己感兴趣的事情。

我们现在要登上月球多难,这辈子我是没希望了,我们在座的同学有希望,但是我要体会上月球的感受,我就可以通过 VR 技术,模拟登上了月球,这种技术将要改变我们的学习。

李显龙是新加坡的总理,他去年到我国访问,回去跟他的内阁成员开会说了什么?中国现在不得了,怎么不得了?现在在中国,不怕你钱包没有钱,就怕你手机没有电。这就是现代技术改变了我们的生活。同学们,我们还是每天要七点开始刷题,一直刷到晚上几点?十点最起码,高中的学生都要到十一点、十二点,有的同学要刷到当天睡觉,当天起床,这就是我们现在要改变的。

未来社会离我们已经不远,就讲到今天的主题了。同学们,现在我们每天到学校看到老师的脸都是和蔼可亲的,但是也有不和蔼可亲的老师。因为你学习不好,你作业没交,但是他不知道你小提琴拉得更好。你小提琴拉得好和他没关系。因为你考试好,对老师来说就是完成了他的教学任务。这样的评价合理吗?对同学是不公平的。所以,我们未来的学校要出现一种智能老师,他非常体谅我们的学生,而且这样的老师,你只要想学习按一下按钮,他就苏醒了,你向他求教什么问题他都知道。智能教师诲人不倦,只要有电,他 24 小时都能工作。这就是未来学习。现代社会告诉我们,技术的飞速发展,人工智能、大数据、云计算等进入了我们的学习生活,进入了学校,将会改变我们的学校现在的状况。

学习也要改变。生活在这个世界上,我们可以看到,技术的发展给我们的学习生活带来许多变化。

今天我们谈教育问题,就是因为学习发生变化了,比如,我们有了慕课。我不去学校,我可以上网学习,可以有翻转课堂、云课堂等在线学习,这些都是一种新的学习方法,在国外称之为"红石谷"。家就是学校,因为可以在家里进行线上学习。各位大朋友小朋友,因特网已经把全球一网打尽,我们的老师和家长还不允许自己的孩子和学生使用手机,这是一种非常落伍的观念。

我们要做的就是怎么引导学生,怎么使用好这种技术?这种技术是帮助我们的学生学习成长,这才是一种大禹的态度,大禹治水是收而不是堵。这个世界正在惩罚不改变的人,我们不愿被惩罚,那么我们就改变。怎么改变?他喜欢孩子提问,你不希望他不会做题。为什么?不会做题,考试就通不过,考试通不过就毕不了业,毕不了业就不能升学,升不了学就没法找工作,没法找工作,就是啃老,是这样吗?

这叫必然的逻辑推理吗?所以我们的家长都希望孩子会做题。今天这里有没有老师?你喜欢会做题的孩子,还是喜欢不会做题的孩子?

会思考会提问,这就是我今天要讲的重点。我们到底是喜欢会做题的孩子,还是喜欢会做事的孩子?当你的孩子还在学校念书的时候,我们一定希望他只会做题就可以了。但是一旦他走上社会之后,你一定希望他不要只会做题,还要学会做事。因为走上社会之后,考察一个人的不是他解题能力如何,而是看他做事情的能力如何。我们可以从这张漫画看出我们为什么要改变教育的现状。

这是一位老师,下面是他的学生,因为是漫画,它可以夸张。教授对着他的学生说,为了公平地检测各位的学业,你们都必须通过同样的考试,考题是"爬上这棵树"。你们想想看,听到这道题目的时候,谁最高兴?猴子最高兴。还有呢?小鸟、小猫。谁最不高兴呢?鱼缸里面的鱼,他一辈子都爬不上去。

这就是我们现代学校教育的评价机制出了问题。我们只是单纯地以学业来评价一个孩子,那其实是不够的。上海在三年前开始启动高考改革,今年又推出了中考改革。改革不是一件坏事,大家不用焦虑,三年之前高考改革方案提出的时候,家长也焦虑,老师也焦虑,校长也焦虑。

这种考察方式,除了看学业考试成绩以外,还要看这孩子在高中阶段,他在其他各个方面发展了什么,艺术的、体育的、科技的、社会志愿服务的等,过去我们是不关注的。现在就要改变这样一考定终生的局面。

家长们,你的孩子已经5岁、10岁、15岁、20岁了,我的孩子已经30多岁了,现在回过头来看一看,我们自己的人生发展,它是有规律的。

经过科学的大数据的跟踪分析,我们从中得出了符合学生身心发展规律的一种教育规律。一个孩子在母亲肚子里十月怀胎,呱呱坠地,来到了这个世界,睁眼一看,五光十色,但是他开始经历一种漫长的成长,如果他的生活不是像他所看到的五光十色,而都是在书斋里啃书本,在台灯下面解习题,他的生活就非常无趣。

一个孩子的成长,他的性格养成一定和他的生活环境、生活经历有关。我们来看孩子咕咕坠地,实际主观的意识基本没有,都是本能的反应。通过教育,他逐渐成长,成为一个社会的人。根据心理学家的分析,他基本上经历了好几个阶段。第一个阶段,我们称之为婴幼儿阶段。大部分的孩子在七岁之前记忆的知识,随着他年龄的增长,绝大部分都被遗忘。这个时候主要是培养孩子的什么能力?运动能力,就是让他在大自然里边摔跤没问题。实际上,从这个人的正常的生命经历来说,经历的挫折越多,他的意志品质就越高。

只有在运动中,人才会有感觉知觉的提升。夏天穿着羽绒服到户外,发现怎么这么热,他就知道夏天不能穿羽绒服。冬天穿背心出去,他会冷得发抖,要赶快多穿衣服,这就是自然,它就是一种教育。这就是我们讲的运动可以提升他的感知觉。

小孩子跑步会摔跤,这是一种常态。我们的孩子摔倒之后,你要告诉他为什么会摔倒。因为没有看到这个地方高低不平。他以后就知道平地可以奔跑,高低不平的路上,要注意看脚下,这就是感知觉。我非常吃惊的是我们学校的教师,他说没有双休日,我说现在你的孩子还没念书呢?他说,周末他给孩子报学前班,什么都学,又学芭蕾,又学拉小提琴。家长实际上对孩子成长的规律、生理规律、心理规律不了解,往往会好心办坏事。随着年龄的增长,孩子的感知觉越来越丰富,他的运动能力越来越好。

进入少年时期,孩子就读小学了。这时候孩子才开始系统学语言。进入小学之后,上海现在实施零基础教育。这就是遵循认知规律的教育,系统的语言训练,然后还有社会情绪能力。今天我们在会场的孩子们,这些十来岁的孩子在家里哪有这么安静,但是他在教室里不会跑,因为他知道公共环境中应该怎样做,这就是一种社会情绪能力的控制。小孩在家里一不高兴,又哭又闹,他在学校里边敢这样吗?因为他知道在这样的环境里面不能这么做,这就是社会情绪能力的培养。再提升一步是知行功能,就是我们的孩子,根据老师教他的去做。

老师们不但叫他做题目,还叫他去做值日生,打扫卫生。我们现在好多家长都心疼自己的孩子。有一位小学校长告诉我,有一天,五点钟他到学校里面去巡视,看到一个不是他们学校的保洁的老太太在扫地。他就问她,你是干什么的?你怎么会到学校来扫地?她说:今天是我孙子值日,我在帮我的孙子打扫卫生。校长发现事情的严重性,第二天又巡查,发现一名年轻的保姆帮他们主人家的孩子做值日生。

知行功能,是指小孩子一定要去体验。我们中国传统的教育里强调知行合一,就是知道不做是没用的,知道以后一定要去做。现在我们的老师让你们做什么?做题目,这也是一种知行合一,但是太窄了。我们希望孩子走上社会之后,能够把学到的知识在实践中应用,那才是真正的知行合一。

但是我们现在的孩子都被学校的老师关在教室里,都被自己的父母亲关在家里刷题。一群刷题的孩子多可怜,他们应该是大自然的主人。少年时代应该是充满着生命力的,充满着缤纷多彩生活的年龄阶段,我们孩子享受得太少了。

到了高中,到了青年时代,他在初中阶段、小学阶段完成了知识的积累,完成了部分生活的体验,完成了自我的一部分认知。他开始进入高中。我自己有体会,什么叫孩子大了?

不是因为个子长高了,现在孩子都长得很高。比如,有一天你们夫妇俩出门,对孩子说跟我们一起去逛逛南京路,这孩子说我不去,你们去吧。又一次你们去看场电影,这孩子说你们去看,我在家里边,这时候你的孩子就长大了,开始独立了。

这个阶段一般从初二下学期开始。初三、高一、高二的时候,孩子们都会逆反。你说东他偏西,你说喝牛奶,他说我要吃豆浆。他故意跟你作对。这是一个非常正常的心理反应,生理造成的。到了高中之后,我们的教育要关注什么?我们要关注他开始要进入青年时期,他要成人了,他心智成熟的更多一点。到青年时代,需要培养人的决策能力。决策就是选择,生活中间无处不在选择。爸爸妈妈要去买房,买什么地段的,买哪里的?他们为什么要买那里的房子?因为那儿离我的学校近,这是一种选择。我们学生也有许多选择,每一种选择都积累起来之后,逐渐让孩子在选择中间形成自己的一种定力,这就是一种决策能力。

中国人一点不笨,中国的老师们也不笨,中国的校长更不笨。那么为什么我们现在创新人才还不多,我们中国得诺贝尔自然科学奖的本土科学家就只有一个人:屠呦呦。为什么人口基数那么大,我们得奖的不多?好几位华人科学家都是在美国等地进行研究取得了诺贝尔自然科学奖,这说明中国人不笨,而是因为我们的教育没有很好地把学生的创新精神激发出来。

走上社会最重要的就是伦理和道德。前段时期微信上面流传这么一篇文章,题目非常让人幸福:《这个社会正在善待那些有教养的孩子》。如果说前20年我们的社会需要发展的时候,是善待那些有知识的人,社会发展到今天,全民受教育程度都提高了,这个社会就是喜欢那些会做事情的人。

情商高的人,才是能够做成事情的人。能够做成事情的人,知识有的、能力也有的,情商也有的,合作能力也有的,最重要的是什么?他对社会的责任感,对家庭的责任感,这就是伦理,这就是道德。西方哲人康德说,受过教育的最高境界是道德。

我当上校长后,曾经觉得教育的最高境界是升学率,升学率高,校长就有脸面。现在我越来越觉得,学校教育如果只能够培养那些升学的孩子是远远不够的。我们的孩子今后走上社会之后,都是社会的栋梁人才,他们没有道德,社会多可怕,没有道德的社会比没有知识的社会更可怕。我们必须关注学生的成长,要遵循这种规律。

一个只会做题的孩子,他有知识,但是他没有生活经验,自我认知不够,到了高中以后,他自我控制能力不强,人际交往能力不强,只会在家里边。人际交往的能力,今后是我们整个社会非常重要的一种能力,它有价值的判断,什么样的事情应该去做,什么样的事情不应该去做。

我们要有自己的价值判断,我们还有社会责任,我们不能只是独善其身,我们还要兼济天下。这就是德智体美全面发展的人,才是真正的人才。我们讲一个人的独特性的时候,首先是必须要有这些基本的素养,这是一个人的道德底线、知识底线、做人的社会底线。在这个基础上,你才可能发展自己的个性、爱好和特长。

新的时代,教育是发展人的策略。哪些策略是发展人呢?第一个,我们学校培养和家庭培养的目标是一致的。现在我在学校里边严格禁止班主任一有事情就打电话找家长来。现在我们在座的家长都有体会，比如，作业没交，让这些孩子的母亲把作业本拿来。

希望我们家庭和学校共同教育自己的孩子，教育我们的学生。这就是我们现在讲教育，伦理和道德比知识更重要。要坚持立德树人的观点。

第二个策略是什么呢？每个孩子都不一样，都是唯一的。所以每一个孩子都应该因材施教。所谓因材施教就是要为每一个孩子规划专项性的成长路径，每一个孩子的成长路径是不一样的。

现在独生子女在家里都是专享，所有的家庭资产都是归孩子专享，要什么有什么。有两个孩子的时候就会出现矛盾。那么有40个孩子的时候，老师就顾不过来了，40个学生的班级，每个人的活动他管不住，他只能划一。每个人的成长路径是不一样的。这就告诉我们教育必须要发展学生的个性特长，每个孩子把他的个性特长发展出来，这种教育才是好的教育。

第三点要培育独特性的创新素养。一个人真有创新，才可能成为唯一。这就是我今天要讲的主题了。我们现在的教育出了问题，一张考卷定终生，而且老师批改考卷的时候都会有标准答案。你们拿到了练习册以后，妈妈把后面的答案全部撕掉，是不是这样？因为不让你偷懒。那么这些标准答案就是我们考试的依据，但是许多事情是没有标准答案的。1+1 等于 2，1.5+0.5 不等于 2 吗？0.1+1.9 不是也等于 2 吗？中国有句古诗叫横看成岭侧成峰，正面看是这样，侧面看、背后看、蹲下看，都不一样。为什么考试要有标准答案？标准答案把人的思维禁锢了。

每一个人都应该以他最卓越的特长贡献于社会。我们要关注学生特长的发展，特长的发展要求学校要有一种新的评价机制。家长对自己孩子的成才也要多几种评价方式。他学习成绩不够好，但是这个孩子特别善解人意，特别有爱心，你不能说你把这些做好事的时间都用去学习，他把这些全用于学习，他也不一定能提高多少成绩，反而会限制给社会爱心的时间，他没办法去做。

学校现在统一排课，学生选课走班。今天在座的家长，你们念书的时候，高一（一）班就在某个教室，一个学期就在一间教室里。现在不是这样，学生可以选不同的科目，选不同的老师。过去我们的孩子都是农耕民族，在一个固定的地方，现在我们的孩子成了游牧民族，在学校里面到处跑。这就是我们今天在座的学生，今后到了初中、高中之后，你们跟父母亲不一样的学习方式，是教学模式的变化。

另一个变化是一次期终考试改为多次选择考试。过去高考就是两天，6月7号、8号法定的。现在可以选择，春考1月份的时候就可以考了，上海有一部分学生通过春考提前进入高校。其他还有百分之八十多的学生还在刷题的时候，他们说走就走的旅行已经开始了。中学现在都面临着今后学生选择考试，既可以选择科目，又可以选择考试的时间。这就是我们现在讲的，今后我们的学生是"小鬼当家"，你可以自己说了算。这就给孩子个性成长搭了平台，这就是评价方式的改变。

我是高中的校长，关注高中，也关注初中，因为我们的学生都是从初中过来的。现在上海中考改革方案推出了，我们的家长好好研究，但是万变不离其宗。学业对学生是重要的，但是学业之外，要让孩子参加各种社会实践活动，到孤老院去帮着老人捶捶背，到幼儿园去帮着孩子擦擦鼻涕！这些教育活动对孩子会有终生影响，让孩子能够发现自己的兴趣。

高校今后对学生评价也发生了变化。

第一点，看学生的学业成绩。第二点看他在高中三年、初中四年里成长的经历如何。你拿出你的经历，一张白纸。另外一名学生经历非常丰富，两个人都考580分，你说我会录取谁？现在上海的高中生暑假里都在做志愿者，因为上海规定高中三年必须完成60学时的社会实践活动，学生必须要参观纪念馆或博物馆，社会实践增加了，对社会的认知也丰富了。我跟各位的家长一直说，读万卷书不如行万里路，行万里路还不如阅人无数，每个人都是一本书。既要读书，也要行路，还要和人打交道。

第三点，高校还关注学生们的个人特质。人无我有就叫特质，人有我优也叫特质。今后社会竞争中，人无我有，我就独占鳌头。大家都有我做得最好，你是有你的竞争优势。现在你们的爸爸妈妈在工作岗位上，在一个领域里边，之所以能够出类拔萃，就是因为他们在某些方面有自己的特长，有自己的独特之处。

第四点，学校今后在选拔人才的时候，关注学生的发展潜能。什么叫格物致知？格物致知就是格致。在中国五四文化运动之前，中国词典里面没有科学艺术的，但是中国5000多年的文明史，它在自然科技方面对人类的贡献非常大，比如说"四大发明",当时的自然科学都统称为格致学。格致学就是科学,科学就是自然科学为重点。我们学校就是以培养理科人才见长。各位家长,今后我们一定要为孩子选择适合他的学校,这是最重要的。

我们的学习一定要强调格物,研究自然万物,然后获取知识。一个人光有知识还不够,还要乘以正信,就是人的道德操行,然后要修身。你们就要做什么事情?齐家。家里边你是全家的榜样。一个家庭吃完晚饭,父亲、母亲、孩子看看新闻联播,看完之后爸爸看书、妈妈读报,孩子就会安心地去学习。另外一个家庭,呼朋唤友打麻将,外面稀里哗啦高声喧哗,家长对自己的孩子说,好好做作业。他会好好做作业吗?

我不是为学校做广告,这是中国儒家文化凝练出来的一条育人规律。我们以一所学校为例,来看整个中国教育、上海教育怎么发展。

我们已经不仅仅只关注学生的学业,还关注他们的民族认同。你是一个中国人,必须要有一颗中国心,对中华文化的认同,对中国传统文化坚守。无论走到哪里,不能数典忘祖。

第二,科学的精神。科学的精神基于科学的知识、科学的工具、科学的方法、科学的态度,综合起来就是科学的精神。不能光有知识,还要有国际视野。我们国家改革开放以来发生了巨大的变化,这告诉我们闭关锁国一定落后,改革开放一定会蓬勃发展,所以必须要我们的下一代能够有国际视野。

各位家长,你想想一个单位的竞争靠什么?不是靠人多,不是看单位里有没有在这个领域的领军人物。一个国家同样是这样。今后我们的孩子不适合只与你身边邻居的孩子去竞争,而是和美国英国的高中生在国际舞台上竞争,所以必须要有国际的视野,国际交往的能力,更重要的是有创新的素养。

模仿是跟着别人走,创造是领着众人跑,有创造才有未来。那么一所学校培养人一定要有人才的特色。学校办了144年,始终坚持培养的学生不是死读书的人,而是注重实践,知识都是经世致用的。这所学校鼓励孩子个性成长。你必须要有自己独特的课程,比如说我们学校有一门课,其他学校没有的,叫格致学。

我们还有一门课程叫创新学,一门课程叫经典哲学,中国的孩子们哲学读得太少了。哲学是一切科学的母科学,是一种高度概括凝练的科学。西方的孩子学哲学与学数学、学母语一样多的时间,我们让我们的孩子接触社会生活,中间的哲学就很多。

我们还要关注我们的生存环境,让我们的学生除了学习之外,还有才艺的拓展。比如会说话,有人说我们都会说,但你在台上站一个小时看看,能说一个小时吗?这就是才艺。人家上台能够放歌,人家会翩翩起舞,这就是特长,这就是学生的个性成长。学校必须要给所有的孩子发挥特长的平台和机会。

我们学校的老师必须要转变观念。我们的家长也不要因为自己的孩子学习成绩不好而苦恼。最近初三的家长都在纠结的模拟考、一模、二模、有的区还有三模,还有定位,为考什么学校纠结。

我们当然希望进好一点的学校。但是进好一点的学校也有问题,像我们学校现在有初三的名额分配,从那些普通的、一般的初中来的学生,名额分配进校,第一次考试开始头就低下了。他三年一直抬不起头,因为他的学习基础不行,他进来考分就低二三十分。所以现在中考改革,我们也希望能够改变一些,能够改,不要一两个人才,而且是有一群人进来,我们都是同一伙的。

我们学习不是最好,但是我们运动好,我们组织球队可以为学校拿冠军,你也要鼓励他。学校里给学生的不仅仅是应付考试的本领,而且是终生有用的东西。

为什么在公众场合,中国的学生,包括中国的成人都不大愿意公开发表自己的观点?因为从小没有这样一个平台。创新的思维一定是基于批判性思维,基于他对问题的质疑能力。就刚才这位家长说的,思考,他有独立的思考,有独立思考的人才可能成就自己独特的事业。

发掘潜力,发挥强项,尊重个体差异。人都是有差异性,不是统一的。还有提供身心和情感的关心。这就是我们怎么样教育,让我们的孩子能够健康成长。孩子要健康成长,我们成人的观念一定要转变,不转变成人的观念,孩子们永远是在禁锢中生长。

我们再来看这所学校,它最终培养学生的素养是什么?第一个就是自信心。大胆的表达自己的观点,是自信的表现。

第二个点要正直,处理事情要秉公。家里如果有两个孩子,父母一定要秉公处理问题,就是对孩子的一种最好的教育。

我刚才举了例子,中国的教育和外国的教育,大家一起都关注什么?让我们的孩子能够不仅仅是一种学业的提高,还有各方面素养的提升。

大家带着这个问题再回去思考。我们希望我们的孩子在学校里边会做题,回到家里、走上社会能做事,这是非常理想的。但是光会做事就行了吗?你的上司交给你一件任务,啪啪啪 15 分钟完成了。上司说,OK,非常好。然后就等着再给你什么任务?是这样吗?

今后的人才不仅仅是会做事情,他还要能够创造。当学生的时候,别人是根据你回答问题的水平来评判你,在生活中,别人根据你提出的问题的水平来批判你。就刚才有家长说提问。你要有领导力,你能提出一个好的问题,当别人都没有主意的时候,你提出一种设想,你就是领导者。

创造力实际就是我们培养过程中,从问题意识开始。我最后引用这样一段话:培养学生的创新精神和实践能力是素质教育的重点。素质教育发展到今天,我们开始攻坚克难,所有的学校教育必须要关注学生创新精神实践能力的培养。

主题介绍

　　好的作文主要表达自我生命的发现与思考。要写出好的作文,就要和套题思维告别,要用"真""善""美""慧"拥抱作文。只要同学们能真正认清这个问题,就可能将自己在"真""善""美""慧"方面的"生命发现与思考",转化为优美的作文。

黄荣华,上海市语文特级教师,正高级教师。现任复旦大学附属中学语文教研组组长,兼任上海市教师学研究会语文教师专业委员会主任。曾获上海市级教学成果特等奖、国家级教学成果一等奖、全国教育改革创新优秀教师奖。著有《生命体验与语文学习》《穿行在汉字中》《诗自远方来·〈诗经〉二十六讲》等10余种。主编《中华传统文化优秀基因现代传译过程》等10多种,发表《语文学习的第一要素是生命体验》等论文100余篇。

怎样不怕写作文

黄荣华

扫码听讲座

作文一直是同学们的难题,是许多同学很想解决又很难解决的老大难题。我们了解到,现在小学就有同学开始怕写作文,到了初中、高中,怕写作文的同学比例越来越高。现在高一的同学,一听说写作文很高兴的只有极少数,一听说写作文就哀叹的应该说非常多。但是我们又必须面对作文,因为作文占了我们语文学习的半壁江山。并且中考、高考的分值很高,中考60分、高考70分,因此我们必须解决这个难题。

我想今天在座的各位同学多数都是在写作上遇到了难题。家长来这里,也可能是因为自己的孩子在作文上有困难。因此,我也非常珍惜上海图书馆给了这样的一次机会。希望我的交流可以带给同学们一点启示,以后在写作文的时候能够胆子大一些,思路畅一些,下笔快一些,语言表现力强一些,那么分数也会高一些。

我今天主要和同学交流四个问题:什么是作文?作文的困境在哪里?怎样走出作文的困境?高考作文需要注意哪几个问题?

在座的同学,有的即将面对中考,有的即将面对高考。关于中考的作文,我在前面三个问题中会融进去讲一些,关于高考的作文前面也有,第四个问题集中谈。但谈第四个问题的时候,我想对中考的同学也应该有一些启示。

一、什么是作文

有同学说,我已经写了十几年,能不知道什么是作文吗?但是我要说,对作文的理解不同,恐怕你自己在思考的时候,在下笔的时候,在对作文的态度方面是有区别的。并且,对什么是作文,研究者也有不同的说法。我给一个简单的、我自己的理解,什么是作文？作文就是一种表达，是用书面语言表达自我的欲望。因为表达是人的需要，或者说表达是人的存在方式。我们表达的是什么？我想大致可以说三个方面。第一个方面，是生理需要的衣食住行的表达。我说了第一点，同学们可能会想到第二点，就是精神需要的自我追求。第三点是语言，这种语言也可以叫言语，有的人喜欢用"言语"表达。语言表现我们的生理需要和精神需要。因此，我把作文的这种表达，看作是自我生命的表达。这种生命的表达体现在方方面面。这里我举一个例子，我们都知道苏轼非常伟大，但是我们是不是知道，苏轼作为一个作家的伟大，除了他的《赤壁赋》《赤壁怀古》等之外，还有其他的构成？明朝人编了一部书叫《东坡养生集》，里面有《菜羹赋》《桂酒颂》《猪肉颂》《煮鱼法》《人参》《枸杞》《偏头疼方》等。没有后面的这些，光有前面的那些能不能构成一个伟大的苏轼？有同学说"能"，我说"能"，但我也说"不能"，因为它们是关联在一起的。

作文是自我生命的表达，就是表达自我的欲求，表达自我生命的发现、情感与思想。但表达自我的什么，决定了作文的不同。我个人认为，好的作文主要表达自我生命的发现与思考。

今天进来的时候，同学们拿到了一个同学的一篇作文（《我把人生比作文》），拿到了一个作家的长篇散文《四季》里面的两篇文章，那是生命发现与思考。因为是自己的发现与思考，写作时其实就都将写作材料"情感化"了、"思想化"了，于是文字就有了作者的情绪，有了作者的"心跳"，有了作者的"体温"，有了作者的对宇宙天地人间等的真实的思想，于是，这些文字就"站立"起来了，随着阳光一起"舞动"，随着心情一起"跳动"，随着思想一起"思考"。于是，文章就"活"了，就生动起来了。

这种发现与思考为什么是我们作文的主要方面？我想这样回答：一个人自出生到最后悟得人生的真谛，走向死亡，就是一个发现与思考的历程。

我们看看这些名言："生年不满百，常怀千岁忧。""我思故我在。""人是一根能思想的苇草。"中国的、外国的，我们看到都在讲述这个问题。孔子讲得更明白，"四十而不惑，五十而知天命。""朝闻道，夕死可矣。"这是以生相许。圣人成为圣人，有很多构成的因素，特别重要的一点就是以生相许去追求"道"、发现"道"。这种发现的历程构成了他的一生。

我们可以说,我们的人生就是这样的发现过程。著名作家史铁生认为,人的真正的生日,应该是他第一次记事的那一天。所以,从发现史的角度来说,苏轼的文字就是苏轼的人生发现史,鲁迅的文字就是鲁迅的人生发现史。我们读到的所有大家的文字,就是这些大家的人生发现史。

我们再看一下苏轼的两句诗就更能感知。"游人出三峡,楚地尽平川。"这是苏轼早年出川的时候写的。这两句太平常了,这叫诗吗?但是在苏轼那组五言律诗里面,这是第一句,他认为是非常好的诗。为什么?长江出三峡以后,江流浩瀚,两岸雄阔。这眼前景与苏轼心中意一拍即合。可以想见,此时苏轼的心中有着怎样雄阔的济世之志,有着怎样宏阔的人生畅想。但经历人生的风风雨雨、起起落落后,苏轼写下了这样的诗句:"人生识字忧患始,姓名初记便可休。""人皆生子望聪明,我被聪明误一生。"这不是苏轼的发现吗?因为他发现人生是这样的,所以他记录下来,这就是好诗句。但我们说苏轼之所以伟大,不是说他发现这样一个糟糕的人生,就趴下去,就哭泣,整天呼天抢地。不是的,而是不屈!因此,我将古人的这两句诗带到这里,送给所有的即将要参加中考或者高考的同学,这是我们人生最宝贵的东西:"最贵为不屈,最富为清贫。"

作文是人生的发现与思考的表达。东方如此,西方也如此。我们看西方的文化史,大体而言,就是一部"人"的发现史:从古希腊神话的"人神不分"→中世纪文学的"人作为神的奴婢"→文艺复兴及之后的"人从神的脚下爬出来"→"人从神那里获得人的权利"→"人作为万物的灵长"→到现代主义文学"上帝死了"→后现代主义文学"人以人为自己的神"。

这是第一个大的问题,什么是作文。

二、作文的困境

困境一:很多同学,陷入准备好的"有意义"的材料库中寻找"有意义的作文材料"的泥潭中,最终陷入套题思维当中,并且几乎成为本能。

比如,2014年中考题"这里也有乐趣"。我觉得这道题太好了,看到这道题以后,非常激动,也很感激2014年出这样的中考题。为什么?第一,每个同学十几年的生命中都有无限的乐趣,任何一个乐趣都可以写成文章,所以没有同学会没有材料可写。第二,这道作文题把我们同学引向更深广的生活中,也引导我们的老师在指导学生作文的时候,走向更深广的生活。但是有些遗憾,中考作文出来以后,表达真正的生命深处的乐趣的作文不多。

我就在想,假如我写这个题怎么写?我们看看。

我一上来就写,"嚼米饭让我获得无限的乐趣"。老师看了第一段以后会怎么样?老师会把它扔到一边吗?我相信不会,我相信老师会和我一样非常激动。为什么?因为米饭确实是嚼起来很有味道的。每一个真正生活过的人,吃米饭长大的人,一定从米饭中获得过乐趣。米饭的乐趣有多少?

我想第二段概写:米饭很甜,米饭很香,米饭晶莹剔透。好不好?很好。

第三段特写:不同品种的米饭味道都很好,比如崇明大米、东北大米、泰国大米。一种写150字就不得了了,这篇文章够了。

如果再要特写,接下来写什么?不同的时候吃米饭。我什么时候吃米饭最香、最甜?饿的时候,11点的时候。还有没有特写?在座的要面对中考的同学,马上想想,还有没有特写?还有。

还可以写第五段:与不同的菜肴配合着吃。你最喜欢怎么样吃米饭?我最喜欢吃的是青椒炒肉丝,再放一些江西做的豆豉。有同学喜欢吃盖浇饭,哪种盖浇饭好吃?这都是特写。如果你真的写这么些了,老师会怎么样?他也"垂涎"了!他被你的生命发现感动了。这就是好文章。

但是你知道我们同学写什么吗?"我特别喜欢读书",其实他说的是假话,因为他压根就不喜欢读书。写到最后,结尾的时候狠狠地写一句,"读书,这里的乐趣真丰富"。还写什么?"到居委会弄堂里帮叔叔阿姨打扫卫生",他根本没有去过,编的。最后也狠狠地写了一句,"帮叔叔阿姨做好事,这里的乐趣真丰富"。再写什么?再写"帮妈妈每周洗一次衣服",其实他袜子都懒得洗一下,自己的内衣都懒得洗一次。写完之后狠狠写一句:"帮妈妈洗衣服,这里的乐趣真丰富",很押韵。你人生那么多乐趣,为什么不能写真乐的东西?被套死了。中考作文早就准备好了,八个方面的题目,每一个方面两篇作文,背了16篇作文,不套上太可惜了,太遗憾了。我和同学说,这需要准备吗?你只要记住总写、概写、特写、再特写、再特写,你没有三特写,二特写可以,没有二特写,一特写就够了。哪有那么多规矩?如果有同学不相信,回去写一篇试试。

这是有一年我们自招的时候,我绞尽脑汁出了一道题:"风吹过。"我想同学套不了题了吧?但是你知道,1600多份作文,有多少作文写风吹过想起爷爷的?风吹过想起外婆的?风吹过想起老师殷切的脸?占了一大半,准备好了不写多可惜!为什么这么写?套死了。那么多有智慧的同学、那么多非常有才华的同学,就没有过风吹过的感受?我特别期待看到风吹过是怎么样的。春风吹过的快意感,我们说如沐春风,沐春风是怎样的惬意?你在春天晚上出去的时候,特别是和你心爱的同学出去的时候,如果你早恋了,和你的恋人出去的时候,那种沐春风是什么样的感觉?很多女同学非常多情,像黛玉一样的,为什么就不能写出风吹落花的凋零感?流水落花春去也,那种伤情最善表达。为什么没有?冬风是多么凛冽,那种冬风的寒意在哪里呢?为什么要套呢?不套题完全可以写出来。我特别期待有同学写"风吹过"那种真实的感受,风吹过我的指尖、风吹过我的大拇指,风吹过我的耳垂,有多少感受?都没有出现。所以我说,我们套题是把自己套死了。

写中考作文有这样的同学,写高考作文也有这样的同学,这种套题变成一种唯一的作文思路以后,对我们的伤害非常大。语文学习是要不断积累的。你只准备18篇文章,就不去积累了,就变成懒惰的人了。你可以不断地去发现,结果你不发现了,你的世界很小。并且我要说,语言的发展和智慧的发展是同步的,你不去发展你的语言了,其实就放弃了发展自我的机会。

只要是你的生命发现和思考,都是有意义的材料。你只要愿意转变你的作文观念,相信自己的发现与思考,就可能走出套题的泥潭,将自己的发现与思考转化为优美的作文。你要相信自己是上帝创造的智者,你的灵魂深处有无数的智慧,等待你去开发它,你的发现只是它的很小一部分。

困境二:因为套题,你就忽视甚至斩断了自己对自我生命的感知。

我们的感知越丰富,感知力越强,表现的生命发现与思考也就越丰富、越新奇,肯定你作文也就越好。我们看一下近几年的这些中考题。

在这些题目的解读中,我用了"实在而真切"这个词。是的,只有"实在而真切"才可能是自己的"生命发现与思考"。难道我没有想说的一句心里话吗?难道我心中没有一点美意吗?难道我活了15年,没有一个最关切的地方吗?都有。你调动起来就好了,你上了9年学,一堂课的铭记总有吧?铭记的即使不是老师的教育,同学掐你一下总有吧?

高考题目也是一样:

2011年:感知、发现、捕捉自我对时间、历史、人生的确定性认知——是"永恒性存在",或是"空无一物",或是"空无边处定,识无边处定,无所有处定,非想非非想处定"。

2012年:感知、发现、捕捉自我对自我心灵光芒的确定性认知——"自信人生二百年,会当水击三千里""每个生命都有灵有智""感谢天才之光的照耀"。

2013年:感知、发现、捕捉自我对自我事业的确定性认知——"当下就是更重要的""选择更重要的不如选择最重要的""世界不只是'我'的"。

2014年:感知、发现、捕捉自我对人生困境的确定性认知——"以大智大勇穿越人生沙漠"("以主人的身份上岸")"承担宿命"。

许多同学,作文就是作文,不能将作文与自己的生活、生命联系起来,更难将作文与自己的国家、民族联系起来,与人类联系起来,于是写得很难。但是,当我们的作文一旦与自己的生命,与自己的生活,与国家、与民族、与人类联通以后,我们就有非常丰富的材料。比如2014年高考作文题,讲关于沙漠的困境。难道只有人有困境吗?民族之路、国家之路、人类之路,经常有困境。你想开了,无数的材料就会奔涌而来。千万不要只把作文当做作文,要把作文当作你生命的表达,表达你生命的发现与思考。我们平时讲"假大空"是怎么回事?只把作文当做作文,没有把作文跟自己的"心跳""温度",对整个世界的抚摸关联在一起,所以你的眼睛是空洞的,你的语言里面是无物的。

困境三:忽视甚至斩断了自己作为一个有知识、生机勃勃的生命体,对世界智慧的体察与发现、关怀与思考。所以有的同学准备几篇文章,反复地套在各种题目上,不仅使他越来越害怕作文,还会使自己越来越麻木,越来越不会思考,最终是作文能力的完全消失。

三、怎样走出作文的困境

(一) 与套题思维告别

显然,需要走出"寻求有意义的作文材料"的泥潭,与套题思维告别,珍视自己的生命感知力,倾听自己内心对世界的真实呼唤,发现并表达这种呼应与呼唤。

这样同学是不是要提出疑问,积累需要吗?我刚才说了,积累是需要的,但积累素材,不是准备现成的文章去套题,而是积累自己的生命发现与思考。也就是刘勰所说"积学以储宝,酌理以富才"。"酌"就是分辨、辨析。积累学问,去思考,使自己有作文的材料、有作文的才华,古人讲"学富五车,才高八斗"也就是这个意思。

我们的积累有多大的用处?以鲁迅为例。

这里先澄清一个事实。我们也听到有人说,作文不要使用鲁迅、居里夫人、爱因斯坦、苏东坡这些人物做例证了,因为太俗了。我想说,如果你对这些人物有真认识,有真理解,有真热爱,你对他们的人生有深切的感受与独到的发现,为何不可以用来写作文呢?若是这样,就算是在别人那里似乎是烂俗的东西,在你的心中和笔下却可能变为新颖而神奇的,所谓"化腐朽为神奇"即是。

① 2004 年作文题目:以"忙"为话题写一篇文章。

以鲁迅为例,阐释"'忙'出人生大成就"。

A. 鲁迅生活了 56 个年头(1881 年 9 月 25 日—1936 年 10 月 19 日),他在小说、散文、杂文、木刻、现代诗、旧体诗、名著翻译、古籍校勘和现代学术等多个领域都有巨大贡献。一生创作、翻译的文字 700 多万。以 35 年工作计算,仅每年书写的文字就达 20 万。再加上他作为社会活动家的活动等,鲁迅一生就是很忙很忙的一生。

B. 鲁迅说:"哪里有天才,我是把别人喝咖啡的时间都用在写作上了。"

C. "忙"在这里是朝着自己理想人生不停歇地前行,就是有理想的实干。忙者,实干家!

正是在这个意义上,鲁迅选择了倡行兼爱理想的实干家墨子,作为自己的榜样,作为中国人的榜样。所以他在《故事新编》中最终选定了墨子为新时代的中国人的英雄代表,创作了《非攻》。也因此,《非攻》中的墨子,自始至终都是一位行动者。

② 2005年作文题目:以"杂"为话题写一篇文章。

以鲁迅为例,阐释"'杂'出人生精彩"。

A. 鲁迅将古今中外杂糅于一身。

鲁迅用毛笔字书写,字成一格;用旧体诗交友,诗成一体;创作《狂人日记》前用文言写作,蔚为大观,尤其是他长篇文论《摩罗诗力说》开风气之先。

鲁迅是中国现代文学的主将,其现代文学创作至今是一座高高挺立的山峰。

鲁迅对日本、欧美的思想、文化、文学有精深的研究,尤其是他翻译作品达300多万字。

B. 鲁迅将矿务、水师、医学、教育、文学杂糅于一身。

C. 鲁迅将思想家、革命家、文学家杂糅于一身。

D. 鲁迅将极其广博的学识杂糅于他所开创的"杂文"事业之中,成就了中国最伟大的"杂文家"。

③ 2008作文题目:他们

以鲁迅为例,阐释"他们——有良知的作家"对"他们——小人物"的关注、关怀、关切。这是以雨果为代表的社会良知对小人物的深切的人道主义关爱。

A. 鲁迅作于1934年的名诗《无题》:"万家墨面没蒿莱,敢有歌吟动地哀。心事浩茫连广宇,于无声处听惊雷。"

B. 鲁迅作于1936年8月30日的《这也是生活》中的名言:"外面的进行着的夜,无穷的远方,无数的人们,都和我有关。"

C. 鲁迅作品中的小人物有:《一件小事》中的车夫,《阿长与山海经》中的阿长,《孔乙己》中的孔乙己,《故乡》中的闰土、杨二嫂,《风筝》中的"我的小兄弟",《药》中的华老栓、华小栓、夏母,《阿Q正传》中的阿Q、小D……他们都是"被污辱与被损害者"。

④ 2014年作文题目:你可以选择穿越沙漠的道路和方式,所以你是自由的;你必须穿越这片沙漠,所以你又是不自由的。

以鲁迅为例，阐释"以大智大勇穿越人生的沙漠地带"。

A. 鲁迅一生多数时候都处在窘境中（幼年家道中落，少年丧父，青年"走异路，投异地"，中年四面受敌，晚年得不治之症），但以不懈的努力寻找自己的人生之路（学矿务、学水师、学医、弃医从文）。

B. 鲁迅集纳古今中外智慧，勇敢地向前，不仅自己走出沙漠，还为后人走出沙漠树起了一杆杆路标——

鲁迅是兀然站立在现代中华大地上的穿长衫者！

鲁迅是手握毛笔用现代汉语书写现代鸿篇巨制者！

鲁迅是潜入中国文化最深处的最深刻的中国文化现代批评者！

鲁迅是以旧体诗交友、以《芥子园画谱》定情的国民根性揭示者！

鲁迅是在风雨如磐的黑暗中以外国神矢射中中国灵台的爱国者！

鲁迅最终成为"民族魂"！

这里我用鲁迅作为例证，从四个不同的角度阐释了四个题目，是还想说明，当我们的材料积累是真正"过心"的，是真正的自我"生命发现与思考"，就会成为真正的作文之"宝"，我们就可以随时拿来使用的。这样的积累当然越多越好！这样的材料库当然越大越好。古人讲"半部《论语》治天下"。我想如果你读通了《论语》，你还怕"治"不了中考作文吗，"治"不了高考作文吗？如果你读通了《诗经》，你还怕你文中流淌的诗意征服不了读者吗？如果你读通了《唐诗三百首》，你还怕你文章中的大唐气象、盛唐魄力摇动不了读者的心扉吗？如果你读通了《红楼梦》，你还怕你百科全书式的书写不能击倒读者吗？如果你读通了托尔斯泰，你还怕你文章中的"博爱"震撼不了读者吗？

所以，我建议所有同学去读透几部大书，读透几个大作家。

（二）用"真""善""美""慧"拥抱作文题

用"真""善""美""慧"拥抱作文题，是作文的基本原则。只要同学能真正认清这个问题，就可能将自己在"真""善""美""慧"方面的"生命发现与思考"转化为优美的作文。

1. "真"——就是情"真",就是意"真",就是理"真"

陶行知先生说:"千教万教,教人求真;千学万学,学做真人。""真"是做人的原则,是教育的原则,也是作文的原则。

2014年高考作文,有同学阐述的观点是"无视沙漠"。我觉得这是不真的。为什么?题目里面已经强调"穿越沙漠是一种必然",结果你"无视"。这叫假审题。我们的同学,很多人经常不听别人说什么,只听自己心里在说什么,一看,知道了,其实不知道,这叫不真。第二,当我们要穿越沙漠时,谁也不能无视。如果你无视,要么你是一个无知的疯子,你不知道沙漠将会吞噬你;要么你是一个有知的骗子,你只是故作惊人语。

2. "善"——就是行"善",就是言"善",就是意"善"

行"善",言"善",意"善",是一个和谐社会对社会人的呼唤。因此,我们的教育体现在作文题目的制作中,常常就会以善相呼,期待同学以善相应。

我们看2015年普陀区、闸北区二模的作文题,都具有这样的特征。

普陀区:对于巨人,只有极少的人能够站在他们的肩膀上,而更多的人则是拜倒在巨人的脚下。

闸北区:"真正的人生,不只是觉得生活得怎样,更应是知道该怎样生活。"

如果不能用善意去回应善意,就辜负了善意的教育期待。

什么是"善的呼应"?你可以说很多,但我觉得这两点是应该会呼应的,对巨人的敬畏是人类的幸福,所以感谢巨人。我们今天老是唱反调,所以对后面那句话特感兴趣,"不要拜倒在巨人的脚下",你不拜倒在巨人的脚下,那你站立起来成为巨人。我们要知道,人类的真实是绝大多数人都是正常人,我们在座的有没有姚明的高度?姚明才是巨人,他高嘛!所以,姚明不仅代表上海的高度,他还代表中国的高度,在某种程度上代表世界的高度。巨人在引领着我们,我们当然要跪拜他,跪拜就是敬畏,这多真诚?你非要说"不要跪倒",你要干什么?你要站在巨人的肩膀上成为更高的巨人,那是少数人。每个人都能成为"少数人"吗?不能,只有少数人成为少数人,这是一种真实。可能同学要反驳我,我们不是要批判性思维吗?我们不是要"反弹琵琶"吗?我跟同学说,批评,把你的观点亮出来是容易的。批评,要论证是很难的。我不是说不要批评、不是说不要批判,我在这里谈善的呼应与善的回应,可能更好表达。如果面对普陀区的作文题,你写"不要拜倒在巨人的脚下",似乎也是可以的,但这恰恰是最俗套的观点,一看似乎有深度,其实很浅薄。生活的本质是巨人引领人类前行。而这里的前提是,常人对巨人的膜拜,因为常人需要巨人的引领。人类历史几千年就是这样走过来的,你无法否定。当你认识到这一点时,你带着激情阐述"对巨人的敬畏是人类的幸福"这样的观点,你就是对命题者以善相应了。

我们再看看闸北区 2015 年的二模题。真正的人生不只是觉得生活得怎么样,更应是知道该怎么生活。这里面有真和善。这个题目是呼唤我们去反思我们该怎样生活,我们不该做"小皇帝"。我是老师,我不该做一个"专制者",我不该做一个以自我为中心,只有我没有别人的人。我们不该相信这句话"他人是地狱"。这都是我们的生活方式、生活态度,所以它在呼唤我们反省我们的生活态度。所以你如果偏要写活出人生的精彩(如果要去翻今天闸北区的作文,肯定有同学这样写,并且会不少),那就不对了。所以我说,怎样生活?大有学问。学会生活,感恩生活,这是对善的呼应,我们要回应它。当你做了这样的反思,你会到了题目的善意,你就能以善相应,深情地写下"感谢生活"!

3. "美"——心"美",言"美",行"美"

如果你是一名长期用美的眼光欣赏世界的美的发现者,你就能从几乎是所有的作文题目中发现美的基因,形成美的观点,写下美的文章,因为这些作文题几乎每一道题都蕴含着美的基因。这也是教育本质决定的。教育教人求真,教人向善,教人"美身"。荀子早就说过,"君子之学也以美其身"。从这个角度说,你可以用你的"美心"去叩击每一道作文题,获得题目中的"美意"后,二美相激相生,一篇美文就产生了。

2014 年可以写"穿越之美",可以写"沙漠之美",可以写"道路之美"。2013 年可以写"当下之美",可以写"'更'之美"。2012 年可以写"微光之美",可以写"天才之美"。2011 年可以写"永恒之美",可以写"虚无之美",可以写"'有'之美",可以写"'无'之美",可以写"有无相生之美"。

4."慧"——心"慧"、言"慧",行"慧"

教育是人从黑暗走向光明的接引之梯。因此,所有的教育行为都有使人聪慧的期待。也因此,作文题中有不少引领写作者走向慧境的"智者之言"。

我们看一下2015年徐汇区、黄浦区二模考的题目:

徐汇区:生活中,人们大多相信自己的判断。其实每个人的认识不过是全景图中的一块碎片,只有承认这一局限,才可能接近真相的判断。→莫"以天下之美为尽在己"//承认局限才能突破局限

黄浦区:岛屿矗立在海上,当茫茫海水退去的时候,却发现自己与大陆紧紧相连。→"根"的意义//虚假的阻隔

(三)明明白白我的心

我们倡导个性作文,但不能误解为怪异。怪异就是有话不好好说,或打哑谜,或制暗语,或说疯话。怎么叫"有话好好说"呢?就是做到"三明"——鲜明、简明、澄明。

现在的同学有一种倾向,爱绕弯弯。上周我找同学谈心,我说你的话为什么非要这样说?能不能把一句话说得明白一点,让老师懂一点。他说老师,这话你也不懂?为什么我们没有好好说?我觉得这里面有很多原因,其中很重要的就是大家故意地装有个性,装到最后不知道自己是真个性还是假个性,以为这就是个性了,受害了,自己也不知道。

"鲜明"是观点明确。"简明"是指入题快捷(直接回答问题);文思清晰,或总分,或并列,或递进,或因果,或转折(但是思维);结尾或总结,或(在转折中)深化,或设问。"澄明"就是阳光灿烂,鲜美异常,就是"明月直入,无心可猜"。

我推荐一篇文章,湖南作家王开林写的,那年发表在《解放日报》上,题目叫《圣火是怎样的火》。很短的一篇文章,就是直接回答"圣火是心火,圣火是新火"。圣火是心灵之火,圣火是科技创新之火,因为奥运会每年的开幕式都有科技创新,很多运动项目要刷新纪录。另外,你们想想是什么火?"圣火是薪火",薪火相传之火。就这么简明、这么直接,拐弯干什么?

最后送给大家一首诗:《北京猿人头盖骨》,这个作家叫朱增泉,是一名将军。

突起的眉骨下/从史前投来两束目光/为了我们今天的相会/他从七十万年前赶

来/开始是匍匐,随后直立行走/他走得好苦啊/脚底长满老茧/之后,渐渐磨损/一路上磨掉了双脚和胫骨/最后,一直磨损至下颚/只剩下这具头盖骨/他以如此的坚韧/走了七十万年长路/才获得了一半做人的资格/另一半仍是猿/哦/那两束史前投来的目光/永远注视着前方/路,永无尽头的路啊。

  我们的作文似乎也有很长的路要走。祝同学们好梦成真!祝同学们好运相随!谢谢!

(注:本文部分内容已收录到《师道匠心》一书中)

主题介绍

英语阅读在英语学习中占有十分重要的位置，是英语综合能力的具体体现。正确的阅读方法能够起到事半功倍的效果。如何指导孩子进行有效的英语阅读，使阅读与生活情景结合起来，与异国他乡的文化结合起来，感受东西方在思维、文化上的差异及在文字表述上的区别，帮助学生更快地进入积极的阅读状态是本次讲座探讨的话题。

徐子祥，上海市英语特级教师，曾任教于建平中学。上海市园丁奖获得者。在近四十年的教学生涯中，立足于教学实践，潜心教法研究。专注于情景教学法的构建，注重语言情境的创设，让学生在类似真实生活情景中学习英语、体验英语、使用英语，受到学生好评，形成了鲜明的教学特色并取得显著的教学成果。先后发表了《英语课上重构师生关系》《精心设计语境，活学活用语言——高中英语教学中 SMT 模式设计和实践》《激发学习动机，感受学习乐趣》等论文。

英语阅读理解,"树木"如何成"林"

徐子祥

扫码听讲座

英语阅读是英语学习中极为重要的部分,同时也是困扰许多学生的头疼问题。我就如何提高英语阅读能力与各位学生和家长一起分享探讨,希望讲座能给大家带来一些帮助。

一、重视词汇积累,搬掉影响阅读的"绊脚石"

我班的一位男生在刚刚结束的英语考试中没有发挥好,特别是阅读部分做的不理想,一共三篇阅读文章、12个选项,错了五个,扣了十分。他在我面前抱怨说阅读材料内容不太熟悉,里面有不少生词,造成许多句子读不懂。所以,我首先想说的是要做到有效阅读,首先要有一定的语言基础,我们把这个基础称为 Basic Requirement of Vocabulary(BRV)——词汇的积累。这是英语阅读的第一步,是每位学生必须具备的基础。

让我们通过图 1 的"阅读金字塔"进一步明确基础知识和阅读能力之间的关系:

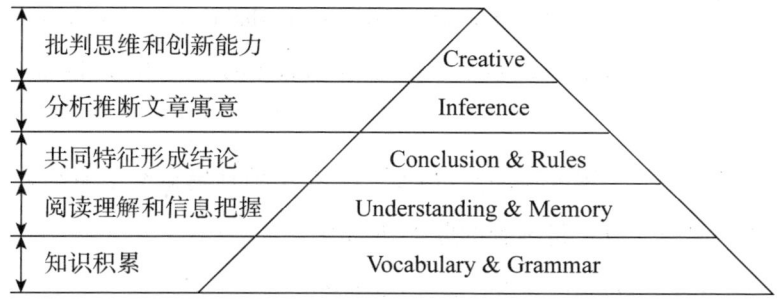

图 1　阅读金字塔(The Pyramid of Reading)

这张阅读金字塔告诉我们，词汇是有效阅读的基础，词汇量越大，阅读能力就越强。

阅读时，如果你遇到太多的生词，将直接影响你对文章的理解。根据该生反馈的阅读情况来看，生词成了他阅读的"绊脚石"。这些"绊脚石"既影响阅读速度，又影响他们的阅读效果。阅读方法再好，思维再敏捷，如果阅读中生词过多，可能寸步难行，造成阅读效果不佳。大家不妨观察一下，平时坐地铁也好，在闲暇时间里也好，很少见到学生看英语书、读英语小说，这可能就是由于太多的生词或者复杂的句子结构使他们失去了阅读的兴趣吧。

初中英语词汇的音、形、义相对单一。但是，到了高中，同一个单词的词性和词义内容随着学习的深入而不断丰富。比如，英语单词"address"有名词和动词两种词性。名词表示"地址"，动词表示"称呼""演说""在信封上写上人名和地址"和"解决（问题）"等词义。这就要求同学们在扩大词汇量的同时，还必须根据不同的语境，解读单词的词性和词义。如果仅仅按照词汇手册里面的词义去生搬硬套，则会闹出不少笑话。比如，这次高一期中考试英语卷中的阅读语篇中有这样一段节选：

Owens was a son of a poor farmer's family. At age 13, He attended the Olympic Games in 1936 in Berlin and many of the records he set are still in the record book today. The whole stadium cheered for Owens' victory, and he was regarded as a great hero. However, Hitler refused to congratulate him, an African-American, at the awarding ceremony. "It was all right with me," he said. "I didn't go to Berlin to shake hands with him, anyway." When he returned home; however, he received the same treatment from the president of his own country.

这段内容讲的是一个黑人运动员尽管在1936年柏林奥运会上有精彩表现，却受到不公平对待的遭遇。以下是本题的题干和选项。

Owens was treated unfairly in the U.S. because _____.

A. he was a son from a poor farmer's family

B. he didn't shake hands with Hitler

C. he didn't perform so well as required

D. he was not of the right race

对高一学生来说,这其实是一个比较简单的理解题。语段中基本没有生词,但是学生的选择错误率还是非常高的。究其原因,他们中不少人还不能通过语境所提供的线索来推断词义。

本题的正确答案是 D. he was not of the right race,不少学生觉得不可理解。选择题中 A、B、C 的选项内容都含有文本中的信息,为什么却选与文本信息最无关的 D 选项呢? 让我们先来读一读题干的问题:"为什么欧文回到美国之后没有被公平对待?"题干要求学生找出欧文被不公平对待的原因。D 答案告诉我们,因为他不是优等的人种,选项中的 race,在词汇手册有"跑步"和"人种"两个意思。如果学生用跑步去理解这个选项,这个答案就无法理解了。大家再看一下原文,其中有这样一句,"However, Hitler refused to congratulate him, an African-American, at the awarding ceremony."句中的 an African-American 指出欧文是一位美国非洲裔黑人。20 世纪 30 年代,美国盛行 "white supremacy",就是白人至上、种族歧视的时代,"Owen was a black person and he was not entitled to all the privileges that the white people have."同样是奥运会冠军,欧文却无法得到白人所享有的权利和荣誉,合理的结论应该是源于他的人种问题。所以,欧文回到美国以后,美国总统同样冷落他,是由于种族歧视的原因造成的,如文中所说的,当他回国后,"… he received the same treatment from the president of his own country."他同样没有像英雄那样被总统接见。

此外,单词的词性和词义在不同语境中的变化进一步增加了阅读理解的难度。如何学会通过上下文的语境来解读陌生单词,是扫除阅读中的"拦路虎"的重要一步。

语言与语境有着密不可分的关系,单词依赖语境产生意义,与读者形成交流。因此英语阅读不能只见树,不见林,而是要通过语境给单词定位,使单词"活"起来,才能打开阅读这条通道。

一次英语课上,我分析"城市短休"——《48 小时异域文化爆发式体验旅游》一文的内容,其中就有不少学生对词汇词义孤立理解,生搬硬套词义的案例。以下是《纽约时报》中假日旅游文章的节选:

More people are travelling than ever before, and lower barriers to entry and falling costs means they are doing so for shorter periods.

The rise of "city breaks"— 48-hour bursts of foreign cultures, easier on the pocket and annual leave balance has increased tourist numbers, but not their geographical spread. The same attractions have been used to market cities such as Paris, Barcelona and Venice for decades, and visitors use the same infrastructure as residents to reach them. "Too many people do the same thing at the exact same time," says Font. "For locals, the city no longer belongs to them."

This starts with marketing, says Font, who notes that Amsterdam has started advising visitors to seek accommodation outside of the city center on its official website. "That takes some balls, really, to do that. But only so many people will look at the website, and it means they can say to their residents they're doing all they can [to ease congestion]."

But it also proposes a better way, it is calling "detourism": sustainable travel tips and alternative itineraries for exploring an authentic Venice, off the paths beaten by the 28 million visitors who flock there each year.

本文的大意是:48小时的城市休假和人们账户余额的增加,使更多的人出游成为可能。尽管旅游的人数增加了,但是参观的景点却还是集中在原来的几个地方,造成了当地的住宿资源紧张,影响了当地人们的正常生活。针对这种状况,旅游部门提出了缓解拥挤的建议。在分析最后一段的时候,我要学生解释句中的"detourism"是什么意思。不少学生通过手机查出"detourism"是"绕道行"的意思。我没有马上接受学生的想法,而是要求学生把文章读完再确定该词的词义。

文中后半部分的大意是:面对旅游人数不断增加所带来的压力,旅游部门提出了"detourism",一个具有可持续发展的旅游建议:要求准备出去旅游的人们制订参观热门景点的出行替代计划、避开2800万游客在同一时刻蜂拥而至的时段。根据文章的这些信息,同学们都认为"绕道行"在上下文中说不通,理解为"错峰游"更加贴切。

这则案例说明,词汇是语言的最小元素,如同生命体中的细胞,依附于语境存在。

孤立地记忆单词,在阅读中机械地对应词义并不能形成合理的理解,只有学会在阅读过程中把单词和文本材料中的情节和语境联系起来,才能形成合理的思维。

同样的单词,语境不同、词性不同,所产生的意思也不同,这是英语阅读的特点。所以,阅读时学生要有"词不离句,句不离篇"的意识,以语篇为载体,在完整的语境中去感知词义,提高阅读理解的灵活性。

下面的例句中都有一些生词,请同学们根据上下文语境,判断他们的词义。

[例1]

Most women in Ghana — the *educated* and *illiterate*, the *urban* and *rural*, the young and the old work to earn an income in addition to maintaining their roles as housewives and mothers. Their reputation for economic independence, self-reliance, and hard work is well known and well deserved. 句中的"illiterate"的词义可以通过前面的"educated"猜出"文盲"的意思。许多阅读文章常以前后同义词或者反义词的写作方法解释生词,帮助读者理解。所以同学们在阅读时,不必一碰到生词就去查词典,可以通过它的左邻右舍的信息推出词义。同样,这句中的"rural"这个词的前面是"urban",意思是"城市",那么"rural"意思可以理解为"农村"。

[例2]

The plants are about one meter apart. The plant is often pruned so that it remains only 60 to 90 centimeters high. *Pruning* is important because it encourages the growth of tender shoots, or young leaves. It is from these shoots that the best tea is got. 这段语篇中的单词"pruning"也可以结合上下文语境定义。大家可以阅读后半句,it encourages the growth of tender shoots…句中"it"指代动词"pruning",意思是"这样做有助于旁边的嫩芽生长出来"。所以"pruning"可以理解为"修剪"。

[例3]

When you enter the examination hall, you must prepare thoroughly for the exam. *Overlook* the techniques used for answering the questions. Just calm down and believe in yourself. 句中的"overlook"按照考纲里的词汇有"眺望"和"忽略"两个词义。但是,如果我们用这两个词义去理解这个句子,那么这个句子意思就是:进入考场的时候,我

们应该把我们平时所学的如何回答问题的技巧全部"忽略"掉。显然,这个意思在这里是说不通的。准确的理解应该是:"当你进入考场的时候,你应该为即将进行的考试做好充分准备,把答题的方法好好地回顾一下,以稳定的心态去应对考试",用"复习""回顾"来理解这句句子更加合理,"overlook"相当于"go over"或者是"review"。

以上3个例句进一步说明了词汇和词义受制于语境、通过所给的语境产生合理的词义。因此,在语境中解读单词才能掌握其确切的词义,取得合理的交际效果。

二、做好文化铺垫,提升交际能力

对于我们中国学生来说,影响英语阅读能力除了词汇的因素以外,还有文化背景和生活常识等因素。

《英语课程标准》对英语学科教学提出了以下四个方面的要求:语言能力、文化意识、思维品质及学习能力。在强调学生语言能力、学习能力培养的同时,对学生特别提出了跨文化意识,以及思维品质的学习要求。

语言作为文化的载体反映了一个民族的政治、历史、生活习俗、宗教信仰和价值观念。目前,在高考英语阅读中所出现的文章基本上都来自英美主流媒体,无论是话题、文字表达形式还是文化背景等都对学生的阅读形成了一定的挑战。因此,英语阅读能力的提高不仅需要一定的语言知识,还要了解一定的文化背景,掌握一定的历史知识和生活常识。缺乏对英语国家的社会历史、文化传统和风俗习惯的了解常常会使你在阅读时有不可思议的感觉。

以下语段选自雪莉·桑德伯格(Sheryl Sandberg)2016年在伯克利大学毕业典礼上的演讲:

Today will be a bit different. *You will still do the caps and you still have to do the photos*. But I am not here to tell you all the things I've learned in life. Today I will try to tell you what I learned in death.

I have never spoken publicly about this before. It's hard. *But I will do my very best not to blow my nose on this beautiful Berkeley robe.*

One year and thirteen days ago, I lost my husband, Dave. His death was sudden and unexpected. We were at a friend's fiftieth birthday party in Mexico. I took a nap. Dave went to *work out*. What followed was the unthinkable — walking into a gym to find him lying on the floor.

文章开头的"You will still do the caps and you still have to do the photos."这两个句子里没有生词，但是我们的学生觉得这个句子的意思有点怪怪的。"你们继续做帽子，你们仍然做照片。"在毕业典礼上，雪莉·桑德伯格说的这个内容前言不搭后语，弄得学生一头雾水。其实，这是一句典型的英语习惯表达句式。句中的动词"do"是指代前文提到的内容或者指代美国毕业仪式上类似活动中的习惯做法。在美国的毕业典礼上，大学生一般会在典礼后"throw up their caps into the air and take photos as a remembrance."有了这个文化背景，这句就不难理解了。雪莉·桑德伯格想说，"毕业典礼后，你们还会向空中扔帽子表达喜悦的心情，还会拍很多照片作为留念。"

第一段末尾句："Today I will try to tell you what I learned in death."许多学生对这句话的理解是：今天，我将告诉大家我在死亡中学到了什么。对此，学生也感到莫名其妙。但是，如果我们读到第三段的内容：One year and thirteen days ago, I lost my husband, Dave. His death was sudden and unexpected. We were at a friend's fiftieth birthday party in Mexico. I took a nap. Dave went to work out. 就会明白，句中的 death 指她丈夫的突然离世。

第二段中的 But I will do my very best not to blow my nose on this beautiful Berkeley robe. 句中的 blow my nose 直译是"擦鼻子"，通过上下文推断出"哭泣"。雪莉·桑德伯格想说："在这令人高兴的时刻，我不会因为自己的遭遇而哭出来，我要尽量控制住自己的情绪，以免弄脏这件只在毕业典礼时才穿的漂亮长袍。"

再比如，2015 年高考上海英语卷阅读理解 C 篇，该篇题材涉及英国的历史和美国的企业管理文化。该文介绍了 Kenneth and Carol Adelman 夫妇通过对莎士比亚剧本中的人物关系的研究，开发了借用莎士比亚剧本中的人物关系培训企业管理人员如何抓住有利时机，提升管理模式的培训课程。

本段主题："谋杀与共和的关系。"

One of the executives gathered at the Aspen Institute for a day-long leadership workshop using the works of Shakespeare was discussing the role of Brutus in the death of Julius Caesar. "Brutus was not an honorable man," he said. "He was a traitor(叛徒). And he murdered someone in cold blood." The agreement was that Brutus had acted with cruelty when other options were available to him. He made a bad decision, they said — at least as it was presented by Shakespeare — to take the lead in murdering Julius Caesar. And though one of the executives acknowledged that Brutus had the good of the republic in mind, Caesar was nevertheless his superior. "You have to endeavor," the executives said, "our policy is to obey the chain of command."

恺撒，一位叱咤风云的"伟大人物"，在他政治、军事生涯"如日中天"的时候却惨遭谋杀。杀他的不是别人，正是他的亲密朋友，布鲁特斯。布鲁特斯为了国家的命运，极力推行共和制，带领恺撒的手下进行谋反，并且亲自杀死了恺撒。这段历史成了莎士比亚短剧的内容，并由 Kenneth and Carol Adelman 夫妇借此内容对企业管理人员进行培训。但是，学生对这篇文章的历史背景知识知道得并不多，而且文章中出现了较多的专有名词，对阅读经验不足的同学是不小的挑战。

没有文化特征的语言是没有生命力的语言。以上两个案例说明了语言学习和文化之间的密切关系。大家想要取得良好的阅读效果，必然要了解西方文化，特别是讲英语国家的文化、历史和习俗。

同样，生活习俗也是影响我们阅读的一个因素。最近我看到这样一篇阅读题，与大家一起分享。文中有怎么一段话：The wind was blowing from the south. The flowers lay moving from side to side in the wind like a bunch of drunk staggers. When sky is clear, we can never hear the bell ring in the church in the distance. As I was enjoying the cool wind, an old lady walked past saying, "That's the church bell. I can hear the bell ring."

题目：What did the woman mean by saying "I can hear the bell ring?"

A. It was going to rain soon.

B. The old woman was not good at hearing.

C. Church is not far away.

D. The bell rang louder than usual.

当时,我们班许多学生看了这个题目后觉得说不准哪个是正确答案。他们说,"这个题目迷惑的东西藏得太深了,一点提示都不给我们,做不出来,"但是,我很高兴看到了今晚来听讲座的同学也都在积极思考这个问题,有学生已经把答案都做出来了。我现在问在场的学生:"有谁愿意告诉大家他的选择?"(这时坐在中间的一名学生站了起来,说答案是 A。)我接着说,"你能否解释一下选 A 的依据吗?"

这名学生给出了如下的解释:"这是一篇小说的节选,大意是:从南方来的风吹得沙沙作响,把地上的叶子吹得满地打转。当天气晴朗的时候,远方教堂的钟声是听不见的,是风把教堂的钟声带了过来,教堂的钟声告诉人们风向变了,天要变了,要下雨了。"

这位学生回答得很棒!

这就是阅读,是理解,是交流,也是一种文化和生活的体验。我们学生需要培养这样一种思维,这种思维不仅仅是对阅读事实信息的把握,还需要文化的铺垫、还需要生活的积淀。

三、拆解长难句,降低阅读难度

许多学生在阅读时经常抱怨:"老师,这句话的结构怎么分析啊?""老师,这句话中文什么意思啊?""读不通"和"读不懂"成了同学们阅读的"拦路虎",尤其是语篇中的长难句解读一直困扰着广大的学生。

《英语课程标准》中明确指出,"能够通过分析句中结构并理解难句和从句"的阅读要求。分析近几年高考的阅读发现,阅读理解难度加大的一个主要原因就是句子的长度增加了,句子结构变得复杂了。所谓长难句就是一个主要的句子受到了较多从句和词组的修饰。

比如,2015 年高考上海英语卷的阅读理解 C 篇阅读的最后一段:Caesar's pride, which led to his murder, and Brutu's mistake in leading the traitors after the murder, they said, raise vital questions for anyone serving in a business when and how do you resist the boss? 的结构就比较复杂,不易理解。那么,如何破解结构复杂的长难句呢? 我们不妨

从以下几步进行尝试：

第一步，通过断句找主句；

第二步，划出从句定关系；

第三步，明确指代和修饰。

[拆解分析1]先确定本段的主句：Caesar's pride and Brutu's mistake raise questions for anyone，anyone 后面跟着 serving in a business 是分词短语作定语，修饰 anyone，anyone 后面是 when and how do you resist the boss? 是 question 的同位语从句，具体说明 question 的内容。

[拆解分析2]主句通过"and"并列了 Caesar's pride 和 Brutu's mistake in leading the traitor 的两个内容成为本句的主语，其中 Caesar's pride 被 which led to his murder 的定语从句修饰。

[拆解分析3]Caesar's pride, which led to his murder, and Brutu's mistake in leading the traitors after the murder, they said, raise vital questions for anyone serving in a business when and how do you resist the boss? 句中的 they said，在句中是插入语，指代 many of the participants，培训的管理人员。如果把 they said 移至句首，可以成为本句的主谓结构，引导宾语从句。

[本句译文]受训人员认为恺撒的骄傲导致了他被谋杀以及布鲁特斯的错误在于，他成为反叛者首领并且亲手杀死了杀恺撒的案例为企业公司的管理者提出了一个关键问题：什么时候、如何抓住机会去反叛你的上司呢？

以上的案例告诉我们，长难句主要通过定语从句、状语从句、名词性从句及分词短语、介词短语进行修饰，对句中的名词或者动词部分进行信息补充。所以，我们在阅读时可以采取"剥洋葱"的方式先找出主句，再层层剥离它周围的成分，让它们露出"庐山真面目"。

比如：2013 年高考上海英语卷的阅读理解 C 篇其中一段的结构分析（见图2）：

"The seemingly simple system which just moves the wings has a number of interdependencies on the individual components, each of which individually has to perform well, but then has to be matched well to everything it's connected to,"

```
which just moves the wings
         │
         定语从句（1）修饰主 system
主语 The seemingly simple system has a number of interdependences on the individual components
              定语从句（2）修饰 the individual components
                         each of which individually has to perform well
   定语从句（3）由 but 连接，与定语从句2()
   形成并列定语从句修饰 the individual components
         but then has to be matched well to everything
   定语从句（4）修饰 everything，从句中省略关系代词 that
                    (that) it is connected to
```

图2 本句结构分析图

[本句译文]这个看上去仅仅挥动翅膀的系统却有着一系列独立的元器件,它们的作用既互相依靠,又单独运行,且与它们之间的连接要达到很好的匹配。

下面,我们再来拆解分析一个案例:

If you cannot work out what the mismatch is, get back to the selection board with more examining questions, and find out what you need to do to bring yourself up to the level of qualification that would make you attractive to them: but be careful to make this sound like genuine request rather than a challenge or complaint.

结构拆解分析(见图3):

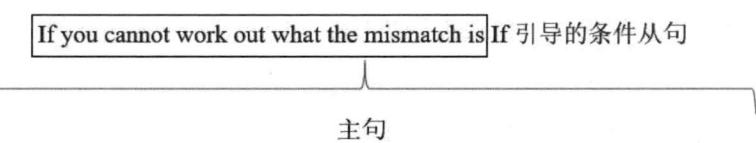

```
If you cannot work out what the mismatch is | If 引导的条件从句
                    │
                   主句
(1) get back to the selection board with more examining questions  主句
(2) and find out what you need to do to bring yourself up to the level of
    qualification that would make you attractive to them: and——与主句并列，递进。
            └ that 关系代词，引导定语从句修饰 qualification
(3) but be careful to make this sound like genuine request rather than a challenge
    or complaint.    but——与主句并列，转折。
```

图3 本句结构分析

[本句译文]如果你不明白为什么在应聘时没有被录用,你可以去咨询人事部门,向他们提出更多的问题,明确你需要做些什么才能使自己达到他们的要求,从而使自己对他们具有吸引力,但是这种询问要小心、真诚,而不是去对他们挑战和抱怨。

任何一门语言承载的是一种文化,因为文化不同,很多语言的表达习惯和结构方式是不同的。为了培养语言习惯,提高理解水平,建议同学们平时要多阅读一些原版的文章,并且尝试翻译其中结构较复杂的段落。在翻译的过程中强化词汇在语境中的意义,提高句子结构的分析和理解能力。

四、了解命题特点,提高解题效果

前不久,我班的学生做了2013年高考上海英语卷阅读理解C篇阅读,见以下段落:

They engineered a series of systems to start and drive the robotic fly. "The seemingly simple system which just moves the wings has a number of interdependencies on the individual components, each of which individually has to perform well, but then has to be matched well to everything it's connected to," said Wood. The flight device was built into a set of power, computation, sensing and control systems. Wood says the success of the project proves that the flying robot with these tiny components can be built and manufactured.

While this first robotic flyer is linked to a small, off-board power source, the goal is eventually to equip it with a built-in power source, so that it might someday perform data-gathering work at rescue sites, in farmers' fields or on the battlefield. "Basically it should be able to take off, land and fly around," he said.

It can be inferred from paragraphs 3 and 4 that the robotic fly _____.

A. consists of a flight device and a control system

B. can just fly in limited areas at the present time

C. can collect information from many sources

D. has been put into wide application

本题的答案是B,但是不少学生都选了A。学生们说:"文章我们都读得懂,但是题目老是做错,为啥呢?"我想告诉同学们,要想在阅读考试中取得好成绩,除了能够读之外,还要了解阅读题命题的特点,这样才能使你读得准,做得好。

首先,让我们先来了解一下《课程标准》给我们列出的阅读理解的四个层次的要求:能把握文本材料中的信息,理解作者为了说明文本思想所用的语言和表达方式;能够依据所提取的信息中的共同特征形成结论和概念;能够依据所获得的信息分析得出语篇的寓意、作者的态度、情感及写作意图;能够识别语言的表达形式、案例和行文逻辑,形成阅读思维的逻辑性。

这四个关系相互依存、相互影响,缺一不可。其中任何一个层次出现错误都将对其他的理解和思维产生影响。

英语文章的结构和阅读流程图标(见图4):

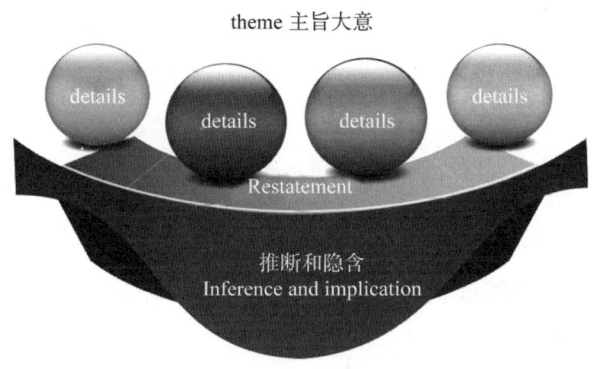

图4 阅读理解与命题特点

以图4为例,大家首先看到的是一个信息平台。假设台面上你看到是某种实物或者是某人的行为举止。你看到的实物可能是"香蕉""苹果""西瓜",那么你得出的结论应该是"水果";如果你看到某个女士每天的饮食是以蔬菜、水果为主,那么你得出的结论是"她是一位素食者"。

对照阅读理解四个层次的要求,不难发现,A选项consists of a flight device and a control system 的信息与第一段的内容完全吻合。但是这些信息,如a flight device and a control system 均是事实信息,是四个层次中的第一个层次。依据文本中的事实信息进行分析,合理推断出可能由此引发的行为或者可能产生的结果(to make a reasonable guess based on the facts)。

根据命题的第二个要求,学生将依据所提取的信息,进行合理的分析和推断。在第二段中,While this first robotic flyer is linked to a small, off-board power source, the goal is eventually to equip it with a built-in power source.这个句子提供了这样的事实信息,"尽管这个机器苍蝇目前只能通过外接电源为它的飞行提供能源,但是科学家最终将为这个装置开发一个内置电源"。其中,"off-board"是一个形容词,修饰"power",意思是"离体"的电源。根据题干 infer 的要求,我们可以推出,"这款机器苍蝇由于受到电源的制约,目前的飞行范围有限"的推断。一些学生把 A. consists of a flight device and a control system 和 B. can just fly in limited areas at the present time 混淆起来,根本原因在于,没有弄清楚针对文本内容设计的事实信息的考题和根据事实信息进行分析推断考题的区别。

所以,同学们在做阅读题目的时候,除了读和分析以外,还要学会排除其他选项的干扰,弄清事实信息和分析推断的考点区别,识破它们的迷惑性,这样才能取得更好的阅读效果。

苏联教育家苏霍姆林斯基曾经说过:"让学生更加聪明的办法是教会学生去阅读,鼓励他们去思考。"强调阅读重要并不意味着大家每天去刷题,投入到题海中去。有效的阅读的关键是学会阅读,学会分析。这是在老师的指导下,通过课堂教学和语言实践逐步形成的过程。

在此,我想再通过一个例子来说明这个道理。《牛津英语》高一上册有一篇课文 Surprises at the Studio,这是一篇记叙文,描述了在智力竞赛电视节目的录制过程中,有一位女选手因过度紧张而当场昏过去了。在这紧要关头,与 Mandy 一起去观看录制节目的 Angela 小姑娘勇敢地举起了手,成了临时的替补选手。Angela 在比赛中的表现非常出色,答对了一题又一题,最后赢得了这次智力竞赛的大奖。该故事一共出现了 director(导演)、make-up artist(化妆师)、Mandy 和 Angela 等四个主要人物。作者通过描写这四个人物在智力竞赛中的言行举止来反映各个人物的不同个性特征。细细品读其中的词和句,发现有许多值得思考的地方。

作为记叙文,我围绕故事中的人物、情节展开教学。首先,我让学生找出故事中的关键人物以及与他们关联的词语。这是一个找事实的过程,是为学生后面的思考打下的铺垫。比如，我要求学生先找出与 Director 有关的动词，结果大家发现与其有关的动词一共是五个，其中四个是"shouted"。我把四个"shouted"放在一起，问学生，你们是否觉得本文的作者用了那么多的"shouted"而显得语言很贫乏？同学们很肯定地回答："不是。"他们说，文中的"shouted"恰恰反映了当时紧张的气氛和导演为了确保节目的成功录制所表现出来的内心焦虑（nervous）。

文章写得好不好，人物生动不生动，作者一般不会直接用结论性的语言进行描述。如果是这样，文章就失去了阅读思考的价值了。好的文章应该是作者细心的观察和生活积累的反映，通过读者的阅读和思考，得出理解和感悟。我们现在再来看看小女孩 Mandy 的行为，在课文中，她始终一动不动地坐在凳子的边沿，sits on the edge of the chair，咬着手指头，biting her fingernails，呼吸紧张 gasping。我问同学们，Mandy 的这些行为说明了什么？大家你一句、我一句地讨论着，发表着自己的看法。Mandy 的这些行为反映了她：紧张"nervous"、胆小"timid"和缺乏自信"unconfident"的性格。同样，Angela 的表现赢得了大家的赞美，大家都认为她：知识丰富"knowledgeable"、勇敢"brave"和自信"confident"。

所以，提高阅读能力的关键是在浩瀚的信息中，学会如何获取有用的信息，并提炼出有价值的观点，形成自己的思维体系。简单来说，阅读能力包含三个方面：理解能力、分析能力和归纳能力，这些能力的形成关键在于课堂学习。同学们要在老师的指导下，学会"读"和"思考"。

五、分析结构特征，把握行文逻辑

森林是由一棵一棵树连成的，阅读理解也是这个道理。语篇的主旨是通过多个事实信息或者案例演绎出来的。换言之，你要想得出整篇文章的主题思想，就必须抓住一点一点的信息去理解，按图索骥，连树成林。

许多学生读了文章之后，觉得好像读到了些什么，但又说不清到底是什么，其表现特征就是孤立地理解单词，无法将文中的细节、案例逻辑地联系起来、得出文章的主题思想，分析出作者的写作意图。我们把这种阅读称为 Context Fragmentation Reading（CFR），即信息碎片化阅读。有的同学说，我这次月考很幸运，好几个阅读的选择题都被我猜对了。如果高考的时候也被你猜对是蛮幸运的,但是这终究不是靠你的能力读出来的。

目前欧美文章的写作特点一般是通过演绎法或者归纳法对主题进行论述。阅读能力强的同学往往能够把握文章的行文逻辑,对文本中的信息进行对比、分析、综合和概括,从而获得文章完整的画面。我们把这种能力称为思维的合理性或者是逻辑思维能力,即 Detailed Information into Context(DIC)。

"逻辑"一词源自古希腊语"logos"的汉语译文,包括"词语"和"思维"两层意思。它反映了词语和思维之间的密切关系——语言是思维的载体,思维是我们对客观事物正确的认知过程。逻辑思维就是通过对语言内容的理解、分析和概括,使我们的思维与客观事实更加吻合。

据此,英语阅读中的逻辑思维包括三个层面的要求:概念、推理和判断。概念是反映事物特有属性的思维形态,由具体信息呈现出来,再由具体到抽象的思维过程。逻辑思维体现在阅读中就是通过对句间和段落间的词和句的表达方式进行合理的思考和判断的过程。

在目前的英语学习中,许多学生外语学习确实认真、踏实,但他们更加关心的是单词和语法知识点的积累,虽然也经历了不少阅读练习和考试,但是阅读能力始终不尽如人意。究其原因,他们的思维往往还停留在直观的和个人生活经验的层面上,缺乏如何通过理解文本中的具体信息进行综合分析、抽象和概括等多种思维过程,加上中英文在表达上和思维方法上的差异,许多学生的阅读能力还无法实现由量到质的飞跃。

理解句间和文本间的逻辑关系是培养学生形成逻辑思维的主要途径。通过让学生学会比较和理解去挖掘英语文本材料中的基本内容,从而能够迅速、准确地把握阅读材料的主旨大意和逻辑结构,是把树连成林的有效尝试。请看下列句子中的逻辑关系:

[例 4]

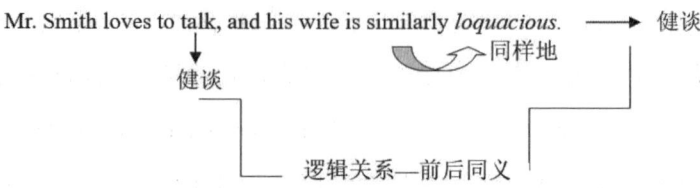

本句意思:史密斯先生的妻子像他一样会唠叨。

[例5]

His cousin began to laugh at him, and instead of encouraging him to continue with his presentation, his father told him to *call a day*.

→ 不是鼓励他继续
→ 今天就到这儿吧
逻辑关系—前后反义

本句意思：他的堂兄开始嘲笑他，他的父亲不是鼓励他继续演讲，而是说，今天就这样吧。

[例6]

If your child is unwilling to discuss something with you, don't insist that he tell you what's on his mind.　The more you insist, the more likely it is that he will *clam up*.

告诉你他怎么想的　　你越是坚持要求他告诉你　　他会闭嘴
逻辑关系—因果关系

本句的意思：如果你的孩子不愿意与你讨论什么，就不要坚持他告诉你他在想什么，你越是逼得紧，他就越拒绝开口。

[例7]

When I first became a reporter I knew a man who *gave up* a well-paid respectable job at the Daily Telegraph to go and edit a small weekly newspaper. At the time I was astonished by what appeared to me to be his completely abnormal metal state. How could anyone *turn his back on* Gleet Street in central London for a small local area.

放弃
放弃
逻辑关系　前后平列

本句意思：　当我第一次当记者的时候，我认识的一个人，他放弃了在《每日电讯报》的一个薪酬丰厚而体面的工作，去当了一个每周小报的编辑。我对他反常的思维状态感到吃惊：一个在英国伦敦市中心格兰特大街工作的人会对一个小地方产生兴趣。

[例8]

The increase in the number of married women employed outside the home in the twentieth century had less to do with the mechanization of housework and increase in leisure time for these women than *it* did with their economic necessity and with high marriage rates that shrank the available number of single women workers.

- 已婚女性外出就业的人数的增加
- "it" 指代上文的"increase"
- 逻辑关系　指代关系

本句的意思：20世纪已婚女性外出就业的人数的增加与家务劳动机械化和她们的闲暇时间增加关系不大，而是与她们的经济状况和女性结婚比率提高造成单身女工人数减少有关。

[例9]

关注下列文章的行文逻辑：

Cells divide many times throughout their lives. But they cannot do it ceaselessly. Once they have reached the limits of their reproductive powers, they enter a state called "senescence", in which they carry on performing their duties but stop making new copies of themselves. *For years it was assumed that, apart from their refusal to divide, senescent cells were otherwise identical to their replicating companions.*

> For years it was assumed that, apart from their refusal to divide, senescent cells were otherwise identical to their replicating compaions

本篇文章为段落间的逻辑关系，上段最后一句起到了起承转合的作用，整篇文章的主题由随后陈述的信息引出了本篇文章的主题："衰老细胞及它可能产生的问题"，因此，能否理解这句的意思十分关键。

该句中的 assume 表示"假设"，在本篇文章中起到了穿针引线的作用，其意思是，"这些衰老的细胞真像人们所认为的那样，除了不能分裂出新的细胞，其功能与其他正常细胞都一样"。

There is mounting evidence, though, that this is untrue. One study in 2016 reported that senescent cells in the kidneys and heart produce a protein that causes nearby healthy tissues to function less. Another study published in Nature this week, suggests the accumulation of senescent cells within the brains of mice causes the animals to develop *neurodegenerative*(神经退化的) diseases —— and that the removal of these cells can help prevent them.

学生可以在理解第一段的基础上,进行逻辑推理,预测文章的主题思想:"2016年的一项研究报告说明,肾脏和心脏的衰老细胞会产生蛋白质,导致附近的健康组织功能下降。本周发表的另一项研究表明,老鼠大脑中衰老的细胞的积累会导致其大脑神经性功能衰退和产生疾病。如果去除这些细胞可以帮助预防这些疾病。"

我想用一段话来结束今天的讲座:英语阅读是一个完整的思维过程。是孤立地看待每个信息,还是把文本中的信息进行合乎逻辑的连成整体的思考,体现了学生的阅读能力和思维品质。要促使这种能力的形成,仅仅通过"刷题"往往收效甚微。所以,我们要立足课堂,以老师的教学为主线,经过不断的语言实践,最后形成解决问题的能力。如果我们能把语言的文化内涵融入外语学习中来,那一定会像插上翅膀一样,飞得更远。

主题介绍

借助有趣的物理现象分析和有效学法指导,听众可以感知物理思维如何使人透过现象看本质,在纷繁之中见真谛,把握大千世界的内在规律。

袁芳,上海市物理特级教师,正高级教师,现任上海市虹口区教师进修学院教研室主任,第四期"双名工程"物理攻关基地主持人。曾参与市级高考、学业考试命题工作、教材审读工作、初中竞赛、高中的实验竞赛命题、课题和项目研究。获上海市园丁奖、教育系统三八红旗手等荣誉。出版《高中物理愉悦教学的实践和探索》一书,参与编写《新课程改革背景下物理教师评价体系的构建与操作》,近年在核心期刊发表十多篇文章。

物理学习：让你脑洞大开，感受理性的力量

袁 芳

扫码听讲座

高中物理被很多人认为比较难,学生学习物理如堕雾里。今天我们就来谈谈物理学习如何让你脑洞大开,感受理性的力量。

一、物理学研究什么

100多年前,美国物理学会会长亨利·罗兰在演讲中阐述了什么是物理学:这门科学涉及宇宙的基础,组成宇宙中所有事物的物质,以及各种物质之间的相互作用。尽管这些物质可能相距甚远,以至于未来科学如何发展,我们可能都无法穿越这样的距离。这一学科强烈地吸引着我们人类最优秀的头脑,物理学的科学问题将穷尽人类智力的极限并揭示出人类所能达到的、最为庄严和高贵的思想。

（一）物理学的研究范畴

物理学的研究范畴可以用这样一张首尾相连的衔尾蛇图（见图1）来表示：

超星系团,尺度在 10^{24},银河系 10^{21},近距离的恒星 10^{18},太阳系 10^{12},依次是太阳、地球、高山、人类,DNA 为 10^{-3},生物学研究范畴在细胞层面,数量级为 10^{-6},电子、离子是化学研究的范围,接下来是原子核以及更小的微观粒子。

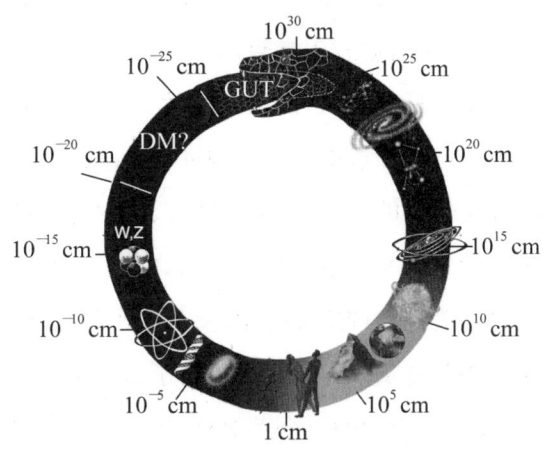

图1 物理学的研究范畴

从超星系团到太阳系,到人类所在的宏观世界,再到原子尺度的微观世界,乃至中微子等都在物理学的研究范围内,其中电子层面涉及化学,细胞层面又涉及生物学。在宇宙大爆炸的起初,只有热辐射和高能粒子,早期宇宙成为粒子物理学家研究的对象,因此研究宇宙和高能粒子有了统一,因而最大和最小两个分支就奇妙地衔接在一起了。人类一直希望看到更大尺度的宇宙,引力波在近期热门,因为借助引力波人类可以"听"宇宙。

物理学的研究范畴如此之广,需要在大尺度、高速阶段用到相对论,微观尺度研究建立在量子理论基础之上。今天对于微观世界的认识已经是这样了(见图2):

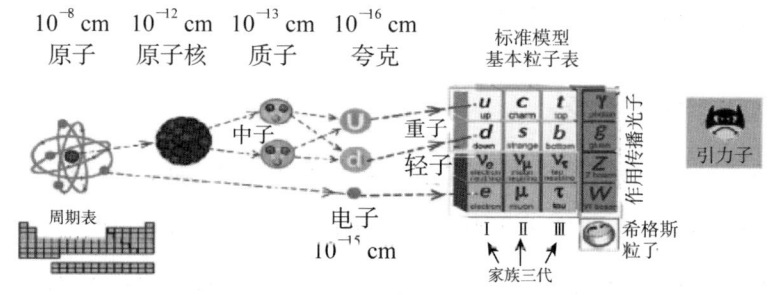

图2 物理学对微观世界的认识

(二) 物理学最优秀的头脑

物理学的研究吸引着人类最杰出的人物,我们来看一张全明星的梦幻组合照(图3),这是第五届索尔维会议。物理学大师汇聚一堂,留下这张让后人唏嘘不已的"物理学全明星梦之队"的世纪照片。当中的爱因斯坦相信大家都很熟悉,引力波就是爱因斯坦广义相对论的一个佐证。唯一的女性——居里夫人,也是唯一获得诺贝尔物理奖和化学奖的人;左边是普朗克,当时德国物理界的泰斗,量子理论的创始人,量子理论中的常量h以他的名字命名,叫普朗克常量。最右边的绅士是玻尔,在丹麦建立了世界上理论物理研究的中心,集中了很多当时的杰出人才。在当时的大会上,爱因斯坦和玻尔就量子力学问题进行了激烈的争论。对于薛定谔,大家可能听说过这样一只猫:量子力学中的一个著名佯谬——"薛定谔的猫",密室中的猫是活还是死,在观测者进行观测时才能确定,但是一旦观测,状态又会改变。这位是海森堡——当时希特勒的首席科学家,有物理学史研究者认为是他有意阻挠了希特勒关于原子弹的研究。

图 3　第五届索尔维会议

几乎可以肯定,世界上没有第二张照片,能够像这张一样,集中如此之多、水平如此之高的人类精英。

(三) 物理学改变历史

物理学的魅力不但在于吸引杰出人才,物理学的发展也改变着人类进程。人类历史上的几次大变革都是以物理学的发展为契机的。

300 多年来,物理学一直是人类进步的动力。第一次的工业革命以瓦特蒸汽机为代表,广泛应用于纺织、采煤、冶铁等各个行业。第二次工业革命开始的时间是 19 世纪下半叶。1831 年法拉第发现了电磁感应现象,到 1865 年德国人西门子发明了发电机,随后电力、蒸汽成为主要的能源和动力的来源,系列与电有关的发明也开始应用于生产和生活,如电话、电灯、电报、电影,电力广泛使用的第二次工业革命被称为"电气时代"。

20 世纪初的第三次科技革命,以原子能、电子计算机、空间技术等发明和应用为主要标志,是涉及信息技术、新能源技术、新材料技术、空间技术等诸多领域的一场信息控制技术革命。这次科技革命也影响了人类生活方式和思维方式,使人类社会生活和人的现代化向更高境界发展。

物理学科的发展对社会进步的推动有目共睹,其他学科的深入研究也得益于物理学的发展。

生物上基于物理的观测技术取得了突破性进展。2000年,美国科学家用电子显微镜观察壁虎的脚掌,发现它的脚掌充满无数细小的"刚毛",而"刚毛"末端开叉,每个小刚毛又分成100—1000个小绒毛,尺寸大概在纳米级别。小绒毛使壁虎脚掌的表面积大大增加,利用小绒毛和墙壁产生的范德华力——一种分子吸引力,壁虎可以爬上任何物体表面,这种吸附力可达到壁虎体重的50倍以上。安德烈·海姆(Andre Geim),英国曼彻斯特科学家,因单层石墨烯获得2010年物理诺贝尔奖,模拟壁虎脚掌的结构,在一种高分子材料(聚酰亚胺)上进行刻蚀,制造出单个微突起直径为500 nm,高2 μm,以间隔1.6 μm周期性排列的表面,制作了一个胶带,每cm^2可以负重600克的物体。要把一个人粘在墙上,一张A4大小的胶带即可,而且可以反复使用,可以把蜘蛛侠模型粘在天花板上。2015年11月底,科学家完成了对壁虎的全基因测序,发现壁虎的β—角蛋白会出现大规模的基因扩增,从而造就了其趾上密集刚毛的形成,使壁虎能够爬行任意地带而不留痕迹。

(四)高中物理学习内容

图4 高中物理的研究内容

物理的研究范围是如此之广,那么高中物理学什么呢?有哪些内容和方法?

高中物理的研究内容如图4所示。

力学方面:南浦大桥为什么要造螺旋上升的引桥?——基于力的合成和分解。山区的高速公路连续下坡处为何有避险车道?——让动能转换成势能。微信流传的"友谊的小船会翻"是什么原因?——力矩的作用!电磁学方面:轿车尾部的ABS标志是何意?安装之后,刹车路径是可控的。楼道灯为何能自动开启、熄灭?——逻辑电路。热学、光原方面:医院吊针的原理是什么?——满足气体定律,压强和体积的制约关系。肥皂泡沫为什么是彩色的?——这是光的薄膜干涉。我国的秦山核电站,利用的是核裂变原理。

二、高中物理怎么学

高中物理和我们的生活是如此息息相关,那高中物理应该怎么学?

中学物理学科的属性是：①它是实验科学，实验占有突出地位。很多概念、规律的得出都是从实验中归纳概括出来的。从某个方面而言，物理学的发展史就是物理实验的发展史。②它是逻辑严密的理论科学，其逻辑的严密性是迄今为止任何一门自然科学所不能比拟的。物理学的发展本身就包含了由浅入深、由简单到复杂的发展规律，所以物理学是发展完善、体系严密、成熟的自然科学。比如，生物和化学进入到分子以下层面的研究必须借助量子理论，如，为什么斑马的毛皮是这样的色彩分布？它是以数学为工具的科学。运用数学工具才能研究物理现象和物理过程，表达物理概念、规律和理论，解决物理问题。

因此高中物理学习在观察、体验、思考、推理方面是有一定要求的，要学好它需要几方面的努力。首先要了解初高中的差异，初高中物理在内容和方法上都有较大变化。

（一）认识初高中物理学习的差异

1. 定性——定量

首先，初中物理定性分析较多，高中物理定量分析为主。初中要求认识能量，高中要求能用机械能守恒定律求解问题。比如，对于跳水运动，初中仅要求定性了解起跳过程势能转化为动能，空中运动时又是动能转化为势能；而高中则要求起跳能量、起跳速度、做功等相关物理量的求解。

[例1]质量为 60 kg 的跳水运动员在离水面 $h_1 = 4.8$ m 的跳台处以 5 m/s 的速度斜向上跳起，如图 5 所示。不计空气阻力，试求：

（1）起跳时运动员做的功；

（2）运动员入水时的速度；

（3）若起跳后的最高点 B 比 A 高 $h_2 = 1.2$ m，则运动员在最高点的速度 V_B 多大？

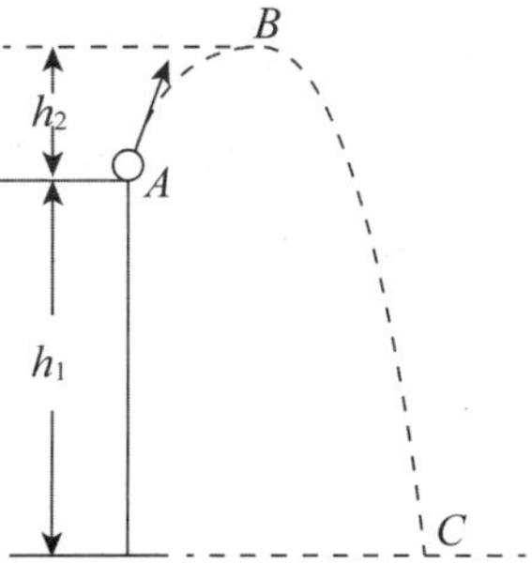

图 5

其次，物理学习是通过问题解决的过程来培养思维能力。问题的呈现最常见的方法就是题目，因此学生在高中物理学习中一定要会选择、转换题目中的相关信息，这也是互联网时代，人们面对信息洪灾时必须具备的选择判断能力、做到去伪存真。

2. 提取有效信息

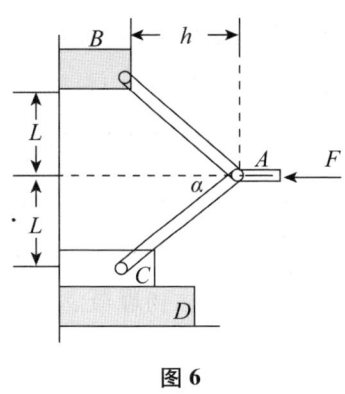

图6

初中题目的已知求解比较直白,单线思维,但是高中物理需要考查学生提取信息能力。这道榨汁机题目(见图6),需要从中提炼出共点力平衡的信息,结点 A 受到的推力沿杆进行分解,其中沿 C 点方向的分力的竖直分量才是施加给 D 物块的压力。数字是信息,更重要的是文字信息,这也是物理和数学题有较大区别的地方。

3. 选取适用规律

由于学生的认知水平,初中时公式规律较少,比如只研究运动中的特例——匀速直线运动,学生只需掌握一个关系 $s=vt$。一般都是三个量中已知两个,求解第三个。但是高中学习的知识范围更广,物理规律很多,实际应用时需要选用合适的规律。比如这样的运动学问题,更接近生活,学生需要基于过程和已知条件选取最合适的规律求解。

[例2]一辆汽车做匀减速直线运动,先后经过 A、B、C 三根标杆,$AB=36$ m,$BC=39$ m,当汽车经过第一根标杆 A 时开始计时,汽车经过 B 标杆时,时间指示为 4 s;经过 C 标杆时,时间指示为 10 s。试求汽车经过 A 标杆时的速度 V_A 和加速度 a。

我们通过画出示意图(见图7)来明确题意,已知位移和时间寻找最合适的规律进行求解。

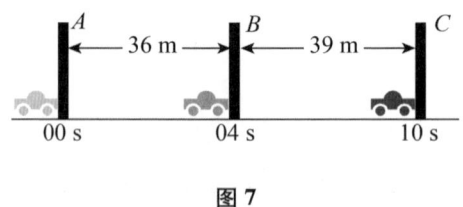

图7

物理来源于生活,但是对生活现象或事件的简化或提炼,因此物理学习要结合生活。

(二)学以致用

[例3]拔河——班级失利的故事

开展秋季运动会时,这个阶段刚好在学习摩擦力。了解拔河的关键:平衡态的破坏,摩擦力的重要性。同学们都信心十足地上场了,原理很清楚,就看实践了,但结果是完败！因为没有一个男生体重超过 150 斤,面对四个 150 斤以上男生的 6 班,正压力不够,能提供的最大静摩擦力有限,先天不足！

[例 4]小区健身器材——会思考的女生

朋友的女儿来我们家玩,看到路边的健身器(见图 8),惊喜地对我说:阿姨,我明白了,这是利用力矩的原理。我对女孩刮目相看。

[例 5]变速自行车——学生的经历

高中物理在高一下学期学习圆周运动,在我问同学们是否理解时,一名男生摇头表示不能理解传动装置如何实现自行车变速。我让课代表在课后带他到操场上演示一下自行车的变速。

图 8

只有将物理学习内容与生活紧密相连,才能让学生有习得感。

当你对高中物理学习有了一点了解后,怎样才能使高中物理学得有趣、有效呢？

(三) 有趣、有效地学习物理

1. 有一双慧眼

高级轿车为何标示百公里加速时间？常用的充电宝标示 mAh 是什么意思？

影片《星际穿越》中有哪些镜头体现了牛顿三大定律？这是我布置给学生的周末作业。有一名女生看完后就问我虫洞的问题,我推荐她看一些相关的书。

2. 保持好奇心

人往高处走,水往低处流,但为什么汽车玻璃上有逆流而上的水珠？进入隧道前后收音机信号会发生什么变化？为什么在电视上看到奔驰的汽车轮胎是定格的？

3. 深入完整地理解概念和规律

所谓深入完整地理解,指不单了解概念或规律的本身,还要了解与其相关的概念或规律。物理概念是客观事物的物理本质属性在人们头脑中的反映。物理概念是在大量观察、实验基础上,运用逻辑思维的方法,把事物本质的、共同的特征集中起来加以概括而形成的(见图9)。物理概念、规律是人们进行物理思维的基础。

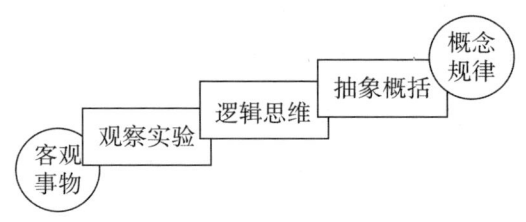

图9 深入完整地理解概念和规律

物理是对客观世界的描述,因此物理题目都是讲述的一个事件,有原因、过程、结果。所有物理题目都是通过你对事件的分析、解释来考查你对概念、规律的理解和掌握。但是学生往往以为概念、规律只是那句话,以为自己记住了,但还是不会灵活运用。

以加速度为例:加速度的定义是 $a=\Delta v/\Delta t$,物理意义是速度对时间的变化率,矢量、方向取决于速度的变化。除了这些之外,还需要明确:Δv 也是物理量,也是矢量。加速度用其和时间的比值来表征,但决定加速度大小的是牛顿第二定律,加速度和速度没有必然关系,加速度和速度同向,物体做加速运动,反之减速。加速度恒定时,速度是可变的,物体可以做直线,也可以做曲线运动。加速度变大时,速度大小也可能变小。加速度的大小和方向可以在 $v\text{-}t$ 图像上反映,加速度—时间图像中图线和纵横坐标包围的面积表示速度的变化量。

以动能定理为例:$\sum W=\Delta E_K$,表示的是因果关系,合外力做功造成物体动能的变化,但是对它的理解还应该包含以下几点:① 在整个过程中物体受力情况是变化的,要注意力和位移的时间一致性。某些情况下,用 mas 来表示合外力的功也很方便。② 动能定理只需考虑始、末状态,不必考虑中间过程,这是它与牛顿定律相比所具有的独特优越性。但凡变加速过程,首选动能定理。③ 有两个或两个以上研究对象,应用 $\sum W_{外}+\sum W_{内}=\Delta E_{K_1}+\Delta E_{K_2}$;同时考虑两者速度是否相同,必要时进行速度的分解或合成。④ 机械能守恒定律也可以用动能定理来解决,可避免零势能点的选取。⑤ 判断系统机械能是增加还是减少时,采用功能原理:外力(不包括重力和弹簧弹力)对物体做正功,机械能就增加;对物体做负功,机械能就减少。表达式为:$W_{外}=\Delta E_{机}$。

只有这样深入理解,我们才可以在学习和运用时游刃有余。

4. 掌握方法——对象、过程/状态、联系

所有的物理问题都包含这三个因素:对象、过程/状态、联系(见图10),厘清这三者关系,做物理题要错也难!

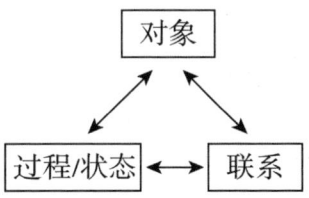

图10 物理问题三个因素

(1) 一图读懂——建立物理场景

[例6]屋檐下的雨滴 (运动学——过程图)

一个雨滴从屋檐自由下落,在0.25 s内通过高度为2 m的窗口(见图11),该窗口顶端距离屋檐有多高?

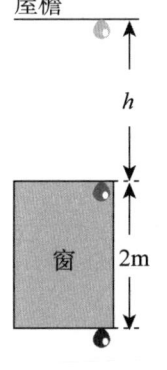

图11

分析如下:

对象:雨滴;过程:自由落体;联系:空间位置和对应时间、速度;画示意图如图11。设窗顶距屋檐距离为h,雨滴落到窗口顶端速度为v_1,到窗底处的速度为v_2,再运用运动学公式求解。

[例2]A、B拴接的小球 (能量——结构和过程图)

可视为质点的小球A、B用不可伸长的细软轻线连接,跨过固定在地面上、半径为R的光滑圆柱,A的质量为B的两倍。当B位于地面时,A恰与圆柱轴心等高。将A由静止释放,B上升的最大高度是_____(见图12)。

分析如下:

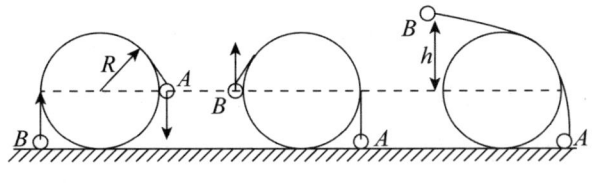

图12

对象:B球;过程:先AB一起运动,后B上抛;联系:AB间有细绳相连。分段考虑。

三个过程示意如图12所示。

[例8] 电磁感应(受力图和电路图)

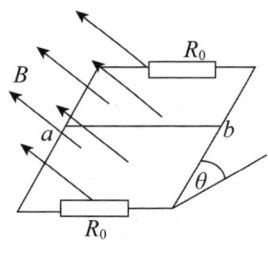

图13

处于匀强磁场中的足够长且电阻不计的矩形金属框架,宽度为L与水平面成θ角,上、下两端各连接一个阻值为R_0的电阻。匀强磁场方向与金属框架平面垂直向上,磁感应强度为B。ab为金属棒,其长度也为L、质量为m、电阻为r。金属棒与金属框架之间的动摩擦因数为μ,由静止开始下滑,直至速度达到最大(见图13)。求金属棒下滑的最大速度。

分析如下:

对象:棒;过程:变加速,达到速度最大;联系:棒的运动切割磁感线,产生电流,在磁场中受到安培力,影响其运动。

棒达到最大速度,平衡——受力图如图14左所示,安培力通过电流求解,画出电路图(见图14右)。

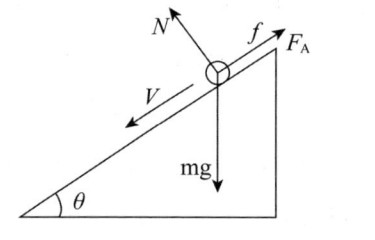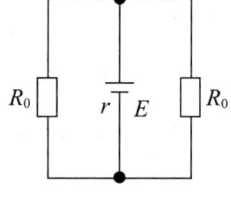

图14

(2) 抓大放小——建立物理模型

[例9] 化繁为简

图15A是在高速公路上用超声波测速仪测量车速的示意图,测速仪发出并接收超声波脉冲信号,根据发出和接收到的信号间的时间差,测出被测物体的速度。图15B中p_1、p_2是测速仪发出的超声波信号,n_1、n_2是p_1、p_2由汽车反射回来的信号。设测速仪匀速扫描,p_1、p_2之间的时间间隔$\Delta t = 1.0$ s,超声波在空气中传播的速度是$v = 340$ m/s,若汽车是匀速行驶的,则根据图15B可知,汽车在接收到p_1、p_2两个信号之间的时间内前进的距离是_____,汽车的速度是_____m/s。

物理学习:让你脑洞大开,感受理性的力量 | 267

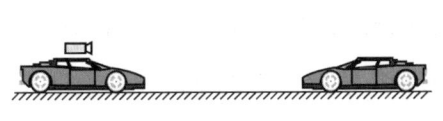

图15A

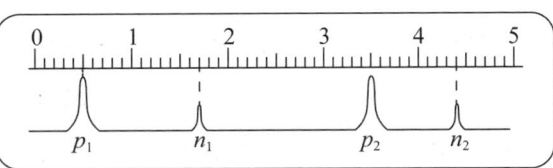

图15B

分析:这是比较繁复的题目,需要建立过程模型。

对象:车;过程:匀速运动;联系:超声波信号反映位置变化和时间;简化:将图15B改变一下,找到两次收到信号的位置和对应时间见图15C。

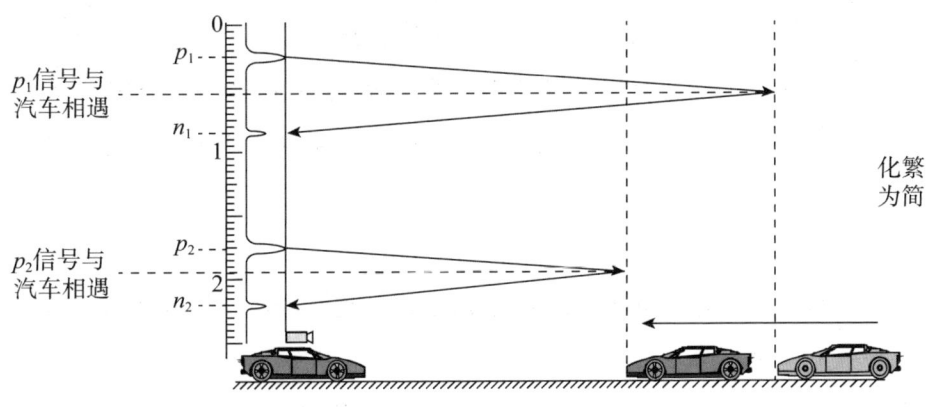

图15C

[例10]逆向思维

竖直平面内的轨道Ⅰ和Ⅱ都由两段细直杆连接而成,两轨道长度相等。用相同的水平恒力将穿在轨道最低点B的静止小球,分别沿Ⅰ和Ⅱ推至最高点A,动能增量分别为ΔE_{K_1}、ΔE_{K_2}(见图16)。假定球在经过轨道转折点前后速度大小不变,且球与Ⅰ、Ⅱ轨道间的动摩擦因数相等,则ΔE_{K_1}_____ΔE_{K_2}(>、<或=)。

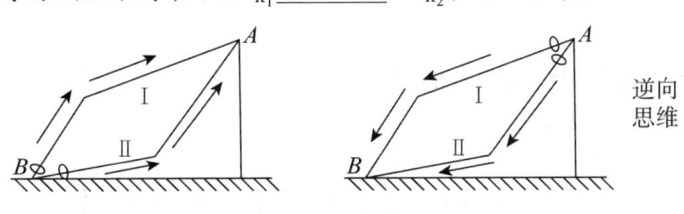

图16

分析如下：

对象：两个小环；过程：两次匀变速过程；联系：相同的起点和终点，路程相同。

从下向上的过程不太好分析，逆向思维，从上而下的过程是我们常见的过程模型，效果是相同的。3个力都是恒力做功（摩擦力在每一段上是恒定不变的），摩擦力做功取决于在水平轴上的投影，然后列动能定理即可。

[例11]类比迁移

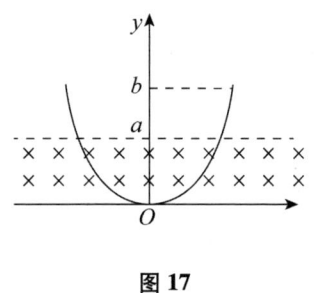

图17

如图17所示，以一竖直光滑曲面的顶点为坐标原点，建立坐标系。曲面的下半部分处在一匀强磁场中，磁场方向垂直曲面所在平面指向纸内，磁场的上边界是 $y=a$ 的直线。一个质量为 m 的小金属块从曲面上 $y=b(b>a)$ 处以初速度 v_0 沿曲面下滑，则金属块第一次到达磁场上边界时的速度大小为_____；金属块在曲面上滑动的过程中产生的总热量为_____。

分析如下：

对象：小球；过程：光滑曲面变加速过程，在磁场内变加速；联系：进入磁场过程中有切割，产生焦耳热。

联想到力学中常碰到的小球经过粗糙斜面，有能量损耗，进入光滑曲面滚动的模型。类比迁移一下，当小金属块进入和离开磁场时，有磁通量变化，产生感应电动势，有电热产生，有能量损耗；完全处于磁场中时，就没有磁通量变化，没有能量损失，最终过程和在光滑曲面上运动是一样的。

总结：物理学习要追求性价比。① 推理是王道——小心求证，耐心推导。基本要求：列方程或方程组；难度体现：求极值—函数，基本不等式。② 提炼是捷径——善于归纳 反思总结。知识系统化、结构化；聚焦错题、挖掘错因。

三、物理学习对于思维的帮助

（一）女儿的理性

女儿上小学一年级时，老师问：为什么沉甸甸的麦穗笑弯了腰？她回答是因为重力的作用,于是得到了人生第一颗来自老师的棒棒糖。

2016年她高考,加试物理,时日无多。晚餐时听她点评时事总是很有意思。网络报道"民科"早就预言过"引力波"一事,认为科学界欠"民科"一个道歉。女儿评论:"他"只是知道"引力波"这一名词,缺乏严谨的理论基础和可靠的实验事实,根本不能算开创性的工作,谈不上道歉,更不值得拿奖,最多是嘉宾不够礼貌。

(二) 先生的回忆

2013年发生福岛核泄漏事件,一时人心惶惶。有一天,我先生很得意地和我说起今天的收获:在办公室里基于自己当年的高中物理知识,向同事们普及了一些核电站、核污染方面的常识,赢得了赞扬,但有一个质疑他:是不是你夫人教你的?

有时看大片我会剧透:英雄救美,英雄死了!但是英雄会活过来的。果然一阵漫长的等待,英雄醒了,还说了一段俏皮话。科幻大片中,终于把异形打死了,大家都长舒了一口气,我却说还会回来的,果不其然,最后的镜头是太空船舷窗上的异形的脸。先生认为我不可能是导演,肯定我提前看过了。其实是学习物理给予我的理性分析归纳——好莱坞大片的规律:要让观众笑着离开电影院,还要拍续集!

(三) 学生的感悟

我一直认为做老师是个很有成就感的职业,因为你可以影响很多人,和很多孩子成为忘年交,亦师亦友,这份情感的温暖是任何行当不能比拟的。我的学生们这样看待高中物理学习对他们思维的影响。

1999届的章某某同学,高中物理入门很快,考上复旦大学微电子系,如今是IT行业高管。她认为,从高中物理到近代物理,理性思考的模式帮助她开阔了视野,让她可以更迅速、更有条理地在工作中做出每一个决策。

在读物理博士张某,物理天赋很好,喜爱看《费曼讲义》。同学评论他讲题的表述像教科书一样规范。他认为:对于物理规律之美,先用心体会,再用笔演绎。

另一位顾同学把高中的兴趣发展成为自己的志趣,成了大学物理老师。他说:培养辩证思维,掌握物理方法,保持好奇心是打开真理之门的金钥匙!

2007届的郭同学,喜欢音乐、艺术,在硅谷做数据分析师。她用另类的视角来看待物理——物理的很多原理和一些看似不怎么相关的学科有着很大的相通性——经济学的"边际效益"其实就是物理中加速度的概念,弦乐器的演奏其实就是通过手指按弦的位置控制振动频率来达到不同的音调。每当在另一门同样很喜欢的课程里看到这些和物理相似的知识时,便对高中时候在"做题"层面的物理学习有了更深的认识。

学物理还如堕雾里吗?不,学物理是为了悟万物之理!

物理特色的心灵鸡汤:初速——天赋,加速度——后天努力,时间——坚韧,这三个变量决定你的人生之路可以走多远。

高中物理来自生活,高于生活,是客观感知,也是合理的假设和严谨的论证。

物理学习使你视野广阔,帮助你透过现象看本质,纷繁之中见真谛,把握大千世界的内在规律!

高中物理,大道至简,万流归宗:对象、过程、联系!

主题介绍

　　世界那么大，怎么去看看？家长们发现，自己带孩子出去旅游时，除了宾馆、美食，孩子们往往只是对手机游戏感兴趣，费钱不少，收获不多。众多的困惑让家长苦恼，怎样让研学活动与学校倡导的研究性学习结合？如何让孩子学会有文化的行走？

何美龙，上海市地理特级教师，正高级教师，硕士研究生导师。现任上海市闵行中学党委书记、校长，兼任上海市中小学德育研究协会副会长，上海市教育学会地理专业委员会副理事长等。历任上师大附中校长助理，七宝中学副校长，闵行区教育局副局长等职。上海高中《地理》教材副主编，编著有《新课程地理课堂》《综合社会实践》《生涯与发展》等10余本，发表核心刊物文章40多篇。

在文化行走中成长

何美龙

扫码听讲座

行走,通常也称旅游或者旅行。培根在《论旅行》开篇第一句话就是:"旅行是年轻人教育的一部分",通篇都是谈旅行与教育的关系。文化行走,就是用学习的方式旅游,赋予旅游活动以研究学习、实践探索的意义,挖掘旅游过程中丰富的教育成长内涵。青少年成长的过程是一个社会化的过程,是从自然人变成社会人的过程。这个过程需要有真实社会生活的实践体验,需要在具体的群体活动中学会彼此相处、融合互动,所以,文化行走是青少年健康成长不可或缺的教育方式。

一、文化行走让孩子深度学习思考

为什么春秋游回来要让孩子写作文?因为大家都清楚,今天的中小学生是"忙"的,校内忙课堂学习,校外忙辅导班学习,学习似乎是他们生活的全部。但孩子们的学习生活很单调,几乎每天都是家庭、学校两点一线。日复一日,年复一年,学生对于学校和家庭都没有新鲜感,没有新鲜感就没有思考。没有思考就写不出东西,写不出像样的文章。春秋游,可以有一点新的东西吧?可以写一点了,这就是老师和家长的出发点。语文老师说:一言以蔽之,作文不是写出来的,要有感而发,要情真意切,它应该是一种"流淌"。当我们看到孩子们笔头的干涩,是否关注过他们心灵之泉有没有干涸?孩子们为什么没有感受?孩子们为什么缺乏有逻辑的表达?仔细观察,这个原因还是在成人身上,在家庭和学校教育身上。就学校教育来说,是没有好的活动设计,没能针对学生个体实际,缺乏有效的引导。比如,孩子们从小到大,会参加很多次学校组织的祭奠革命烈士、入队入团仪式、成人仪式等。对于这些,活动之前孩子们都特别期待,但是活动实际效果往往不够理想。除了少部分参与组织活动的学生干部、主题发言者,或者受表彰的相关孩子外,大多数的孩子的兴奋点都在集体活动后怎么玩:谁带的扑克,谁带的游戏,想的是怎么玩得痛快。至于收获,没有想这么多。再如,家庭教育中,寒暑假孩子随父母一起出游,父母在海滩上晒太阳、喝咖啡,晚上社交应酬,孩子就在旁边刷手机玩游戏、刷微信。缺少有目的的观察,缺少有指导的探索实践,缺少问题思考和总结。所以,春秋游、寒暑假旅游归来后孩子们还是不会写作文。

文化行走,就是有目的的行走,是让每一个孩子都能参与有意义的设计活动。事前思考孩子是否去过这个地方,他去这个地方能够做什么?行走中让孩子带着任务观察、思考、实验。事后则让孩子们分析他在那里究竟干了些什么,要有梳理和整理,并总结得失。

比如,共青森林公园是上海中小学校喜欢的春、秋游目的地。"松涛幽谷""丛林原野""秋林爱晚""水乡映秀",以"自然、野趣、宁静、粗犷"为公园的特色。我们想想,有多少孩子活动回来以后,会跟你介绍"松涛幽谷"的景色是什么样的?它有多大规模?这些松树年龄多大?能不能听到松涛?组织者需要依据不同年龄孩子的特征设计针对性的活动,引导观察或者寻找一株特别的植物、特别的景致及其背后的故事等。就像幼儿园布置小朋友"寻找秋天"的活动:拿一张纸,在操场边上、在公园里观察,哪些树叶掉下来了。孩子们就思考,选什么树叶好?选银杏树还是法国梧桐?能不能两个一起选?怎么搭配和如何呈现才是最美的秋天?能不能准确找出秋天的感觉?再如,"最佳摄影点的寻找",对初、高中孩子来说,都合适。他需要花很大的体力,有计划地把他需要找的地方,跑一圈回来,最好还能用自己的照片说话,确定这个地点为什么就是最佳摄影点。

家长们都有这样的体会,今天的孩子太单纯了,心地善良,心理年龄似乎永远长不大。不肯认真思考,总是感觉不到,怕吃亏,缺少一种咬紧牙关不放松的精神,似乎什么事都无所谓。因为今天的孩子,他们没有物资短缺的体验,东西来得太多太容易,无须感恩;大多没有兄弟姐妹共享的经历,缺乏谦让、榜样意识;他们习惯于接受父母、老师给予安排与课堂灌输,不用思考;他们是互联网"原住民",互联网可以是整个世界,无须思考;在不能体罚、没有强制措施的体育课堂上,他们连体育活动都是打折的,很少有咬紧牙关不放松的劲头;因为连双休日都在补课,他们也没有时间和空间去独立思考、缺乏生活和社会体验,无法思考。

所以,我们需要让孩子们在学习的同时,抬起头来,把眼睛放远、打开,看我们的社会,看我们的生活,走出去获得体验,学习思考。今天的孩子亟须行走,在思想、身体各方面获得成长。

2016年7月,上海有个由14个初一、初二学生和三位领队组成的"长城探索队"。他们从北京乘火车到秦皇岛、走山海关、丈量外长城等。其中有一天是一夜火车后,背着面包和水,沿着荒野古长城,体验当年戍边士兵的辛苦。尽管直到下午一点,仍然还没用上中餐。但正是这个独特的经历,以及这一过程中完成巡逻长城、学习用简陋工具和学过的知识测量长城墩台数据的任务,给了学生思考。回来后,孩子们写了很多随笔。何广域同学的随笔《苍》中有一段文字是这样的:

长城,中原王朝抵抗北方游牧民族最重要的一道防线。在长城的北面,是一望无际的塞外、游牧民族的故乡。

塞外,在我眼中只有一个字,"苍"。那里的景向来是一片苍茫,古来就有"春风不度玉门关"的诗句,事实也的确如此。在长城外只有一望无际的黄色,枯草、黄沙,连水也是黄的,只有在春、夏两季才会有绵延不断的青草。

苍,指的是天青色。天总是看着这世间的一切,自鸿蒙之始,天就一直在万物之上,注视着这世间的一切——只是注视着,注视着。苍凉、苍茫,在塞外的民族中,长生天是至高无上的存在,是他们精神的寄托。苍,这一个字,便能囊括整个塞外的风土人情。塞外,从古至今,依旧是苍凉且苍茫的。

……

显然,孩子除了体验到"大漠沙如雪"的自然景象,更是走进了刀光剑影的历史,对塞外有了书本上无法获得的感悟。文化行走,就是帮助孩子接触社会,走进历史,体验大自然,自觉思考历史文化,把个人经历、学识自觉地与社会、家国联系。有一位家长发出了这样的感慨:

长城,这是中华民族的瑰宝,我们到底要怎样看待它?从山海关到嘉峪关,峰峦峭立处,它岿然挺立,斑驳残塌。长城是历史的废墟,还是文明的遗迹?

我们成人都无法全面回答,因为我们压根就没有看过她的全貌。但我们相信,行走,绝不仅仅只是"不到长城非好汉",更不会只是收费景点、"旅游绝佳处",它承载着太多太多,等待着孩子们的发现。

二、文化行走是亲子沟通的有效途径

今天,从小学开始,孩子们就很叛逆。到了初中和高中,叛逆现象似乎越来越突出,相当多的家长已经无法与孩子正常交谈。给孩子以关怀,问几个问题,得到的回答都是:嗯,还可以,还行吧。再问,就是"哎呀,烦不烦""都问了多少遍了"。看到孩子在玩手机说:不要玩了,作业做完了吗?他的回答是"马上、马上""还有五分钟马上结束"。结果你看15分钟,没放下手机,半小时过去了还在玩。你再催他一下,放下了,做五分钟作业又拿起手机来了。或者干脆,一回家他就进自己房间,锁上门!这几乎是大多数家长和孩子们的沟通常态。造成这一现状的原因是多方面的,也是长时间父母与子女缺乏良好沟通的必然结果。

文化行走是亲子沟通的绝佳途径。今天,孩子不愿意与父母谈学习、谈个人心理,但一定不反对与父母一起旅游行走。在行走前,设计好主题,与孩子一起讨论行走路线、主要景点或是风俗体验。讨论给孩子设定怎样的一个目标,几项任务?再让孩子事先查资料,做准备,然后陪着他一起完成。

比如说,孩子胆小,不善于与他人沟通,这个时候要设计有兴趣的任务,从问路开始,从如何与讲解员、导游对话提问开始,让孩子接受锻炼。再如,孩子体力不行,设计一个逐渐提高的过程,让他每一次都稍微有一点突破,一次、再一次,体力也就得到了加强。

行走中,可能会遇到各种情况,比如把手机丢了、行李找不到了,深夜还没有吃上饭,没有及时住上旅馆,景点观览、乘车都需要长时间排队等。离开了熟悉而有规律的生活环境,旅途中自然会遇到比待在家中更多的突发状况。与父母一起行走,孩子会密切感受并学习到父母解决问题的方式和态度。父母平时讲半天道理,都不如遇事亲身示范给孩子看应该怎么处理,这会让孩子更深地理解什么是乐观,什么是怨天尤人。父母如果把这些事情处理得好,对孩子的性格养成很有好处。

因此,在旅途中,收获的不只是美景、美食、各式风物人情,还有共同的看世界和感受世界的方式。日常我们与孩子的沟通都是短时间的、碎片化的。多的是单向式的"交流"——孩子简单汇报成绩、告诉父母需要购买什么文具、书籍,生活上有什么需求等。或者是父母就老师反映孩子成绩、生活和学习习惯提出批评表扬等。沟通不深,容易造成误解。共同的行走,是让父母与孩子长时间相处,从学习、生活、社会各方面沟通和全方位的交流,消除误解,增进亲情。从开始一两次,再而三四次,父母与孩子良好的沟通机制就自然形成。因此,行走是帮助孩子顺利度过逆反期的有效途径。

三、文化行走是生涯教育的重要方式

2016年,上海的大学招生"一、二本"录取合并,学生关注的焦点由高校的"大门",转为专业的"小门",意在引导学生提升综合素质,发展个性特长。未来,高考会更加关注学生志趣专长和高校所学专业的匹配度,要改变录取学校和专业"学非所长"和"学非所趣"现象。

显然,生涯选择已经成为中学生的必备能力。人格决定适合做什么,兴趣决定喜欢做什么,能力决定擅长做什么,价值观决定应该做什么,需求和动力决定想要做什么。我的兴趣是什么?我具备哪一些方面的能力和优势?只有学生明白了自己,明白了家庭后才能有好的选择。选择不是针对某一个特定的专业和职业,而是针对整体的职业取向,是适合做工程技术类,还是科研教学类,抑或是艺术类、社会事业类?

经历、经验和视野决定了一个人的思考和选择。一个人有多广的经历,就是有多大的财富。但我们不能要求孩子先有丰富的经历、经验和视野,再去做生涯职业规划。家庭是孩子最早的生涯教育场所,家长是孩子最早的职业导师,但今天社会发展太快,家庭的社交圈有限,多数家庭难以独立承担孩子生涯教育的责任使命。

文化行走是青少年了解自我、发展兴趣、锻炼能力的重要途径和方式,是最快、最多丰富学生生涯认知的重要方式。

行走中,接触不同的社会人群,认识不同的职业,体会到不同职业的酸甜苦辣。认识到每一种职业,要获得成功都不是随便的,都需要坚持付出,都可能会有很多励志的内容。没有行走四方,怎么会有不同认识?没有目的的行走,怎么会有深入体验?有深度有目的的行走能够让学生融合学科,认识社会,认知自我,思考未来。

今天我们家庭应该做学校做不了、做不好的待人接物、礼仪规范,要创造条件让孩子在文化行走中认识不同的生活和职业,接触不同的领域和人群,做视野拓展、审美培养、做更早的职业体验!学校更是应该发挥团队组织的优势,积极开展研学旅行活动。

哈佛校长德鲁·福斯特的演讲《为什么我每年带孩子去一个陌生的地方》中这么说:

孩子们身处的世界已经成了一个家庭,科技让我们的国籍变得模糊,让通信变得快捷,让我们不得不适应各种多变的社会环境。

孩子们的将来必定是和各种国家不同文化背景的人在一起工作和生活,所以,了解整个世界也成了他们的必修课。

到陌生的国家之后,孩子们开始验证之前获悉的资料是否和眼前的一切吻合,开始在陌生的城里使用那些自己熟悉的工具开始行走,开始和当地人和事之间有了碰撞和交流,开始需要借助当地人的帮助来完成一件件我们事先策划好的任务。

行万里路,读万卷书,其本质意义都一样的,在于自我的成长。用学习的方式来旅行,对外看懂世界,对内明白自我。

四、文化行走需要主题活动设计

上文所提上海"行走长城"团队,从山海关到嘉峪关共 14 天,7500 千米。孩子们在向雁门关进发途中,找来木板、铁锹和夯礅,做了个在长城脚下造夯土长城的实验,并在老师指导下好不容易弄出了个稍微有点土墙样子的土墩子。孩子们把自己的劳动成果与自己测量过的长城墩台数据比较,最后算出:他们 14 个人每天夯 12 小时,即便不考虑工程质量,需要 1000 天才能建成一座墩台。如果按照这个速度和劳动强度,可能他们中没有一个人能在包工、监工头的棍棒底下生存几天。

了解长城的建造工艺和选址、读懂长城的专有名词,近距离触摸古长城、分析长城关隘的建筑结构、复原长城建造、古法制作夯土垛。这需要用当地人的方式生活,使用他们的工具还有道路交通工具,以及自己小学、初中学过的数学基本知识。这个行走任务设计主题明确,活动能让孩子深度参与,引导学生践、反思、体验。这就是文化行走的正确方式:鲜明的主题、具体的目标任务、导师引领、评价管理。

"观察和寻找一组(株)特别的植物""寻找最能反映景观特色的摄影点,用手绘图标记""选一主题,用系列照片呈现、展示""绘制趣味活动地图(路线)"等。任何一个简单的行走活动,都需要确定一个活动的主题,给活动布置明确的任务。比如,春天去某某公园看樱花,就做"樱花"主题探究活动:"识樱""赏樱""悟樱",寻找樱花背后的故事(生长习性、地域分布、民众喜好、樱花审美),品味樱花诗词文化,探究樱花的延伸品——香水、实物糕点、工艺品。

"吃货的春游"——品尝美食并将美食感受、故事写下来,让"吃货"有文化!特别对于低年级学生来说,唯有那些能让孩子自己设置个性化学习、活动路径的项目,才真的受欢迎,能促进学生有效成长。

一般,文化行走可以选择民俗、饮食、名人、宗教、文学、历史等一个主题,小处入口,做深、做细,制作一张行走地图、计划一个行走食谱、寻找一个文化故事、认识一个历史人物、参加某个风俗活动、体验路途美妙景色,就可获得比一般旅游更多的认知、体验(研究性学习)。

认真且有思考地完成一套试卷,比刷题完成十套试卷有效得多。不管去过多少地方,走过多少国家,切记,认真有主题、专题式地深入行走一次,收获的东西比泛泛跟着旅行社或者其他单纯的旅游多得多。

今天小孩子学习压力大,社会、家庭灌输多,从小就开始忧郁了,想不开。因为他没有看到生命本身的过程,生命应该有饥饿,应该有疼痛,任何健康的人都会衰退,要感悟生活,珍惜健康。让孩子体会到开心、惊奇、忍耐,让孩子感受生命,珍爱生命。这个教育在我们学校生活当中很难得到,在家庭生活当中很难得到。走出去,选择主题,深入去做,能够把孩子学习的知识融合起来,激活多种感官,拓展视野:认识饥饿、体验疼痛、帮助残障、目送衰退、感悟死亡,珍惜健康,提升生命教育实效。

五、文化行走离不开文化导航

导航就是行走过程中对于如何完成行走任务、获得深度体验、怎样克服困难等给予方法、心理方面指引、帮助的行走导师。文化行走需要导航。没有导航,教师、家长需要做好这个工作。

导航知道怎么玩,知道什么方式,知道和谁玩。比如,张家界很漂亮,到张家界看什么? 张家界是世界地质公园,看张家界的独特砂岩地貌,看峰林、方形山、天生桥、岩溶峡谷、洞穴,去看岩石的沉积构造、地层剖面,去寻找岩石中的生物化石、丰富多彩的地质遗迹。以及看张家界原生态的自然环境与系统,欣赏多变美妙的气候景观。这需要生物学、地理学的知识,需要审美。文化导航与导游的区别就是:导游讲解张家界峰林、奇石,这个像猴子、这个似企鹅。

李白诗句云:"蜀僧抱绿绮,西下峨眉峰。为我一挥手,如听万壑松。"你听过松涛吗? 上海市共青森林公园里可以听到松涛吗? 实际上很难听到,或几乎听不到!

在几公里外的观景台上歇下。我们对面是万壑松林,只听得松声阵阵,如同浪涛拍岸一般,一波接一波,连绵不绝。在那松涛声中似是夹杂着布依族民歌,嘹亮悠长。许多诗人描写过关于琴声比作松声。这里的万壑松声同琴声一样悠远,却更自然、绵长。

—— 摘自何广域同学行走随笔"声音"

这位带队的老师,让孩子们停止喧闹,在那一刻、那一个地点,所有人眼睛闭上静静听一会儿。三分钟听不到什么,五分钟听到东西了,五分钟后有越来越多的东西听到了。

在1000米的地方我们停下休息。短暂的安静竟让我听到了不少声音。生活在城市中的我当然不能分辨不同鸟的叫声,但我很清楚地听见了至少有三种不同音色从山上传来,同一时间进入我的耳朵,虽然混在一起,却毫无杂乱的感觉。山谷中,奔腾的河流哗哗的流水声随着缭绕的雾气弥漫上来,蔓延入耳,打动心灵。微风拂过脸颊,掠过耳畔,与鸟鸣流水交织在一起,形成了大自然一曲美妙乐章。这是一首无法用任何乐曲演奏出的,只属于这片山林的独一无二的协奏曲,它奏着欢乐,奏着美好。

—— 摘自丹丹同学行走随笔"声音"

文化行走的导师,可以是学校教师,地理、历史的专业人员,博物馆讲解员等。博物馆的讲解员,能够把博物馆最突出、最有特色的东西介绍给学生。只要把博物馆讲解员讲解的东西,拿过来再整理,再找背后的故事,一定有收获。

再如,在战争纪念馆、纪念碑的祭奠中,历史不再只是课本上的文字,一个个烈士的名字,遗物就那样直白地呈现在眼前。没有引导,孩子会当参观景点一样,漠然走过。专业导航会引导孩子去寻找和自己同姓的烈士;要求学生读出烈士姓名,推测他们牺牲时的年龄,从姓名推出他们的童年、少年的生活,他们父母、亲人的生活。去发现历史背后的故事,把背后的故事和今天世界、个人学习、生活联系。再比较今天伊拉克孩童、欧洲难民、孩童的悲惨境遇,我国农村留守孩子的生活,城市的孩子会激发起对生命的尊重和理解、对和平的珍惜与热爱!

　　行走当中会发生各种问题:离家远了,离开父母三五天了,孩子开始有情绪变化,这个时候需要有专业心理导师介入。行走当中发现了一些专业的问题,微信、电话的方式解决不了,需要有专业人士指引,或者需要一个专业支撑团队。在文化中行走就是在老师引领中认识自然,体验自然,感受自然独特的审美。文化行走导航就是背后具有各方面行走专业支撑团队的导师,他是行走质量和行走安全的重要保障。

六、文化行走应该有过程评价与管理

　　行走既然有主题、有目标、有任务,就需要有行走途中的过程管理和评价。过程管理包括学习管理、安全管理、时间管理等。大家观察到一个现象,机场候机楼内,飞机飞行过程中,头等舱里的人们习惯于读书,商务舱里的旅客更多是看报或者使用笔记本工作,经济舱的大多数人不是喧闹就是在玩电子游戏。是社会经济地位决定了人们的行为方式,也是不同的行为方式影响了人们的社会经济地位。因此,在行走途中,不管在机场、火车、等待交通过程中,可以给孩子一本书,而不是一个手机。可以给孩子准备一个关于行走目的、任务完成的话题,而不是坐下打牌。一天结束前,让孩子讨论一下,共同回顾一下整天的行程,写点什么。也可以为第二天的任务做功课。给孩子书本、好的故事,孩子会从手机当中、不恰当的游戏当中转移。深入的,非常动人的小说故事,有意思的书本,会给他很多的启示,培养孩子读书的习惯,培养良好时间管理的习惯。

　　时间管理是孩子们最缺乏的东西,因为他们几乎所有时间都是按部就班的。如果有一天我们放一段时间给孩子,他能够自我时间管理,这个孩子可以让人放心了,能自主成长了。

有一年我带12岁的孩子去青海湖,游玩完毕,从湖边回到停车场大概有1000米爬坡的路,小孩有了高原反应,很难受,不肯走,于是肚子饿了、头疼了、想吐,就要坐下来。我知道,这是高海拔地区,稍休息一会儿是可以的,但如果思想上没有克服困难、挺过去的想法,后面就更困难了。我一边给他巧克力,一边欺骗性地鼓励:"稍稍休息一会儿,我们慢慢走,所有人都有感觉,爸爸也有这个感觉,到车上就没事儿了。"让他咬一次牙,挺过去,下次就知道了许多事情是靠毅力和意志的。但这需要导师,要有专业知识。所有人在青藏高原都会有高原反应,身体越好的,甚至高原反应越快,当然身体好的恢复得越快。

这是心理、意志和安全管理。安全是基础,心理是重要保障。行走的目标设定中应该包含有意志、体质和体能等内容。过程当中一定要进行阶段评估,可以是导师和家长的评估,一段一段完成的质量怎么样?及时总结梳理和反思,适时鼓励和鞭策,做出调整和改变。

七、文化行走的实施策略和建议

行走有许多组织形式,可以是学校组织的课程,也可以是参加专业文化机构推荐的行走活动,还可以是亲友团、同学团向专业机构的私人项目定制,可以是自己家庭亲子主题体验式的行走。

行走的线路可长可短,短的如"上海法租界""上海弄堂""上海的主题公园"等,长线路可以如"母亲河""海岸线""长城""国家地质公园"等。依据个人家庭时间、能力等进行选择。

无论是参与旅行社或其他文化机构推荐的行走活动,还是家庭亲子的文化行走,要做好行前功课,注重四方面要素的选择和准备:①什么主题?②目标任务以及实施途径。③导师专业团队。④时间、安全、评价管理举措和结果预期等。

行前功课中,有关目标和主题以及过程中的问题、困难预估等,可以咨询专业人士、专业书籍,利用旅行达人生活门户网站等,注意去寻找感兴趣的细节。

行走过程中,要尽可能参加当地的民俗活动。既去旅游景点,也去当地集市和艺术街区、博物馆。同样,去博物馆前,要做功课,弄清楚博物馆的特点,想看什么,想问明白什么。行走可以尝试安全又不同类型的交通工具,去本地人餐馆吃地道的东西,要点与邻桌人一样的菜、小吃。

未来的世界里,大部分工作都被机器取代的时候,我们从事"玩"的人却越来越多,旅游的人越来越多。可以这么说,文化行走是未来的生活方式。"认识了古都之美,连带对于写作文都感兴趣,以世界看中国,走出越远,胸襟越广阔。"博主凌想亲子心理《为什么要带孩子去旅行》中的一段:行走旅途中的所见所闻,无论是自然风光还是风土人情,甚至是偶然遇到的一段音乐、一个细节、一种味道、一种氛围、有意无意地,会在孩子心中埋下种子。也许当时没有在意,也许这颗种子永远也发不了芽,但谁知道呢,也许在未来的某一天,小孩遇到了一件事,学到了一些知识,一下子就触发了他的记忆,他会想到,哦!书上讲的这个地方我来过,讲到的这种植物我见过。我们要的就是这个感觉。在旅途中,父母的陪伴,一家人一起在路上的时光会成为孩子心中宝贵的记忆。

行万里路前读万卷书,行万里路中阅人无数,行万里路后思索回顾。以学习的方式旅游,是基础教育的重要方式。在一个学期的20个星期中,有一个星期让孩子们放松一下心情,去深入学习课本以外的东西;在两个月的暑假、一个月寒假集中的闲暇时间中,安排一个月或者半个月的时间,与同学、导师或者父母共同去学习时间管理,去文化行走。其收获相信也是学校学习、家庭教育所不能替代的。

文化行走让孩子有健康的身体。更深入的行走,到达一般旅游到达不了的地方,获得身心、学识、经验等全方位的成长。

主题介绍

  作为一门基础性学科,化学在中学具有重要的作用。本讲座从中学化学的学科范围开始,系统地阐述了化学的思维特点,对广大中学生具有较高的启发价值。

  陈寅,上海市化学特级教师。毕业于上海师范大学化学教育专业。现任上海财经大学附属北郊高级中学副校长,兼任第二届教育部基础教育课程教材专家工作委员会委员,上海市特级教师(特级校长)联谊会副会长,上海市普教系统名师名校长工程"高峰计划"主持人。2007 年被教育部评为全国模范教师,2010 年被国务院评为全国先进工作者,2012 年被上海市政府评为上海市教书育人楷模。1999 年和 2003 年获得市中青年教师教学评优活动一等奖。在各类报刊发表文章几十篇,主编和参编教材几十本。著有《中学化学研究性学习指导手册》《精英化学·入门读本》等。

从化学思维开始学好化学

陈 寅

扫码听讲座

今天,我讲的题目是"从化学思维开始学好化学",主要包括三方面内容:一是中学化学的学科范围及其特点;二是有哪些常用的化学思维;三是怎么学习化学思维来提高能力。今天讲座我准备了丰富的素材,但不全是题目。

一、中学化学的学科范围及其特点

学习化学,首先要了解什么是化学。化学研究的主要对象及其尺度(大小)是什么呢?目前人类能够探知的尺度小到 10^{-18} m 的夸克,大到 10^{26} m 的总星系,跨度在整整 10^{44} m 的范围内。

《化学辞典(第二版)》对化学的定义是:在原子和分子水平上研究元素、化合物和材料等物质的组成、制备、性质、结构、应用和互相作用和变化规律的科学。

学过化学的人都知道,化学有几大经典的分支:无机化学、有机化学、物理化学、分析化学和高分子化学等。虽然初中和高中(两个学段合起来是初等化学)学的都是基础,但仍然是在这五大分支之下的,无非是五大分支的基础知识。

我认为这些内容也可以分为两类知识:一是化学原理,二是化学物质。原理部分的特点是:入门要求高,内容抽象,属于推理、分析的逻辑思维,具有连续思维的特点。物质部分的特点是:入门要求低,内容形象,记忆、识记的内容偏多,具有非连续思维即量子思维的特点。

二、常用的化学思维

化学的思维方式比较丰富,有归纳、演绎、对比、类比、聚合、发散、抽象、分类、假说、模型、微粒、实验、顺向、逆向、数形结合,等等。在这些思维方式中有大有小,有的是通用思维,还有的是具有化学学科特点的思维,比如微粒、实验、抽象等。

(一) 微粒(微观)思维

微粒思维包含两层意思:第一,物质是由原子、离子、分子等层次的微粒构成的,包括微粒的大小、间距、数量、重组,以及结合方式、顺序、空间排列和作用力。第二,化学反应是原子、离子、分子等层次的微粒之间的相互作用,如离子反应中的离子重组、氧化还原反应中的电子转移等。

[例1]金刚石、水晶和体型高分子

【问题】为什么金刚石、水晶是自然界中非常硬、熔沸点非常高的物质?

金刚石和水晶是共价晶体,在原子晶体中C、Si都是成4价单键,O以2价单键的形式存在,每个原子都尽可能充分地与其他原子连接,它们组成了坚固的空间网状结构,这导致了金刚石(碳碳共价键)、二氧化硅(硅氧共价键)等共价晶体具有很强的硬度和很高的熔点。

【问题】在把共价晶体看作无限的三维结构时,体型的高分子也具有类似的结构,为什么以碳碳共价键为主形成的三维无限结构的体型高分子与其相比,要柔软得多呢?生橡胶经过硫化处理后变成硫化橡胶(熟橡胶),由线型变为体型,硬度变大,但跟金刚石硬度相比差异还是很大,电木也是这样。

这说明:①高分子并非都是饱和的;②在共价晶体中,没有-H、-Cl等"端原子"存在,即网状结构没有边缘。但是高分子中-H、=O、-Cl、-F等"端原子"很多,从而降低了网格化的程度。这两方面的差异是造成两者性质差异的主要原因。如果是这样的话,含有"端原子"越少,饱和度越高的高分子化合物可能具有更强的硬度和更高的熔点。

我们在分析这个问题的时候,一下子就扎进微观、微粒的层面来研究物质的性质了,这是化学中非常重要的结构决定性质的思想。可以说,微粒思维贯穿于整个化学的学习过程中。

(二) 类比思维

类比思维是可以依据早先获得的关于某一系统的知识,作为推测另一类似系统的信息的手段。

[例2]"取代反应"的范围

【问题】"NaOH+HCl ⟶ NaCl+H₂O"属于什么反应类型?

这个反应属于复分解反应,也可以算作取代反应。中学阶段有许多化学反应可视为取代反应,取代反应可以理解是反应物中带正电基团替换另一反应物中带正电的基团,反应物之间相互交换成分。换句话说,一种反应物中带正电基团跟另一反应物中带负电的基团相结合,另一半亦如此,由此生成两种新的物质。用如下式子可以表示,也有人把这样的反应叫作交换舞伴的舞蹈。

$$A^+B^- + C^+D^- \longrightarrow A^+D^- + C^+B^-$$

上课时我会告诉学生,化学反应之所以能够发生,是因为在该化学反应中蕴藏着一种"驱动力",凭借这种"驱动力"使化学反应得以进行。化学反应的"驱动力"有不少,其中"正负相吸"或"异性相吸"就是导致一大类化学反应发生的重要动力。

水解反应、复分解反应都可视为取代反应。例如,$FeCl_3$ 的水解。因此,水解反应可用如下通式表示:

$$AB + H_2O \longrightarrow AOH + HB$$

以"异电相吸"的观念,可以将有机反应中的取代反应、无机反应中的水解反应和复分解反应统领在取代反应之下,可以极大程度地简化学习,洞悉一大类靠"异电相吸"这一驱动力结合产生新物质的化学反应。

【问题】那么"$Cl_2 + H_2O \longrightarrow HCl + HClO$"属于什么反应类型?

我认为即便是 Cl_2 跟 H_2O 的反应,也可视为取代反应。如果把参与反应的 Cl_2 理解为异裂,即 $Cl_2 \longrightarrow Cl^+ + Cl^-$,不就可以分别跟 H_2O 中的 OH^-、H^+ 相互结合了吗?Cl_2 跟 H_2O 的反应,不就可以理解为取代反应了吗?

$$Cl_2 + H_2O \longrightarrow \underset{(盐酸)}{HCl} + \underset{(次氯酸)}{ClOH}$$

这里还有个小故事,我记得曾经有位化学成绩很一般的女生羞怯地举手提问:"陈老师,如果把这个反应视为取代反应的话,那么为何次氯酸不叫氢氧化氯?"

次氯酸为什么不能叫作氢氧化氯呢?从取代反应的角度看,ClOH 称为氢氧化氯似乎也是合理的。如果 AOH 是碱性物质的话,可称为"氢氧化某";如果 AOH 是酸,则习惯称为"某酸"。因为 ClOH 是含氧酸,所以命名为次氯酸。

(三) 抽象思维

抽象思维是在学习过程中运用概念、判断、推理等形式,对学习问题进行间接的、概括的反映过程。

[例3]酸碱理论的升级版

【问题】"NaOH+HCl ⟶ NaCl+H₂O"的反应本质是什么?

阿伦尼乌斯的酸碱电离理论认为:凡是在水里全部电离出 H^+ 的是酸,全部电离出 OH^- 的是碱,酸碱中和反应就是 $H^+ + OH^- \longrightarrow H_2O$。但是这个理论很有局限性,比如不能解释 $NH_3 + HCl \longrightarrow NH_4Cl$ 这样有酸碱特质的反应。故称它为酸碱理论1.0版。

丹麦化学家布朗斯特和英国化学家劳里对上述问题进行抽象。能够给出质子的 H^+ 叫作酸;能够接受质子的叫作碱。除了 H^+ 与 OH^- 的反应外,更多的反应被容纳到酸碱反应的范畴。$NH_3 + HCl \longrightarrow NH_4Cl$ 就是酸碱反应。这就是酸碱质子理论,我们把它称为酸碱理论2.0版。但是 $Fe^{3+} + 3Cl^- \longrightarrow FeCl_3$ 这个反应能视为酸碱反应吗?

美国化学家路易斯向我们提供了一个更为广泛的酸碱理论,它省略了反应的原子环境,以电子对为反应中心,将提供电子对的物质叫作碱,接受电子对的物质叫作酸。酸碱通过电子对授受关系形成配位共价键,生成酸碱加合物。这个理论叫做酸碱电子理论,即酸碱理论3.0版。$Fe^{3+} + 3Cl^- \longrightarrow FeCl_3$ 这个反应就是酸碱反应了。

$$Ni + 4:CO \longrightarrow Ni(CO)_4$$

$$(CH_3)_2CH^+ + :Br^- \longrightarrow (CH_3)_2CH-Br$$

从阿伦尼乌斯、布朗斯特-劳里到路易斯对酸碱的定义,它的抽象程度越来越大,酸碱的范围也依次扩大,更加体现了化学反应的电本性。

(四) 模型思维

模型思维是我们通过对化学物质的组成、结构、性质以及变化规律等的分析,提出的建构模型和理论框架的思维过程。

[例4]化学平衡的思维建模

【问题】在相同容积的两个密闭容器中进行同一可逆反应:

$$2E(g) + F(g) \rightleftharpoons 3M(g) + 2N(g)$$

起始时两个容器所盛 E、F 的量如表 1 所示：

表 1 两种容器所盛的量

容器	甲	乙
E	1 mol	2 mol
F	1 mol	2 mol

在相同温度下，建立平衡时，哪个容器中 E 的转化率更大？

我的思考是：乙的物质的量是甲的 2 倍，如果甲乙转化率要相等的话，乙的容积应该是甲的 2 倍，但是事实并非 2 倍，怎么办？只有压缩乙容积，那么平衡向左移动，E 的转化率减小，所以转化率更大的是甲。

解题的过程就是思维建模的过程。找一个并不存在的中间体参照物，也就是"拐棍"，然后来剖析问题。

（五）归纳-演绎思维

归纳是从个别到一般的推理方法，就是从许多个别事实中概括出一般原理。演绎是从一般到个别的推理方法，就是用已知的一般原理考察某一特殊的对象，推演出有关这个对象的结论。归纳和演绎是统一认识过程中的两个既互相对立，又互相依存的思维方法。科学的真理是归纳和演绎的辩证统一的产物，离开演绎的归纳或离开归纳的演绎，都不能得到科学的真理。

[例 5] 盐类水解的规律

【问题】从表 2 你发现盐的组成与溶液酸碱性的规律吗？

表 2 溶液酸碱性

盐	NaCl	Na_2CO_3	NH_4Cl	KNO_3	NaOAc	$CuSO_4$
酸碱性	中性	碱性	酸性	中性	碱性	酸性
盐的类型	强酸强碱	强碱弱酸	强酸弱碱	强酸强碱	强碱弱酸	强酸弱碱
盐	$FeCl_3$	Na_2SO_4	Na_2S	$CaCl_2$	$NaHCO_3$	$Al_2(SO_4)_3$
酸碱性	酸性	中性	碱性	中性	碱性	酸性
盐的类型	强酸弱碱	强酸强碱	强碱弱酸	强酸强碱	强碱弱酸	强酸弱碱

盐类水解规律的得出就可以用归纳的方法。

【问题】那么弱酸弱碱盐 CH_3COONH_4 是呈酸性、中性还是碱性呢？

$$NH_4^+ + CH_3COO^- + H_2O \rightleftharpoons NH_3 \cdot H_2O + CH_3COOH$$

$$K_h = \frac{[NH_3 \cdot H_2O][CH_3COOH]}{[NH_4^+][CH_3COO^-]} = \frac{[NH_3 \cdot H_2O][CH_3COOH][H^+][OH^-]}{[NH_4^+][CH_3COO^-][H^+][OH^-]} = \frac{K_w}{K_a \cdot K_b}$$

$$K_h = \frac{K_w}{K_a \cdot K_b} = \frac{[NH_3 \cdot H_2O][CH_3COOH]}{[NH_4^+][CH_3COO^-]}$$

由于 CH_3COOH 的 $K_a(1.75 \times 10^{-5})$ 与 $NH_3 \cdot H_2O$ 的 $K_b(1.8 \times 10^{-5})$ 基本相等，所以 $[NH_4^+] = [CH_3COO^-]$、$[NH_3 \cdot H_2O] = [CH_3COOH]$。

$\dfrac{K_w}{K_a \cdot K_b} = \dfrac{[CH_3COOH]^2}{[CH_3COO^-]^2}$（该式是在 $K_a \approx K_b$ 的条件下导出的，如 K_a、K_b 相差较大时，情况会复杂得多。）

又因为 $[CH_3COOH] = \dfrac{[H^+] \cdot [CH_3COO^-]}{K_a}$，所以 $\dfrac{[H^+]^2[CH_3COO^-]^2}{(K_a)^2 \cdot [CH_3COO^-]^2} = \dfrac{K_w}{K_a \cdot K_b}$

$[H^+]^2 = \dfrac{K_a \cdot K_w}{K_b} \approx K_w$，$[H^+] \approx \sqrt{K_w} \approx 10^{-7}\ mol \cdot L^{-1}$，溶液接近中性。

上面推导 CH_3COONH_4 酸碱性的过程就是演绎的过程，利用水解平衡常数的计算，针对具体的、个别的物质进行合理的推论。

[例6] 元素周期表中的归纳法

门捷列夫发现元素周期律就是用归纳的方法，从当时已知的63种元素的物理性质和化学性质中归纳元素的规律，可以把相似性质的元素排成一列，我们叫族（家族），这是元素周期律伟大的一面。另一方面是门捷列夫还发现元素周期表中没有的元素，做出了准确的预测，为新元素预留下空位，这就是演绎。比如门捷列夫成功预测的"类铝""类硅"就是现在的31号元素镓和32号元素锗。

[例7] 预测阿司匹林的性质。

【问题】如何研究阿司匹林的性质呢？

这里就要运用演绎的思维方法，由一般再到特殊。阿司匹林又叫乙酰水杨酸，分子中含有苯环、羧基、酯基、水解后还有酚羟基，阿司匹林的性质可以通过羧酸、酯、酚类物质的性质演绎出来(见图1)。

乙酰水杨酸的性质

一、物理性质

- 白色有酸味的晶体
- 微溶于水
- 易溶于乙醇、乙醚有机溶剂

二、化学性质

- 水解反应：遇水缓慢水解成水杨酸和乙酸
- 在强碱液里中和与分解

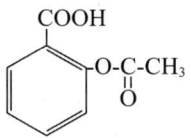

图1　阿司匹林的性质及其分子式

归纳-演绎思维很像收敛-发散思维，合理运用这种思维可以让我们很好地对已有知识进行总结归纳，同时让我们对新知识、新情境有解决问题的思路。

（六）解释性思维

初等化学具有解释性思维的特点。解释性思维主要是解答"为什么"的问题（描述性研究回答的是"是什么"的问题），能说明化学现象发生的原因，预测化学变化的发展后果，探讨化学现象之间的因果联系。化学是研究原子、分子的运动，但一般是不能直接看到原子、分子的，我们看到的化学现象是阿伏伽德罗常数 10^{23} 数量级左右的大量原子分子运动的统计规律，我们一般不可能知道一两个分子是怎么运动的，所以主要依靠合理的解释，特别是初等化学更是需要大量运用解释性的思维，刚才所举的例子不都是解释性思维吗？这种思维方式有几个特点：第一是合理，不能胡乱解释。第二是可变，如果有新的现象和实验数据，可以推翻原来的理论，提出新的合理解释。

[例8]氧化还原理论的演变

初中时，我们讲氧化就是跟氧气反应，氧化还原反应是得氧失氧的反应（或者脱氢也是氧化）→到高中我们再讲氧化还原反应的特征是化合价的升降→再到氧化还原反应的本质就是得失电子，还原剂失去电子被氧化，氧化剂得到电子被还原→最后到大学讲，氧化还原反应是电子的得失转移，失去的是最高被占轨道上的电子，得到的电子则在最低空轨道上。

我们怎么提高解释能力呢？一要强闻博记，二要进行有效关联。

(七) 社会性思维

化学的社会性思维是指在研究化学问题时可以从社会环境与社会实际生活的视角进行思考,化学的原理、规律与社会学的原理和规律有相似之处,因为化学是研究大量分子热运动的统计规律,社会学是研究大量人群行为的统计规律。

[例9]混合分离的实验及其社会学意义

【问题】将 $CuSO_4$ 溶液和 NaCl 溶液混合,会告诉我们什么?

这个实验告诉我们:①混合后溶质的扩散是自发进行过程,②水的分散性太好。

【问题】怎么把两者分开?

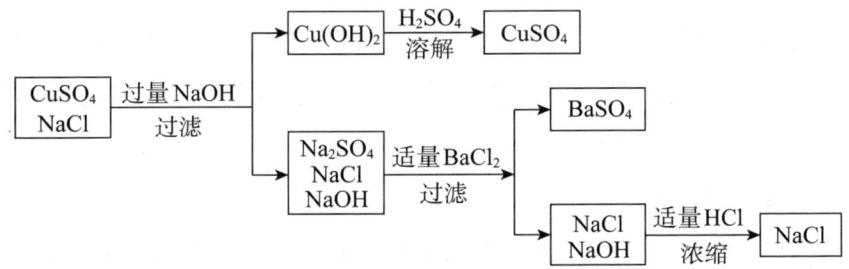

可以分开,但是分开过程很费劲。通过这个例子,我们知道混合容易,但是分离困难,这还仅仅是混合两种物质,如果混合了更多的物质,分离就会变得非常困难。这个现象还告诉我们在混合过程中溶质的扩散是自发过程,分离或者讲提纯则属于非自发过程,需要做功。这个现象在热力学研究领域中有很多概念来解释。

它的社会学意义是什么呢?

[例10]共享单车的思维启发

早晨整齐的单车,一会儿就混乱了,然而第二天又排整齐了,是谁把昨天的混乱变成今天的整齐的?是搬运工人在背后做的功。

一项措施如果使现状变得更混乱的倾向,我们还要有把它重新变回整齐的能力,否则社会秩序会变差。共享单车的例子是我们能够承受的,但有些是人类不能承受的,比如水污染。水的分散性很好,是好事也是坏事,好事是可以配成各种有用的溶液,坏事是会产生水污染,无数种物质可以溶解在水里,溶解易、分离难,把水污染是很容易的事情,但处理污水的代价太高了。

化学中社会性思维的例子比比皆是,氧化还原电子得失就像到银行存钱取钱;化学平衡移动原理在人口政策、经济政策里随处可见（经济学的杠杆原理）等。人口少了我们可以放开生育政策，银行存款多了利息负担重了，可以降息，这些措施通常符合化学平衡移动原理。

三、如何提高化学思维能力

（一）宏微符的转换

怎么提高解释性思维？我们可以进行宏微符的训练。下面解释什么是宏微符三重表征：宏观—微观—符号。

宏微符三重表征是化学独有的思维方式，平时要多加训练。有的家长说不能辅导学生，只是没有注意这种思维方式。在这三角关系中蕴藏许多解题的技巧，家长也可在家里可以帮着孩子一起训练。

（二）积极动手实验

实验有两个作用：一是在宏微符里起桥梁作用的，非常重要，宏观跟微观可以用实验做联结；二是亲自体验实验后，学生印象深刻，不容易遗忘，对于技能类的知识有潜移默化、只可意会不可言传的作用，有些技能只有动手做实验后才能学会。

从不同角度分类，实验方法常有定性实验和定量实验；验证实验和探究实验等。根据实验思维能力的不同，一般分为三个层次：

1. 白箱方法

陈述的问题对解决者来说是熟悉的，基础扎实，解决起来并不难。中学常规实验和验证性实验都是白箱方法，如物质的分离、提纯、除杂、鉴别、鉴定等。

[例11]现有一瓶乙二醇和丙三醇的混合物，已知它们的有关性质如表3所示，将乙二醇与丙三醇互相分离的最佳方法是（   ）

表3　乙二醇和丙三醇混合物的性质

物质	分子式	熔点/℃	沸点/℃	密度/g·cm^{-3}	溶解性
乙二醇	$C_2H_6O_2$	-11.5	198	1.11	能与水和酒精互溶
丙三醇	$C_3H_8O_3$	17.9	290	1.26	能与水和酒精互溶

（A）萃取法　　　（B）结晶法　　　（C）分液法　　　（D）蒸馏法

2. 灰箱方法

面临所要解决的问题,设计的方案与方法有效度如何不得而知,工作性质属于试探性的,解决的办法是尽量把灰箱变成白箱。基本程序为:研究问题→提出假设→实验研究→得出结论→论证结论,如混合物成分的检测和复杂组成的推断题,多数采用灰箱方法。

[例12]有 A、B、C、D、E、F、G 7瓶不同物质溶液见表4,它们各是 Na_2CO_3、Na_2SO_4、KCl、$AgNO_3$、$MgCl_2$、$Ca(NO_3)_2$ 和 $Ba(OH)_2$ 溶液中的一种。为了鉴别,各取少量溶液进行两两混合,实验结果如表所示。表中"↓"表示生成沉淀或微溶化合物,"——"表示观察不到明显变化。试确定 A~G 各是什么物质。

表4 7种溶液

	A	B	C	D	E	F	G
A		—	—	—	—	—	↓
B	—		—	—	↓	↓	↓
C	—	—		↓	—	↓	↓
D	—	—	↓		↓	↓	↓
E	—	↓	—	↓		↓	—
F	—	↓	↓	↓	↓		↓
G	↓	↓	↓	↓	—	↓	

解题时,要抓住关键信息作突破口。7种物质两两反应,只生成一种沉淀,其余都没有,这是关键信息,只能是 KCl,所以 A 是 KCl,G 是 $AgNO_3$。然后再用这样的思路依次解答。

A:KCl　B:Na_2SO_4　C:$MgCl_2$　D:Na_2CO_3　E:$Ca(NO_3)_2$　F:$Ba(OH)_2$　G:$AgNO_3$

3. 黑箱方法

黑箱方法用来处理系统内部结构和性能是未知的情况。研究黑箱方法有两种:一是打开黑箱,把一个复杂的未知系统分解为若干个子系统,对其内部结构和功能加以研究。这种方法因干扰黑箱本身的结构和功能,有局限性。二是不打开黑箱(也无从打开或无法打开,如人脑等),进行间接研究的方法。

一个研究系统是黑箱、灰箱还是白箱,因人而异。对初学化学的人来说是黑箱,对具备一定化学知识的人来说可能是灰箱,对某些研究者来说也许就是白箱。

[例13]将0.1 mol/L $AlCl_3$ 溶液和10%NH_4F 溶液等体积混合,无明显现象发生。请问:

(1) $AlCl_3$ 与 NH_4F 之间有没有发生化学反应?能通过有关实验验证你的结论吗?

(2) 如果发生了化学反应,请写出反应的化学方程式。

$AlCl_3$ 与 NH_4F 混合没有明显现象。可能发生了反应,也可能没有发生反应。如果反应发生了,必然是 Al^{3+} 与 F^- 的结合。我们学过离子反应后知道 NH_4^+ 不会跟 Cl^- 结合。本题主要研究的是 Al^{3+} 与 F^- 是否发生了结合,因为不能直接获得信息,只能走迂回道路。

取 2 mL 0.1 mol/L $AlCl_3$ 溶液注入试管,记为甲,向试管中不断滴加10%NH_4F 溶液至4 mL。取另一支试管,注入 2 mL 的 0.1 mol/L $AlCl_3$ 溶液,注入 2 mL 蒸馏水,记为乙。然后分别向甲、乙两支试管中滴加 1 mol/L 的氨水。如果现象同,说明 Al^{3+} 与 F^- 之间没有发生有效结合,认为不反应;如果甲无沉淀,乙有沉淀出现,说明 Al^{3+} 与 F^- 之间发生了反应。实验结果是甲试管无沉淀出现,乙试管出现沉淀,Al^{3+} 与 F^- 能有效结合,铝元素被氟离子所包围,成了复杂的离子。

反应发生了,铝离子能与多少氟离子结合?这与相互作用的量有关,理论上是:$1 \leq n(F^-):n(Al^{3+}) \leq 6$。根据题中量,$F^-$ 过量,所以写出最高限式:

$$6NH_4F + AlCl_3 \longrightarrow (NH_4)_3AlF_6 + 3NH_4Cl$$

自然界中有 Na_3AlF_6 矿藏存在,$(NH_4)_3AlF_6$ 是合理的。

(三) 学会编织网络

刚才提到化学需要社会性思维,怎么训练呢?我认为要学会编织网络(注重知识的整理)。编织网络(简称织网)是应对复杂问题的有效方法。

[例14]知识整理的脑图(见图2)

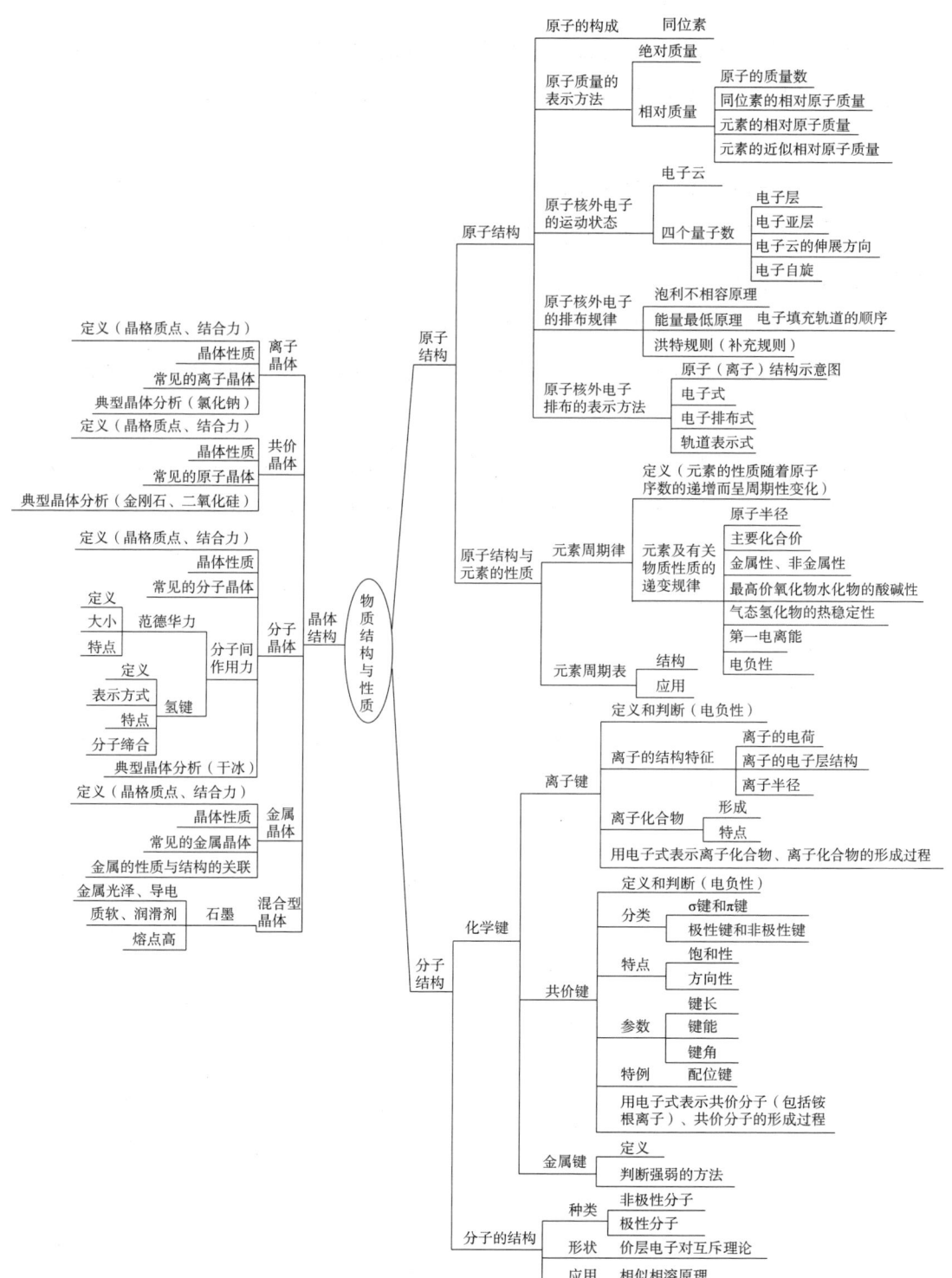

图 2 知识整理的脑图

这些都是知识点的网络图，但其实也是解题的思路，我们有了这些思路再遇到一些题目，特别是难题、怪题、偏题，你会把遇到的情况加到图上，这样你就会举一反三，触类旁通。

书越读越薄是指我们把复杂的内容简单化、网络化、结构化。接下来书会越读越厚，是指随着学习的深入，这些纲要会充实越来越多的个案和特例、越来越多的支脉，这样书就由薄变厚。

以上只是举的例子，其实在化学的学习中要不断地织网，越大、越密，学习越轻松，越容易入门，学习效果也越好。大家可以试试看，不断地梳理、整理知识，织成网，连成片。

学好化学思维可以步入化学学习的殿堂。今天非常高兴跟大家一起探讨了学好化学的思维方法，也得到大家的呼应和配合，也让我有机会回顾、整理自己20多年的教学经验。

主题介绍

　　数学，在很多人看来是枯燥复杂、难以理解的一门学科。其实，数学既有其独特的"美"，在人的发展过程中也有着不可或缺的育人价值。

恽敏霞，上海市数学特级教师，现任上海市闵行区教育局局长。做过数学教师、教研组长、教研员，也担任过班主任、校长、教育学院院长。主持过多项国家级、市级教育研究项目。拥有丰富的教育教学经历，不仅对数学学科育人价值有着深刻的理解，也对教育规律、教育理论有着丰富的研究。

感性与理性：数学之美

恽敏霞

扫码听讲座

今天讲座的难度要大于我任何一次报告或者讲话。数学如果讲得内容不合适，会有一大批人听不下去，而且我还要自始至终面对着命题作文"数学之美"，十分纠结。美是非常感性、非常个性的，但数学在绝大多数人看来是非常理性、复杂、难以理解，甚至枯燥无味的，如果把一大堆所谓"美"的东西塞给大家，今天这场讲座就会变得非常乏味，一点美感也没有。

数学系的学生在大家的脑海中可能有个经典形象，如中国的陈景润、美国的纳什（数学家，诺贝尔经济学奖得主、电影《美丽心灵》男主角的原型）。中国孩子在美国有一些得天独厚的专业选择，数学就是其中一个，本科读数学的学生到了研究生阶段，有比较宽广的专业选择，可以转计算机、金融、哲学等专业，总之，学数学的孩子被各行各业看好的，是有良好的思维结构和发展基础。

一、数学到底有什么用

心理学家 Dan Pink 经过很多年的研究发现，小到做一件事、大到从事一项职业的动力机制，其中包含三个主要因素：自主性、掌控力、使命感。所谓自主性，就是做这件事有一定的个人发挥空间，你可以按照自己的设想去创新和探索；掌控力，就是对这件事有一定的专业能力，能把控它；使命感很重要，你要知道所做事情的价值所在。中国心理学家在研究学习的过程中，也提出过一个模型：信、知、行、化，首先要知道其价值，才能有兴趣去了解、落实为行动、提升为能力、内化为素质。今天跟大家讲的，就是从数学学习这件事的"信"（信念），价值所在，在动力机制上一起来认识一下。

（一）数学与人的发展

数学既不是文科，也不是狭义上的理科。数学不是自然科学，它是思维科学，也有把它称为"形式科学"。学数学对人的发展有什么作用呢？培根说过，哲理使人深刻，诗歌使人聪慧，演算使人精密。其实数学不单单使人精密，数学同样也使人深刻，使人聪慧。人类的思维是后天形成的，而且受到各种因素的影响，并表现出多面性，符合逻辑的、精密的、深刻的、聪慧的思维是每个人希望达到的最高境界之一。数学作为一门古老而又年轻的学科，提供了观察世界的一般观念和方法，千百年来，它促进了人的智能的发展、品德的完善、人格的健全，它在人类改造自然、改造社会、认识自我的实践活动中，占有举足轻重的地位，使得数学成为人类文明进步的阶梯。中国老子的《道德经》就包含了深刻的数学思维："道生一，一生二，二生三，三生万物。"

（二）数学与科技发展

数学是科学之母，是科学的基础，数学具有广泛的应用性，数学向其他领域的渗透越来越紧密。哥白尼的日心说、牛顿的万有引力定律、爱因斯坦的相对论、无线电波的发现、DNA 双螺旋结构的打开；图像压缩、信息加密、CT 扫描、谷歌大海捞针、人工智能、云计算、大数据，人类历史上每一项重大事件的背后都看得见数学的身影。回顾前几次科技革命，数学大多起到了先导和支柱的作用。下一次科技革命将以人类三种新的"生存形式"为重要标志，即网络人（生活在网络空间的虚拟人）、仿生人（高仿真智能人）和再生人（具有自然人特征的"复制人"）。预计这次科技革命将在 2020—2050 年到来。因此有理由相信：数学必将成为下一次科技革命最重要的推动力之一。早在 2009 年，《华尔街日报》的调查说，数学家是全世界最好的工作。在 2016 年，同样的团队重新做了这项研究，得出了相同的结论。

举几个例子来说明。我们来看建筑学，数学在建筑中发挥着非常重要的作用。在建筑中我们发现了非对称之美，比如说给定一个建筑物，我们必须用计算机来模拟计算它的不对称情况，以确保它不会出现坍塌。

（三）数学与社会发展

早在公元前 4000 年左右，古埃及人生活在尼罗河中下游的河谷地带，自然地理环境比较优越,适合农业生产,但由于尼罗河每年6月至9月河水定期泛滥淹没了原来的土地田亩界限,需要重新测量。几何学应运而生,古老的埃及数学正是在此基础上萌芽和发展起来。《九章算术》作为中国古代数学的典范,表现出鲜明的社会性和实用性的特点,以及显著的算法倾向与构造性的传统。如"粟米"一章中对各种不同品种或质量的谷物交换规定了统一的比率,反映了国家对粮食交易的管理和控制;"商功"一章中有关春夏秋冬每个劳动日工程量的规定,反映了当时行政部门实行定额管理的要求。《九章算术》以算法的实际应用范围分为"方田""粟米"等学科,犹如现今的所谓"经济数学""生物数学"之类,表现出中国古代传统数学具有极其浓厚的"应用数学"的色彩。公元前6世纪,希腊人就认为,自然界是被合理安排好了的,一切现象都是按一个精密的、不可变的计划进行的,这个计划就是数学计划,世界是建立在数学原理之上的。这期间占统治地位的毕达哥拉斯学派认为,数是描述大自然的第一原理,是一种物质,"万物皆数"是当时深入人心的一种观点。虽然这种观点很快就被找出谬误,但它的影响却一直延续到近代,这是因为它终究提出了宇宙的本性问题,提出了人可以通过对数的研究达到对宇宙本质的认识。

数学家田刚院士指出:从某种意义上说,数学的发展水平代表了一个国家的科学发展水平。历史上的强国都是数学大国。古希腊、古埃及、中国,鼎盛时期都是数学飞速发展的时期;德国、英国、俄罗斯,是近代历史发展过程中的强国,也是数学大国。数学的落后,基础研究的落后,将影响整个国家的长远竞争力,尤其是在这个知识当道,科技争锋的时代。数学家吴文俊指出:数学的生命力在于它是以一种最基本的常理来处理数的关系和空间形状。归根到底,数与形状反映了现实世界中事物最本质的特征。

例如,第二次世界大战与《运筹学》的诞生。电视剧《暗算》中的密码,生成密码与破译密码都需要数学。再如《地心引力》可能是最具有数学性的电影。在电影中,所有事物都得通过计算来重现。包括方程式、等式,像演员的脸都是通过数学算法模拟出来的。是数学让这个电影成为可能。

所以说,数学是有用的,数学来源于生活,但高于生活。

二、数学有哪些基本认识

数学与物理老是被人拿来相提并论,但数学与物理实在是有着太过巨大的差别了。我们从数学和物理的发展历史谈起。物理的基本方法是实验,所以物理学经常是后面的发现推翻前人的经验,不断建立新的体系而发展的,物理学中有大量的定律,而且物理学的发展还跟新技术有关。数学不同,它的发展建立在公理体系之上,是在前面的基础上发展后面的体系,数学中有大量的定理,没有被严格证明的东西只能是猜想,不能被运用。

(一) 数学的公理系统

一个公理系统(或称公理化系统、公理体系、公理化体系)是一个公理的集合,从中一些或全部公理可以用来一起逻辑地导出定理。一个数学理论由一个公理系统和所有它导出的定理组成。一个完整描述出来的公理系统是形式系统的一个特例;但是通常完全形式化的努力带来在确定性上递减的收益,并让人更加无法阅读。所以,公理系统的讨论通常只是半形式化的。一个形式化理论通常表示一个公理系统,例如在模型论中表述的那样。一个形式化证明是一个证明在形式化系统中的表述。如欧几里得几何公理系统。如果不承认这几条公理,换一个系统,也是一个体系,那就是非欧几何了。

(二) 数学的符号系统

我们知道,数学起源于结绳计数和土地测量。最初,并没有标准数学符号,符号是后来的实践中逐渐产生并进一步完善的。但是,数学符号一旦产生,就能简化数学研究工作,促进数学的发展。所以,学习数学,要从数学符号开始。阿拉伯数字 1、2、3、…9、0 就是最简单,常用的符号,也就是它们引起了数学上的一场革命。数学家韦达第一个把符号引入数学。此前,所有的已知数都是用具体数字表达的,从而限制数学的应用范围。现在的符号体系是笛卡尔创立的。他提出,用英文字母中前面的字母 a、b、c 表示已知数,最后的字母 x、y、z 表示未知数。符号的使用推动了数学本身的发展。符号一经形成,便成为表述概念,说明方法和叙述定理必不可少的工具。建立较好的符号系统,便于总结运算法则,揭示数量关系利于推理。符号是数学前进、发展、运用的工具。例如:算术与数学有什么区别？如一些优美的符号,阶乘:10!,群、环、域,拐点、奇点等。

（三）数学的语言系统

数学语言是数学思维的载体,数学学习实质上是思维活动,交流是思维活动中重要的环节,联合国教科文组织将有效的数学交流作为学习数学的目标之一,实现有效交流的前提是学习和掌握数学语言。数学语言可分为抽象性数学语言和直观性数学语言,包括数学概念、术语、符号、式子、图形等。数学语言又可归结为文字语言、符号语言、图形语言三类。各种形态的数学语言各有其优越性,如概念定义严密,揭示本质属性；术语引入科学、自然,体系完整规范；符号指意简明,书写方便,且集中表达数学内容；式子将关系融入形式之中,有助运算,便于思考；图形表现直观,有助记忆,有助思维,有益于问题解决。数学语言作为数学理论的基本构成成分,具有"高度抽象性、严密的逻辑性、应用的广泛性"。简单地讲,数学语言科学、简洁、通用,即使你没有学过多国语言,各个国家的数学教材也能读懂七八分。

数学语言作为一种表达科学思想的通用语言和数学思维的最佳载体,包含着多方面的内容,其中较为突出的是叙述语言、符号语言及图形语言,其特点是准确、严密、简明。

[例1]"任意给出一个正数 x,都存在一个非负实数 y,使得 y 是 x 的两倍与 6 的差。"

数学语言：$\nabla x>0, \exists y \geq 0, \ni y=2x-6$.

由于数学语言是一种高度抽象的人工符号系统,因此,它常成为数学教学的难点。

所以说,数学之美,不同的人从不同的角度看有不同的感受。刚刚讲到的几点,突出表现为:形式之美、思维之美、应用之美。

下面的话描述数学:抽象的符号、繁难的计算、枯燥的推理、浩瀚的题海、重复的训练、八股化的考试。本质上更应该是:简洁的语言、精巧的构造、严谨的结构,代数的优雅、几何的神韵、清澈的理性。学习数学可以有五个层级:感性→理性→悟性→灵性→个性。

三、数学之感性初体验

数学学习的抽象思维要逐步形成,即从具象→形象→抽象。

(一) 数学与形象思维

形象思维激励着人们的想象力和创造性,数学中的形象思维可以分为几个不同层次。第一个层次是几何思维,这是最直接的形象思维。第二个层次是类几何思维。可以借助几何空间关系,进行想象的较为间接的形象思维。第三个层次是所谓数觉,即对各种数量关系的形象化的感觉。这种感觉更为抽象,更为朦胧,在很多时候已进入了有神秘色彩的直觉领域。第四个层次是数学观念的直觉。这是对各种数学观念的性质、相互联系以及重新组合过程的形象化感觉,它完全是数学的直觉,虽然很难用逻辑语言完全叙述清楚,但在数学的创造性思维活动中明显存在并发挥着作用。

数学想象的各种基本类型在数学发展中都有着十分重要的作用。想象是数学猜测的一个重要来源,而数学猜测是导致数学发现的思想动力的基础。所以说,数学想象是数学认识活动中不可缺少的环节,是数学思维中的基本要素。爱因斯坦曾经说过:"想象力比知识更重要,因为知识是有限的,而想象力概括着世界上的一切,推动着进步,并且是知识进化的源泉。严格地说,想象力是科学研究中的实在因素。"由此可见,数学想象在数学和自然科学发展中何等重要。

(二) 数学与直觉思维

数学直觉就是对于数学对象事物的某种直接领悟或洞察。这是一种不包含普通逻辑推理过程的直接悟性,属于非形式逻辑的思维活动范畴。数学直觉的产生是不能用普通形式逻辑的推演解释清楚的。庞卡莱说:"搞算术,就如搞几何,或搞任何别的科学,需要某种与纯逻辑不同的东西。为了表述这个某种东西,我们没有更好的字眼,只能用直觉一词。"在探索未知世界规律的过程中,人们的主观认识同客观规律之间需要经过多次带有很大偶然性的相互作用才能彼此相符,这终将有机遇,有潜在的经验和技巧,有来自书本上或和别人谈话中的启示,有思维过程中"观念原子"千变万化的分离与组合。

康泰尔说过:"数学的本质在于自由。因此数学最能激发人的自由创新意识,使人敢于突破常规,不迷信书本、权威,有创新的胆略和勇气。"

(三) 数学与艺术素养

数学文化提升人们对美的享受。数学美是人的审美对象的一部分。我国著名数学家、中科院数学研究所顾问徐利治教授曾撰文论及数学美。他认为,作为科学语言的数学,具有与语言文学和艺术共有的美的特点,即在内容和方法上都具有其自身的美。数学的和谐美表现在结构的协调性、对称性、理论与实际的统一性、内部规律的组织性和对于美好事物的主宰。古希腊数学中的点、线、面、数,都是对现实的理想化和抽象,这种对现实理想化和抽象的偏爱在其文化中也留下了深深的烙印。他们的雕塑并不注意个别的男人和女人,而是注重理想模式的人,这种理想化和抽象的追求,导致了对身体各个部位比例的标准化的追求,希腊人不仅给出了标准的黄金分割 0.618,而且任何一个手指和脚趾的比例都没有忽视。

数学与音乐的关系更是密不可分。从古代起,数学和音乐就是紧密联系的。整个中世纪,教育科目就分为算术、地理、天文和音乐。今天的计算机延续着它们之间的这种联系。乐谱是数学影响音乐的很明显领域。在乐谱本上,我们可以看到有数字表示的节拍、全音符、半音符、八分音符、十六分音符等。谱曲就是用节拍表示出单位长度的旋律和音阶——不同长度的节拍一定要符合固定的音韵。作曲家们创造的音乐是如此完美地组合在一起,形成和谐的结构。音乐创作完成后,可以随心所欲地分解成特定的节拍数来代表不同的音长。

很多人都去听过音乐会,好的音乐厅建筑结构必须符合数学中的原理,两位日本人从日本时间 1999 年 9 月 18 日 19:00:52 起,计算了 37 小时 21 分 04 秒,得到了圆周率 π 的 206 158 430 208(2 千亿)位十进制精度,一位音乐家将它用钢琴弹奏出来,请大家欣赏。在优美的"π 的浪漫"钢琴曲中,我们结束今天的讲座。

主题介绍

　　大家对语文学习存在着许多畏难情绪。其实,语文是与我们每天的生活密切相关的。语言在本质上是人与人交流的工具。对语言文字的理解,能帮助我们实现更美好的人生。

　　郑朝晖,上海市语文特级教师。现任上海市建平中学副校长,建平教育集团理事会秘书长,兼任全国语文报刊协会课堂教学分会常务理事,华东师范大学语文教育研究所研究员,华东师范大学MOOC中心兼职教授,上海市中小学国学教育专业委员会副会长,上海市特级教师特级校长联谊会副秘书长。荣获全国优秀语文教师、上海市优秀园丁等称号,在港澳台大陆同文异教活动、全国中青年语文课堂教学大赛、上海市中青年语文课堂教学大赛均获得一等奖。

在语言文字里感受生活

郑朝晖

扫码听讲座

不少同学在学习中都特别怕学语文,同学里面流传这样一个顺口溜:"一怕文言文,二怕写作文,三怕周树人。"对于语文学习存在着许多畏难的情绪。语文真的有那么可怕吗?我分析,大家觉得语文学习可怕,可能有这么几个原因:第一是我们的语文学科观不太正确,总觉得语文学习是一件与自己生活并不相关的事情,抱着一种不得不学的态度去对待。第二是我们的语文教学也不一定都很正确。大量机械的抄、读、背、默;或者唯考纲考点是讲,反复操练;又或者毫无规划地随性神侃。大家觉着语文课所得甚少,所知甚微,自然就不愿意认真去学了。第三是急功近利的思想。总是急于事功,快见成效,但是语文学习不是一天两天就能有显著成效的学科,稍一努力,不见成效就放下转而去忙更有成效的事情了。

但是,我要告诉大家的是,语文并不是可有可无的学科,而是和我们每天的生活密切相关的,语文改善的不仅仅是我们的语言素养,更重要的是提升着我们的生活品质。这样说似乎太过冠冕堂皇了。我们不妨看一看我们日常生活中的一些实例,就知道语文和日常生活贴得有多近了。

一、语言是一座富矿

现在,我们的日常生活都离不开短信、微信,两人不见面,纯靠文字来交流。当然,现在还有不少"颜文字"和"动图",言之不足,辅之以画,但主要还是用文字。大家有没有注意过,因为没法见面,反而更关注语言本身所带有的情感情绪了。所以大量的拟声词,就起到了表情达意的作用了。

"呵呵"和"哈哈"不同,"哈哈"是大笑,有那么一点畅快淋漓的感觉,但是"呵呵"

是干笑、是皮笑肉不笑、是强笑,也是敷衍的笑。你们看,一个拟声词内涵就那么丰富。现在网上表现笑声的词语更多了,像"吼吼""嘎嘎""呼呼""咩哈哈",都是用在不同的语境中的表达不同的情感与态度的。这就是语言的表现力,语言不是仅仅作为信息的载体,更多地传递着说话人丰富的情感与态度。

如果用这样的角度去看文章,实际上也就能够体会到作者在文章里传递的更丰富的情感内涵。你们看作家汪曾祺《胡同文化》的最后一句话:"再见吧,胡同。"这是他为一本反映老北京胡同沧桑变迁的摄影集写的序言。你们读这句话,能够感受到汪曾祺的丰富情感吗?那种对于胡同衰败的现实无可奈何地接受。如果改成"再见啦,胡同"或者"再见!胡同",大家体会一下,情感是不是不同呢?古人说"因声求气",就是这个道理,语言不仅仅是承载内容,更承载语气、语势,只有全面地感知,才能读懂语言背后蕴含的丰富内涵。

比如说两个人网上聊天的时候,当你说自己很忙,对方说:"好吧,你忙吧。"如果你是一个"钢铁直男",你就直接下线,你知道吗?你对对方的伤害是一万点。因为你没有理解那两个"吧"字里面所蕴含的"潜台词":"我是善解人意的,我是很在乎你的,我是愿意为你克制自己的,但是,我还是很想和你聊天啊。"你们看,一个"吧"字里有多少内涵啊。

所以,我们的古人直接认为,我们的汉语是以"语气"为中心的。你们看这两句话,大家应该都学过:"杳不知其所之也"(《阿房宫赋》)"日之夕矣,羊牛下来。"(《诗经·国风·王风·君子于役》)为什么一个用"也",一个用"矣"呢?或许大家学的时候,老师只是告诉你,这是两个语气词,但是我们要深入去想,表现出了怎样的语气呢?这种语气有什么细微的不同呢?"也"是一个委婉的、声音可以绵延的词。它表明的是宫中的嫔妃对国君的去向探究,不知所之但又不停地想要知道所之的那种复杂的心情。这句话是讲期盼得到宠幸的宫娥的心情的,这个"也"字就把这种心情刻画出来了。相比较而言,"矣",是一个短促的、叹息一样的语气词,表现的是期盼远方的亲人,盼了一天,天色渐暗时分的那种失落感。所以,大家看,是不是语气词使用的不同,会有完全不同的效果啊?再看孔子的这句话:"已矣乎,吾未见能见其过而内自讼者也。"我们比较一下,如果说成:"已乎,吾未见能见其过而内自讼者也。"有什么不同呢？明显的原句叹息的意味会更浓一些。这就是语气词的表现力。

说了这么多，其实并不是想和大家分析语气词，而是想说明，大家不太关注的语气词里面，其实就有很多需要去关注的东西。如果我们没有学会深入到具体的语词中去体会语言，就无法真正体会到我们的母语本身的丰富性与独特性。

所以说，语言是一座富矿，值得我们细细去挖掘。得出的结论是：①语词的意义其实常常是和语境、表达的角度、表达的情态紧密结合的，不细细分析，我们就会漏掉太多的信息。②语文有一个重要的任务，就是通过语言分析训练来培养大家的语言敏感性。

二、语言的化学方程式

语言本质上说是人与人交流的工具。来言去语之间，常常就会让彼此产生微妙而复杂的情绪变化，老话说："一句话说到人笑，一句话说到人跳"，就是反映了这样的事实。所以，语言交际实际上就是人际交往的"化学反应"。我们所说的语言的敏感性，实际上就是对于这种"化学反应"的感知能力和调控能力的具体体现。说得那么玄乎，那么我们不妨举两个实例来看看，这种化学反应究竟有多么复杂吧。

我有一次在餐馆里遇到一件有意思的事情，分析给大家听听。

餐馆里的一个男侍应生对一个女侍应生说："你适合结婚了。"女孩子立马回他说："你会说话吗？应该说'你该结婚了'……"男孩子回答说："我要是说'该结婚了'，不就是说你老了吗？"

这个男孩子很不简单，他把"适合"和"该"背后的意思分得清清楚楚。

先说"该"，当我们用"该"的时候，实际上有着轻微的责备的感觉。所以，"该结婚了"其中隐含的意思是"怎么还没有结婚"（要不是说对方美人迟暮，就是警告对方再不结婚就晚了）。这不是男孩子要表达的意思，他心里清清楚楚。

而男孩说"你适合结婚了"其实很有意思，虽然听上去有点别扭，但是却准确地表达了男孩的心思。允许我掉一下书袋子，《诗经》里就有"之子于归，宜其室家"，这个

"宜"就是"适合"的意思。男孩子决计不会读过诗经，但是面对一个成熟可人的女孩，这样的感慨大概即便相隔一千年还是一样的吧。所以，这一句话既有对于客观事实的描述，其实也曲曲折折地表达出了说话者的情态。

至于那个女孩的应答，是有所领悟而故意打岔，还是天然呆萌，就不得而知了，而那个男孩子则用自己的回答掩饰了自己的想法，也讨好了对方。这一问一答之间真是生动极了，比有些强聒不休的连续剧不知道有趣多少呢。

这样的例子也出现在杨绛的文章里，中学教材里有一篇《老王》，说的是孤苦的车夫与杨绛一家人在"文革"时代的交往过程。文章里有这么一段话：

有一天傍晚，我们夫妇散步，经过一个荒僻的小胡同，看见一个破破落落的大院，里面有几间塌败的小屋；老王正蹬着他那辆三轮进大院去。后来我在坐着老王的车和他闲聊的时候，问起那里是不是他的家。他说，住那儿多年了。

大家有没有觉得老王的回答有点怪啊？如果我问大家，这是你的家吗？你们觉得应该怎么回答？一般总是回答"是"或者"不是"，但是老王却说"住那儿多年了"。这就奇怪了，为什么会这样回答呢？因为老王既要回应杨绛的问题，又不愿意将那个缺少家庭温暖的、仅供他栖身的小破屋看作自己的"家"。接着更大的问题又来了，老王会什么要这样回答杨绛呢？因为杨绛对他的客气、出于礼貌的尊重，在他这样一个缺乏关怀爱护的孤独之人眼里，这些就意味着家人般的关怀与温暖。当然，文章的主题也就是杨绛围绕这样的情感错位而产生的更深沉的思考。你看，老王并不是一个受过很高教育的人，但是他被真情驱使，回答问题的时候，却不自觉地运用了很高妙的语言技巧。相反，那个时候的杨绛，虽然是一个大知识分子，因为并没有刻意关注老王的心思，所以没有意识到这句话背后的含义，而要到老王去世之后，自己经历了很多事情之后，才渐渐明白老王的苦心。

情深，然后才会有语言的敏感，另一方面文化积淀，也能够提升我们的语言敏感。举一个大家熟悉的例子。我们都学过朱自清的散文《荷塘月色》。其中有一句话，老师经常用来解释"通感"手法的。

微风过处，送来缕缕清香，仿佛远处高楼上渺茫的歌声似的。

不少老师在讲这句话的时候，都很关注其中"通感"的手法，似乎给学生讲解了这种手法,就等于鉴赏或者理解了这个句子。其实未必。其实,通感也不过是诸多表现手法中的一种,从修辞手法的角度看,这句话是通过比喻来实现"通感"的目的的。看一个比喻句好不好,关键是看喻体的选择是否能够与整个语境相贴合,能不能增加语句内涵的丰富性。朱自清在这句话里面把若有若无的香气比作了"远处高楼上渺茫的歌声"。如果仅仅从体现事物特征的角度设喻,那么将"缕缕"(微弱的,时有时无的)"清香"比作空间上在"远处",感觉上很"渺茫"的美好的"歌声"就可以了,但是作者还偏偏要加入"高楼"这个意象,这就值得思考了。那么,"高楼"除了它固有的意思以外,还有什么内容掺杂在里面呢?

其实,所有词语的含义都是"历史"地"层累"地形成的。如果作家使用了某个词语而产生了一定的影响,就会在这个词语上刻上了相应的烙印,对后世的词语的运用和解读都会产生影响。比如这个"高楼",《古诗十九首》里就有著名的"西北有高楼":

西北有高楼,上与浮云齐。交疏结绮窗,阿阁三重阶。上有弦歌声,音响一何悲!……

事实上,中国古典诗词里"高楼"的意象也总是与悲凉、寂寞、惆怅联系在一起的("暝色入高楼,有人楼上愁""昨夜西风凋碧树,独上高楼,望尽天涯路""欲上高楼去避愁,愁还随我上高楼")。所以,如果是一个在古典文学方面有足够修养的人,在面对"高楼"这个词的时候都自然而然会产生出那种惆怅、寂寞的情感。所以,在朱自清的感受中,那微风送来的缕缕清香,固然是美好的,但是同时也是约略含着些寂寞与悲凉的,所以在他的笔下,那用来形容清香的歌声,也应该是"高楼"上的,才符合他内心深处的感受。如果我们在这里缺乏这种敏感性,朱自清那点微微的小情绪就会悄然划过,我们也就失去深入了解这篇文章的一个很重要的契机了。另一方面,作者也是通过这样"微弱剂量"的语词,希望能够在读者心里产生那种微妙的情绪变化。

所以,这样的"化学反应"实际上就是通过语词实现的情绪的变化,这也再一次让我们清醒地意识到语言作为交流工具这一本质性的功能。

我们得出的结论是:一切遣词造句章法布局,目的无非是为了达成交流的目标。

语文的灵魂就是学会交流。

三、如何看出门道

不少人一定会问,既然语文的灵魂是"交流",我们应该注重培养语言的敏感性,那么如何入手呢?俗话说"外行看热闹,内行看门道",那么我们如何成为那个"内行"呢?

其实,在语言交流过程中,我们也只是在最关键的地方使用"技巧"。什么是最关键的地方?那就是内容复杂的地方,或者情态比较复杂的地方。所以,每当这样的地方,我们就要多长一个心眼,去调动我们的语言敏感性,去思考与反思。

比如《赵州桥》里有这么一段:

①赵州桥非常雄伟。②桥长五十多米,有九米多宽,中间行车马,两旁走人。③这么长的桥,全部用石头砌成,下面没有桥墩,只有一个拱形的大桥洞,横跨在37米多宽的河面上。④大桥洞顶上的左右两边,还各有两个拱形的小桥洞。平时,河水从大桥洞流过,发大水的时候,河水还可以从4个小桥洞流过。⑤这种设计,在建桥史上是一个创举,既减轻了流水对桥身的冲击力,使桥不容易被大水冲毁,又减轻了桥身的重量,节省了石料。

我们平时看文章会有一个习惯,似乎段落的第一句话就是整个段落的意思。当然,有时候或许可以这样认为,但是在这一段中,情形却并不如此,赵州桥雄伟,只是为后面强调这种设计的精巧作铺垫的,这第一段的关键在于强调这种设计是"建桥史上的一个创举"。这么大的桥,架在一个拱上,本身就很了不起,而且拱上有拱,设计如此巧妙,是不是很厉害啊。你看,先说"雄伟"是不是很有表现力啊。这就是"技巧"的力量。

再看看情感微妙的,《红楼梦》里"林黛玉进贾府"一段中有这么一个情节:

(王熙凤)又忙携黛玉之手,问;"妹妹几岁了?可也上过学?现吃什么药?在这里不要想家,想要什么吃的、什么玩的,只管告诉我;丫头老婆们不好了,也只管告诉我。"一面又问婆子们:"林姑娘的行李东西可搬进来了?带了几个人来?你们赶早打扫两间下房,让他们去歇歇。"说话时,已摆了茶果上来。熙凤亲为捧茶捧果。又见二舅母问他:"月钱放过了不曾?"熙凤道:"月钱已放完了。才刚带着人到后楼上找缎子,找了这半日,也并没有见昨日太太说的那样的,想是太太记错了?"王夫人道:"有没有,什么要紧。"因又说道:"该随手拿出两个来给你这妹妹去裁衣裳的,等晚上想着叫人再去拿罢,可别忘了。"熙凤道:"这倒是我先料着了,知道妹妹不过这两日到的,我已预备下了,等太太回去过了目好送来。"王夫人一笑,点头不语。

在这一段里,王熙凤在贾母面前有恃无恐,虽然八面玲珑,但也有疏忽。她说"只管告诉我""也只管告诉我",这个"总经理"有点张狂,忽略了还坐在那里的"董事长"。虽然这两个人是一伙的,但是你也要稍微收敛一点才好啊。所以"董事长"就要"敲打"总经理了:"月钱放过了不曾",这是王熙凤的软肋,她拿这些钱出去放高利贷,快进快出,"董事长"在有客人来的时候突然问这么一下子,暗示她,你做的事情不要以为我不知道。王熙凤赶快表示自己意识到了,注意她强调了"带着人"去找缎子,你们想想看,找一段料子这样的事需不需要王熙凤出马?王夫人话锋一转,说到要给林妹妹裁衣裳,王熙凤立马接下话头,表示要"等太太过了目",强调了"董事长"的领导地位;当然,王熙凤也要表示自己也不是吃干饭的,因为"想是太太记错了""先料着了",既强调了"董事长"的领导地位,同时也表示自己也是很有工作能力的。所以王夫人那"一笑""点头不语",内涵丰富。你看,你一言我一语,《红楼梦》里好像都是这样的家长里短,但是林黛玉却说"一年三百六十日,风刀霜剑严相逼",大家看看,就算是同一阵营、同一团伙的,对话之间还是不免"刀光剑影"。对于那个心思特别敏感的林妹妹来说,是不是就特别觉得内心充满压力啊。注意小说中的"又见"两字,这是从林妹妹的眼中所见,所以既是展示王夫人和王熙凤既联合又斗争的关系,也是塑造了林妹妹"心较比干多一窍"的特点。

鲁迅先生的《从百草园到三味书屋》,对于百草园的描写也很有意味:

不必说碧绿的菜畦,光滑的石井栏,高大的皂荚树,紫红的桑葚;也不必说鸣蝉在树叶里长吟,肥胖的黄蜂伏在菜花上,轻捷的叫天子(云雀)忽然从草间直窜向云霄里去了。单是周围的短短的泥墙根一带,就有无限趣味。油蛉在这里低唱,蟋蟀们在这里弹琴。翻开断砖来,有时会遇见蜈蚣;还有斑蝥,倘若用手指按住它的脊梁,便会啪的一声，从后窍喷出一阵烟雾。何首乌藤和木莲藤缠络着，木莲有莲房一般的果实，何首乌有臃肿的根。有人说，何首乌根是有像人形的，吃了便可以成仙，我于是常常拔它起来，牵连不断地拔起来，也曾因此弄坏了泥墙，却从来没有见过有一块根像人样。如果不怕刺，还可以摘到覆盆子，像小珊瑚珠攒成的小球，又酸又甜，色味都比桑葚要好得远。

"不必说"，似乎是强调不说，但其实该说的又都说了；那么为什么要说"不必说"呢？因为描写的内容有层次上的差异。不必说的部分固然是百草园美好的地方，但那时成年人也觉得好的地方，是作者与读者都觉得好的。而"单是"那一部分，则是童年时的作者独得之乐，是儿童心境、儿童视角。作者用"不必说"，现把读者的共情意识激发出来，然后再展示自己曾经的"童心"，从交流效果上来说就很成功了。

所以，如果要说"门道"，其实就是一个词，那就是"设身处地"。这个"地"，就是具体的语境，而"设身"就是用自己的人生阅历去揣摩体会作者的心虚心态。作者写文章，是用语言文字尽量展示自己的心绪心态，而我们读文章则是通过作者设计的语言文字去体会作者的心绪心态。你可以在阅读中问自己这样的问题："①不必要说的为什么要说？②可以简单说的为什么不简单说？③明显错误的为什么还要说？"

四、结论

首先，我们要知道，语文这门学科的核心是培养学生的语用经验。因为一切语言学习最终的目的是为了语言交流，就像我们日常生活中的其他技能一样，是需要经验的积累的。人生，其实就是从经验到智慧的转化过程。

获取语用经验的方法概括起来就是这样一个公式："阅历+反思。"

所谓的"阅历"，我比较喜欢分开来解释，阅，就是读书、读人生；历就是你的文字经历、生活经历。这两类其实就是我们语言经验的组成部分，但是我们很多人一直在"阅"，也一直在"历"，长进却往往不大，那是因为我们缺乏对于自己的"阅"和"历"的反思。所谓反思，其实就是对于我们似乎没有什么问题的经历多问几个"为什么"。养成这样的思维习惯,我们才能让自己的经验值真正地提升起来。所以说,语言文字固然是我们生活的一部分,但是如果我们缺乏对它的感受,实际上还是不能上升而为我们自己的经验,也就无法提升我们自身的心灵内涵,提升我们的生活品质。

愿我们每个人善待我们的语言文字,也希望我们借助于对语言文字的理解,能够拥有更美好的人生。

主题介绍

如何教学生学会审美,是目前学校、家庭和社会面临的重大课题。知美会美,不仅能促进人的全面发展,而且能升华人生的境界。

赵其坤,上海市美术特级教师,特级校长,正高级教师。毕业于中国美术学院中国画专业,华东师范大学中文系专业,北京师范大学教育学博士研究班。现任上海市黄浦区教育学院党总支书记,兼任中国书画学会副主席,中国国画家协会常务理事,上海市美术教育专业委员会主任,上海市兼职教育督学。上海市第四期双名工程高峰计划艺术基地主持人,上海市教师艺术人文素养培养基地主持人、导师,上海市艺术学科德育实训基地主持人导师。获全国美术创作一等奖,国家艺术文化卓越贡献奖等。近年来主持国家级、市级教育类科研项目七项,在市级以上期刊发表论文160余篇,著有《以文化人,以美立德》《归真寻美》《思与行的智慧》等著作14部,公开出版和发表美术作品460余幅。

知美会美，让你的未来人生更精彩

赵其坤

扫码听讲座

当每一个公民都拥有发掘美好的眼睛与心灵，拥有完美的性格、更有情趣的人生和更高的精神境界，不仅是个人之福，也是国家之幸。美是人的本质，美是心的本体，美是人化自然的标志，正是由于审美的功能，帮助我们分辨美与丑、善与恶，净化人的心灵，培养人的高尚的情操，完善和提高人的品格，使人们面对充满诱惑的物质世界的时候，能自主地做出选择。知美、识美、会美，就是要通过审美把人的感觉引入到体验自然美、艺术美、社会美、科学美、哲学美的生命状态中，通过一次又一次的体验积淀来形成审美价值观，以建设一个强大的内心世界。对于社会而言，知美、会美的审美能力，也是培育历史文化意识的重要基础。之所以说知美、会美能让人生更加美好，那是因为学会审美，使人生的意义更加丰富，使人生的理想更加闪光，使人生的境界更加超越。

一、美是什么

美的内涵是指能引起人们美感的客观事物的一种共同的本质属性，但它本身是一种主观感受。美包含着生活美、艺术美、自然美和社会美等状态。古典主义认为美是形式的和谐。

新柏拉图派认为美是上帝的属性，理性主义者认为美是完善，经验主义认为美是愉快，启蒙主义认为美是关系，德国古典美学认为美是理念的感性显现，车尔尼雪夫斯基认为美是生活。虽然美的定义众说纷纭，但概括起来不外如下五个方面，即①美的客观说。这种理论最初注重美的自然属性的研究，发现了有关和谐、比例、对称、多样统一等美的外观形式法则。代表人物有狄德罗和车尔尼雪夫斯基等。②美的主观说。

认为美是人的意识，情感活动的产物或外射的表现，这种理论在审美意识、审美心理、审美情感方面做了较深入的探究。代表人物有休谟、康德、柯罗齐等。③主客关系说。认为美既不是客观也不是主观，而在两者的结合中。④超自然说。认为美是上帝、神或某种超越主、客观的第三力量创造的。⑤社会实践说。认为美的本质是人的本质的对象化、自然的人化，是合目的性和合规律性的统一，真与善的统一，是自由的形式。

上述各种美论相互对立中，又相互影响，批判、吸收、传承，呈现出一种复杂的发展态势。现代西方美学不再遵循传统美学自上而下的哲学演绎的研究方法，而采用自下而上的实证法，强调直觉、潜意识、本能冲动、欲望升华、主观价值、情感表现等主观因素的研究。自19世纪下半叶以来，先后出现了实验美学、游戏说、快乐说、移情说、距离说、心理分析、格式塔等各种美学流派。这种流派对美的探索都有不同程度的贡献，但也出现了反理性主义和神秘主义的倾向。但是现代心理学、生理学、数学、信息论、系统论、社会学、经济学、考古学都在不断给这一难题的解决提供了全新的途径。

所以，首先美是具体事物的组成部分，美不能够离开具体事物单独存在。庄子指出：天地有大美而不言，四时有明法而不议，万物有成理而不说。大美、明法、成理存在于天地、四时、万物之中，是天地、四时、万物的组成部分。其次，美是具体事物具有的促进社会和人类生存发展的功利性能、正面意义和正价值。人们约定俗成地把个别具体事物普遍具有的相互作用、相互联系的性质和能力称为价值。如使用价值、交换价值、劳动价值、文化价值等。真善美是具体事物，对人类生存发展具有的正面意义和正价值；假丑恶是具体事物，对人类生存发展具有的负面意义和负价值。再次，美是存在于个别具体事物之中的，有别于丑的相对抽象事物或元实体。元实体是个别事物具有的种或属的普遍性规定，是人类通过认识实践活动，从自然中发现、界定、彰显、抽取出来的具有一定边界、限制、规定和冠名，既作为具体事物，也作为抽象事物存在的实体自然事物。最后，美感是人脑产生的一种特殊感觉，是人们从个别具体事物中发现美，把美从个别具体事物中分解和抽象出来的前提条件。美感的认知是相对的。人的社会实践活动，人的艺术创造，具有保障和促进人类生存发展的性质和能力，能够创造人类生存发展必需的物质生活资料，能够使人在社会实践过程中提高认识思维能力，获得精神自由，得到改造、完善和发展，是包含美的具体事物。总之，美是一般美和特殊美，但成为对立统一体。人们具有知识经验，认识能力强，就可以迅速准确地判明一个认识对象具有价值性质和价值数量，能够一目了然一个具体事物的美和丑、好和坏。缺少知识经验的人很难正确判断事物的美与丑。人类的生存发展需要是丰富多样的，人不仅有生理和物质需要，而且有心理的精神需要，人的生理需要和心理需要的满足只有维持在一个正常合理的水平上，人才能感到生活的美好和幸福。

二、知美、会美对促进人的全面发展的价值

18世纪德国启蒙时代的哲学家尼柯拉·提顿斯首先综合前人的思想，把人的心理功能划分为知、情、意三个方面，其后又被康德发扬光大，对后世产生了重大的影响。人的知、情、意要全面发展，其中的情感主要靠审美来补充，通过审美活动陶冶人的性情，促进人的全面发展。现代工业化、自动化、智能化将人变成了"单向度的人"，几乎失去了生活的乐趣和创造力，而要将人从现实中解放出来，通过提高人的审美能力，使人获得美的熏陶。欣赏自然美景，欣赏各类艺术作品，既可以滋润人的心田，又可以铸造精神世界。教育的价值，不仅仅在研发人的智力，提升智力水平，系统地学习文化知识，还在于要提升人的品质，提高道德伦理水平。其中，道德主要指内在的素质和修养，伦理主要指外在的社会法则。每个人都有善根，德育的目的就在于，培植和养护善根，唤醒和增强人性中善良的一面，抑制乃至杜绝人性中自私、贪婪、邪恶的弱点，完善人的伦理道德品质，使人成为善良、正直的人。

美育与德育、智育是相统一的，相互促进的。人的情感、人的感性欲求受到理智和道德的约束，要以理节情，同时也要通过审美教育培育人的高尚的情感，以美储善。而人的认知能力也有助于提升人的审美感悟。所以，我们倡导"以美求真，以美启智，以美储善"。审美可以激发人的活力，培养和调动人的想象力，有助于激发人的灵感，激活创造力。人们对自然和人性的感悟能力，以及艺术欣赏和艺术创造能力，必须从幼童时代开始激发和培养，对于人的综合能力的培养和人的全面发展会起到重要作用。同时，审美教育有益于调节人的心情，有益于人的身心健康，也有益于激发人积极进取

的精神。知美、会美成为人们追求进步和发展的动力,使人的感性欲求得到满足,情感获得丰富和升华,人格得到完善。

审美活动是人们喜欢乐观的,趣味是审美的核心内容。我们生活的世界不可能完全脱离功利,但是可通过审美提升自我,达到更高的精神境界。审美的过程就是自我建构的过程,审美教育满足了人们高层次的需求,使人真正实现了自我价值,在人生境界的最高层次上,真、善、美得到了高度的统一。

在人的生命成长的历程中,审美教育是不可或缺的。知美、会美有助于人的崇尚自然,发展个性,培养了积极健康的审美趣味,陶冶了人的心灵,使人格健全,从而提升了人生的境界。

三、知美、会美,奠基最基础的人生观

叶朗先生说:"美育着眼于保持个体人精神的平衡、和谐、健康,使情感具有文明的内容,促进理性和感性的沟通,使之协调发展。"美育的目的从根本上说,就是要培养人的一种活法、一种人生态度,从而使人进入一种美的人生境界。这应当是一种以诗意的方式生活、学习、工作的境界;一种超凡脱俗,善待万物,关爱众生,纯正、高雅的心灵境界。美好人生,美好生活,是人类幸福生活的理想状态,是文明的一种最高境界。人们一旦进入了美的境界,即使处于困厄,也可恬然自适。孔子表扬的颜回"一箪食,一瓢饮,在陋巷""不改其乐"就是这种美的活法。相反,一个心灵龌龊、情趣低下、心胸狭窄的人,无论多么富有,也不一定能体验到美好生活的乐趣。

美的教育具体可分为两个方面:一是从理论上阐述美是什么?怎样才是美好生活?怎样才是美的人生?教人学会美的方法;二是通过健康的艺术欣赏,提高人的审美能力,激发人自觉地追求美的人生境界。艺术教育固然承载着更为明显的审美教育功能,但艺术教育实际上包括艺术作品蕴含的美的人格精神教育与技艺教育两个方面,所以我们在加强艺术技能的训练时,更要发掘艺术作品的内涵对学生人生境界的引导。美的教育,指的是一种超凡脱俗的美的心境,品德高尚的美的人格方面的自我修养,是通过学习、感受、体验、反思和创造等方式进行的人性美的自我培育。如中国

传统文化中老庄哲学中所宣扬的安时处顺,穷通自乐,恬淡寡欲,率性而为,返璞归真之类。一个人,只有养育成这样一种美的心境,才能够泰然自若,不以物喜,不以己悲。孟子所说的:"威武不能屈,富贵不能淫,贫贱不能移",体现的也正是一种美的人格。一个人只有养育成一种美好人格、一种美好心境,才能泰然处世,胸襟坦荡,活出自己的美好人生。

较好的艺术人文修养和崇高的思想境界需要广博的知识结构,开阔的文化胸襟。所以,在人类历史上,有不少像老子、庄子、孟子这样的古代哲人,虽然没有条件像现代人一样的艺术体验,但他们却活出了现代人无法比拟的诗意的人生境界;有许多像康德、罗素、爱因斯坦这样的思想家、科学家,也不一定比一般人有更多的艺术审美实践,但他们的人生却闪烁出美的光彩。相反,在历史上,也有不少拥有审美能力的诗人、作家、艺术家,由于人格修养缺陷,而活得苟且,甚至自私自利,人品低劣者亦不乏其例。由此可见,审美情感与美的人生境界之间虽有联系,但要实现更深层次的美育目的,仅有此是远远不够的。所以,美的化育,培育其美的人格。这就要求人们要遵守美的原则,体现美的精神,优化美的社会环境,从学校、拓展到社会,都能合力育人,使人性的审美教育、社会性的审美教育和生活环境的化育相配合,使我们的青少年学生具备了美的向往、美的胸襟、美的自觉、美的眼光,那么无论在什么领域或从事什么工作都会奉行美的原则,都会为社会环境与生活环境增添美的色彩;美的社会环境与生活环境,会反过来化育人的心灵,提高人的精神境界。

四、修身育人的美,升华人生境界

天地万物生生不息,人为何是万物之灵,尊贵于天地之间? 就是因为人的生命有"大德"和"道义"贯通其间,《周易·系辞》曰"天地之大德曰生",生命因为有"德"而生,又因"德"之内存而宝贵。《论语》中"兴于诗、立于礼、成于乐",即在礼义、秩序、大道、规矩立于心中之前提下,诗歌和乐舞发挥引导、启迪、梳理、整合的美育作用。周代制度系统而严格的礼乐修养计划。命名为"六艺",并且被历代重视和延续。从生命体认起步,到生命意义的圆满达成,美育发挥不可替代的作用,立美育人将天人合一的综合性思维理念落实到个体生命的锤炼和升华过程。将生命感悟与生命终极意义追索结合起来,在美育中丰富和提升生命的哲学内涵。中华美育的修身目标,也符合格物→致知→诚意→正心→修身的心理发展规律,再到修身→齐家→治国→平天下的行为规律。不仅包含了对个体生命体认和修养的明确表述,更是成为推动中国历史前行的文化力量。

五、尽善尽美,熔炼正确价值理念

知美会美不局限于形式美,更强调美善统一,尽善尽美,只有寓于善的意味,美才有更高的价值。孔子认为美不同于善,因为从美的角度看是完满的东西,从善的角度却可能是不完满的。美虽然给人的感觉愉快,但美必须符合"仁"的要求,即具有善的内涵,才有社会意义和价值。因此,他主张要"尽美"也要"尽善",美与善要实现完满统一。

美善合一,才是和谐之美,中和之美,温润、雅致之美,形神兼备之美。在我国的美育传统中,善是这种符合规律,满足一定功利目的总结。长期以来,在我国的美育体系中,真、善、美相统一,真是善之本,美是善之华,真善与美相合相生。尽善尽美,是真善美融合的追求,需要美育的力量来支持。尽善尽美,美善合一,才能涵养精神。

立美育人,需要通过生动的形象来传达,以融合善和真理力量的美感形象开蒙启智、滋润心灵,从而培养道德,涵养精神,发挥培养时代新人的特殊作用。我们培养的时代新人,其强烈担当意识来自于志士弘毅的雄浑气魄,其无私奉献来自家国情怀的精神底色,其任重道远的担当精神来自善始善终、善作善成的人生立场和态度。知美、会美,就是要学会欣赏美和创造美,由美至善,美善合一,从而树立正确的价值观、人生观、世界观,建立崇高理想和信念。

六、如何发挥审美对自我心理调节的作用

美是人类文明发展的结晶,审美活动是人类自我完善、优化、美化和提升的重要方式之一。美育,人类文化心理建构的一种重要方式,也是人生成长道路上的重要精神历程之一。中华民族自古以来就有重视"乐教""诗教""礼乐之教"以及"乐山乐水"

等优良的美育传统。立德树人是教育的根本宗旨。美育也不仅是艺术审美教育,还包括自然审美教育和社会审美教育,贯穿了艺术哲学、自然哲学和人生哲学。审美教育活动是一种感性化的精神活动,艺术审美也指向人的生命本体精神的建构,与宗教精神的虚幻性、哲学精神的思辨性不同,艺术审美精神是感性生动的,赋予情感体验和生机活力的,使人在诗教、乐教或美育中感悟人生的美好价值与意义,激发人的生命创造精神和自由超越精神。正如恩格斯说:"大自然的美可以净化人的心灵,使人溶化在自由的无限的精神与骄傲意识中。"知美会美,可以培养人的天人合一、与道合一、心物合一、群己合一、民族融合、社会和谐的生命理想精神。美育不像物质生产那样立竿见影,但更加润物无声,深远悠长。在科技文明高度发达、工具理性普遍盛行的现代社会,人的精神遭受挤压的危机,所以,我们更需要用艺术审美精神烛照、净化和提升现实生活,抵御机械刻板、一味功利的生活,追求人的诗意栖居,实现人生的艺术化和艺术的人生化。

七、审美对人格的培养和创造力的激发

崇尚人格理想和人格教育是中华美育的优秀传统。美育的根本任务就是涵养人的情操,培养健全人格。所谓人格,就是一个人的整体的心性倾向和心理结构,包含人的先天生物因素与后天社会文化因素。人格一经形成,对主体的各种内隐和外显都会产生重要的定向和组织作用。审美教育能影响一个人的感性、知性和理性,涵养人的情操、意志和理想,促进人的身体和心灵、感性和理性、个性和社会性的健康成长与协调发展,塑造知情意统一的健全人格。在席勒看来,美育可以弥合人的感性和理性的分裂,消除真与善、主体与客体、自然与自由、理智与意志、认识与实践之间的对峙,使人成为融合各种身心要素一体的自由和谐的生命存在。因此,美育有助于培养完整的、至性至情的人格,克服人的碎片化,从而实现人格的升华与整合。

审美活动是寓于想象、情感的自由和谐的精神活动,美的艺术创造是天才的创造,艺术审美教育对于促进人的各种生命潜能的开发和实现有着重要价值。美育渗透于人类一切文化活动之中,更把人类文化的各种优秀价值溶解于其中。审美活动融感

受、想象、激情与理性于一炉，人的各种心意能力在艺术审美活动中得到最充分自由和谐的激发。审美是以美启智，开发人的智力和智性，激发科学文化创新和创造的内在冲动，开启通往认识真理的道路。欧洲文艺复兴时期之所以能产生大批的天才大师，其中艺术美育的激发作用是重要原因之一。

审美可以激发科学家的求知欲望和求知热情。艺术与科学，是神奇宇宙和谐美的两种相互关联的表征，科学美与艺术美一样需要丰富的灵感、直觉和意象思维，离不开美妙的形式、深邃的内在秩序、和谐的内在结构、简洁性原则和方法。直觉与想象力有时甚至比逻辑推理更能指向宇宙世界的深层结构和奇妙秩序，成为重大科学理论取得突破性发现的契机。一些伟大的科学家自述：科学中有种深奥神奇的美，科学研究和发现同样需要灵感、美感、乐趣和想象力。对于科学美感的追求，成为推动伟大科学家从事科学探索的强大动机与智慧源泉。自称"想象力比知识更重要"的爱因斯坦，就是受到音乐艺术的启发，善于运用"美学的、直觉的方法"从事理论物理学的科学研究。正是这种对于科学美的追求，激发了伟大科学家进行科学探索的无限热情。

八、知美会美，由美抵达精神高地

文化艺术之美是"引导国民精神的前途灯火"，审美和艺术是人类精神生活重要组成部分，美的历程深刻内在于人类精神历程。人的精神活动由理智、意志和情感构成，审美教育的追求正是在这几个方面的有机统一。我们只有从人类历史发展的宽阔视野中深刻领会知美、会美的内涵，才能在教书育人中不断与庸俗、功利主义决裂。

精神不等于知识，教育不等于智育。德国哲学家康德将人的精神世界划分为三个领域：知识、意志与情感，即纯粹理性、实践理性和判断力，或科学、伦理与审美。康德的论述很大程度上成为现代教育和学科体系划分的基础。但是，正是康德的这种划分无形中造成知识、意志与情感的对立，审美和情感领域日益与知识和道德领域疏离，在"审美无功利"和"艺术主体性"教条、规范的支配下，艺术和审美日益沦为一个只追求个人感受和形式技巧的领域。实际上，审美领域与知识和道德领域从来就不是对立的。在中华文明发展史上,如:柳宗元、刘禹锡等既是文学家、政治家,更是思想家;鲁迅先生是文学家、思想家,同时也是革命家。因此,正如黑格尔所说,美是社会意识,而不是自我意识和个人意识,伟大经典作品必须有深刻的思想、深沉的人类命运担当,而不仅仅是狭隘的个人情感抒发和炫技。正是由于人的精神活动由理智、意志和情感几个方面构成,知识与理智的增强,并不必然意味着情感和意志的发展。重智而轻美,这种扭曲的方式培养出来的人才有可能是畸形的。人类文明的进程不仅是提升劳动者素质、文化水平的过程,也是有文化的脑力劳动者不断提高自己热情、信仰、觉悟与意志力的过程。中华民族伟大复兴揭开了人类历史发展的新篇章。这既是物质生产力大发展的新时代,也是政治生活和精神生活大发展的新时代,中国人民站起来、富起来、强起来,文化审美的自信是最根本的自信。为人民谋幸福,为中华谋复兴,为人类推进文明,需要我们充分调动情感力量,需要讲究"润物细无声",需要凭借感人、动人和心悦诚服。如果说经济的标准是穷与富,伦理的标准是善与恶,知识的标准是真与假,审美的标准是美与丑,那么人类大脑具备知性、感受、直觉、想象力、创造力,人的全面发展、人的本质力量的实现,是指这些能力的协调、平衡和全面发展,从而使我们成为全面发展的人。我们的教育和美育正是在保护和发展这些能力的过程中,发现大自然的壮美,以及多样性和严酷性;在审美的过程中,我观察到了人性的美好、缺陷和贪婪,反思自身问题,并学会斗争与宽容。

总之,美是什么？美是对比、和谐、完善、快感,美是好看、好听、好用、好玩,美是有味、有趣、有形、有情、有义,美是悦耳悦目、悦心悦意、悦神怡志。美是什么？美是夏天的凉爽、冬天的温暖、春天的小雨、秋季的清风;美是一种高尚的品格、强健的体魄、高超的本领,美是初生的无知、少年的纯真、青年的朝气、中年的稳健、老年的豁达……美在哪里？美就在你的心中,找到心中的美,生活中处处都能找到美。

美的极致便是安详。人如果能抛弃偏执,丢下无谓的烦忧,哪怕一片树叶,一朵小花,都能发现她的美,只要用心,生活中的美和喜悦便会不请自来。生活不都是快乐和幸福,同样,生活也不可能全是落寞和寂寥。用一种欣赏美的眼光去看阳光和雨露,恬淡而愉悦;用一种欣赏美的眼光去看看花草树木,清新、爽朗;用一种欣赏美的眼光去看大海，辽阔而深远。生活中的美充斥在各个角落，需要你去学会发现，学会欣赏。练就一种修养，学会一样特长，养成一种品位去适时捕捉和欣赏生活中的美，为自己的心灵多打开一扇窗，让智慧的光芒和生活中多彩的美呈现在你眼前。

主题介绍

英语学习越来越呈现幼龄化趋势。小班教学、外教一对一、英语学习APP，这些能缓解你对英语学习的焦虑吗？英语学习，想说爱你不容易。讲座从"压力与乐趣"的角度，与大家一起探讨英语学习的意义，学好英语的方法，以及提升语言能力的有效途径。

金怡，上海市英语特级教师。现任上海市敬业中学校长，兼任上海市第四期"双名工程"攻关计划基地主持人，上海市教育考试院外语学科专家组成员，黄浦区教育学会外语教学专业委员会主任。曾参与编著《帮你练习说英语》《高中英语会话学习技巧手册》《实用高中英语词汇用法词典》等10余本学习工具书。曾获"全国中小学外语名师""全国中小学优秀外语教师"等荣誉。

不一样的英语学习体验

金 怡

扫码听讲座

一、为什么学英语

有一年教师节,我收到一个漂亮的花篮。但令我尴尬的是,花篮搭配的小卡片,写着"A successful marriage means falling in love many times always with the same person.(一个成功的婚姻是无数次和同一个人共浴爱河)"。显然,这不是一张教师节贺卡,而是一张结婚纪念贺卡。生活中有很多这样的啼笑皆非的事。我们学习英语,不仅仅是为了应对一门学科的测试,而是学会用英语来交流、表达情感、表述观点。

北京外国语大学的张连仲教授曾经说过的一段话能帮助我们去思考学习英语的价值:"Learning English means more than knowing the rules and words. Learn to use the language to get information and for communication; to think creatively to develop your mind and intelligence."我们学习运用语言,是为了获取更多的知识,是为了交流。在学习语言的过程中,我们始终积极地、创造性地思考,而这些思考必然有益于我们头脑的开发及智力的增长。因而,学习英语不只是学习一些规则,一些单词,更多的是学习语言背后所承载的知识、文化以及对我们身心成长有益的东西。

如果你一直很关注教育,那么你一定听说过 PISA(Program for International Student Assessment)。PISA 是经济合作与发展组织(简称 OECD)每三年开展的一项国际学生调查项目,是当今世界最具影响力的学生评价项目之一。2017 年年底,OECD 在美国哈佛大学正式发布的 PISA 2018 全球胜任力评估框架显示,无论是全球和跨文化问题的分析能力,还是与不同文化背景的人进行开放、得体、有效的互动能力,都需要有一个必备条件,那就是语言。正如日本著名社会学家大前研一曾说过:"如果你的外语能力,特别是英文能力非常强大,那么在这个世界上,在全球化时代,你会比别人多拥有50%的机会。"更何况,学好外语,不仅是为了学习他人的经验,也代表着我们有能力、有自信站在国际舞台上,用外语讲好中国的故事,传播中国的文化。

二、学好英语有多难

仅以阅读版块为例,我们看看目前高考对于学生英语阅读能力的要求有了哪些变化(见图1)。

1985年高考			
大题名称	题量	计分	考核目标
单词辨音和拼写	10题(拼音)+10题(拼写)	10分	语音和拼写知识
词义配对	20题	10分	词汇知识
词类转换	10题	10分	词汇知识
动词填空	10题	10分	语法知识
多项选择	20题	20分	语法知识
改错	10题	10分	语法知识
综合填空	15题	15分	语法知识
阅读理解	15题	15分	阅读能力
合计	120题	100分	

占比15%

上海高考英语试卷结构(2018年)					
大题结构		测试题型	题量	计分	时间
听	短对话	多项选择	10题	10	25	20分钟
	短文或长对话	多项选择	10题	15		
语言知识	语法	短文填空	10题	10	20	
	词汇	选词填空	10题	10		
读	完形填空	多项选择	15题	15	45	100分钟
	语篇阅读	多项选择	11题	22		
		选句填空	4题	8		
读写综合		概要写作	1题	10	10	
翻译		单句表达	中译英	4题	15	15
写作		篇章表达	指导性写作	1题	25	25
合计			76题	140	120分钟	

占比39.3%

图1 高考对高中生英语水平的需求

首先,阅读部分在上海高考整张试卷中的占比有了很大提升。1985年上海开始独立高考命题,那时用以检测学生阅读能力的题型只有"阅读理解",题量为15题,共计15分,占整卷比例15%。但从2018年上海高考英语试卷结构来看,用以检测学生阅读能力的题型有"完形填空""语篇阅读"以及"读写综合"中的"概要写作",题量为31题,共计55分,占整卷比例39.3%。相对阅读能力而言,有关"语法和词汇"知识的检测在1985年高考试卷上占比高达75%,而2018年高考试卷仅占30%。我们不难从试卷结构比例的变化得出这样的结论:现今高考不仅考测学生的语言知识,更关注对学生语言能力的评估,更关注于语言知识与技能背后学生所表现出的文化意识及思维品质。

2017年微信朋友圈有过一篇很火的文章《高考英语阅读到底是从哪扒来的文章》,我认真地找了当年全国各地部分英语高考试卷语篇的出处。2017年全国卷二B篇介绍了好莱坞一代影星保罗·纽曼,语篇选自2008年的《时代周刊》,适用省份为甘肃、内蒙古、宁夏、新疆、西藏等。北京高考阅读D篇讲述了人工智能对人类的威胁,语篇出自美国最知名的一本科普期刊(《科学美国人》),作者是加州大学伯克利分校的人工智能大神Stuart Russell。2017年江苏高考阅读C篇选自《经济学人》,讲述的是大数据的重要性;同卷任务型阅读的语篇选自于《外交事务》,是一本偏专业的严肃期刊,主要面向的读者群体是具有一定决策影响力的美国精英阶层。从中可以发现,近年高考阅读的语篇主要选自英文报刊、原版书籍甚至学术论文,越是压轴阅读题,越是出自严肃期刊。有限的课内阅读量很难满足提升学生阅读能力、思维品质等需求,必须通过增加课外阅读来修炼内力,提升素养。

	必修	选择性必修
课外视听量	每周不少于30分钟	每周不少于40分钟
课外阅读量	每周不少于1500词,总量不少于4.5万词	每周不少于2500词,总量不少于10万词

图2　2017版教育部制定的《普通高中英语课程标准》

	五级	六级
课外视听量	总量不少于90小时	总量不少于100小时
课外阅读量	总量不少于25万词	总量不少于30万词

图3　2004版上海市中小学英语课程标准(征求意见稿)

根据2017版教育部制定的《普通高中英语课程标准》(见图2),对于选择性必修学生而言,课外阅读量每周不少于2500词,总量不少于10万词。相比之下,2004版《上海市中小学英语课程标准(征求意见稿)》(见图3)就已经提出:六级课外阅读总量不少于30万词,也就是说,每周不少于阅读7500字,每天不少于阅读1000字以上。因此,只有丰富的、海量的积累,才能获取知识,提升能力,收获自信，应对压力。

三、怎样学好英语

（一）学好英语需要调整心态

如果你是以一种痛苦的心情开始一段旅程，那么旅途往往充满波折，结局也难令人满意。但如果我们始终拥有一份愉悦的心态，或许应对挑战之初，我们会感到困难重重，但我们同样能感受到挑战所带来的乐趣，最终收获克服困难所带来的愉悦，而这种愉悦也一定会成为令我们满足且继续前行的动力。学习英语亦如此。"If you're not interested in learning English, pretend to be interested, and then later on, you'll become really interested in learning it." 如果你现在对英语学习不感兴趣，那请你假装感兴趣，只要你一直假装下去，迟早你会真的感兴趣。

（二）学好英语需要技巧

任何学习都讲究方法，有了科学的方法，才会提高做事的成效。英语学习亦如此。

就以学习英语语法为例，记忆语法须想办法，运用语法应讲语境。在学习英语非谓语动词时，学习者常分不清哪些动词后须跟动名词，哪些动词后须跟不定式，似乎要背不少词，还容易背串，容易遗忘（见图4）。如果我们把这些单词放在一起，用心想想，找到这些词的联系，那么我们一定能找到记忆的途径。比如，用"Amei（张惠妹）啊不食肯德基"这句话串联这些只跟动名词的动词的首字母，是不是比较方便记忆了呢？

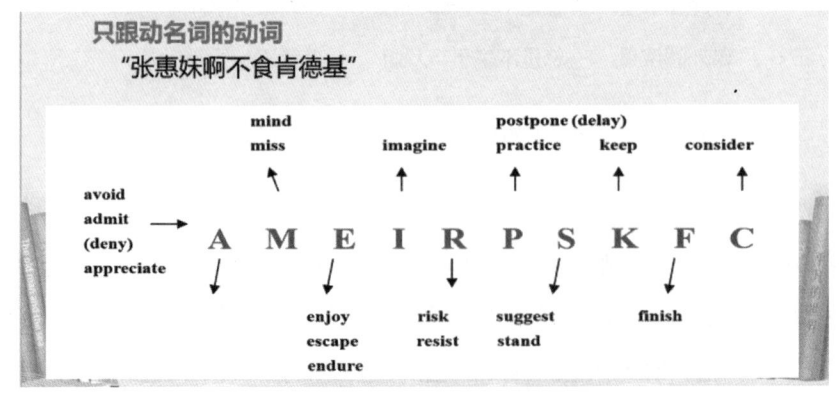

图4 动名词与不定式的用法区别

又比如，在学习情态动词完成式时，会碰到这样一些知识点"should have done"表示"本该做的事而实际上未做"，带有责备等口气，其否定形式表示"本不该做的事但却做了""could have done"表示"本能够做的事但却未做"等。每次教授这个知识点的时候，我都会和学生分享这样一张图片以及它的故事（见图5）：一

图 5　情态动词小故事

个自顾自在公用电话亭煲电话粥的妇女，无视着急准备打电话报火警的男子。在她聊畅快走出电话亭的那刻，发现她的家着火了。生动的情境很容易让学生找到代入感，当他们使用"should/should not have done"及"could have done"造出如下句子：The woman should have asked what the man wanted. She shouldn't have ignored the man. The young man could have grabbed the phone earlier. He could have tried to find another phone. 不难发现，学生已经理解了这些语法知识的语义，并能正确、恰当地运用。因此，我们可以把语法知识与规则当公式来背，也可以把它们放入适当的语境，使语法规则具有实际的意义，把语法与语义、语用相结合，切实提高使用语言进行交际时的准确性。

（三）学好英语需要浸入

1. 浸入式学习

美国缅因州的国家训练实验室曾推出一种现代学习方式的理论——学习金字塔，"学习金字塔"是用数字形式形象显示了，采用不同的学习方式，学习者在两周以后还能记住内容的多少（见图6）。

第一种学习方式是"听讲"，也就是老师在上面说，学生在下面听，这种我们最熟悉最常用的方式，学习效果却是最低的，两周后学习的内容只剩下5%；第二种，通过"阅读"学到的内容，可以保留10%；第三种，用"声音、图片"的方式学习，可以达到20%；第四种是"示范"，采用这种学习方式，可以记住30%；第五种"小组讨论"可以记住50%的内容；第六种"做中学"或"实际演练"，可以达到75%；最后一种是"教别

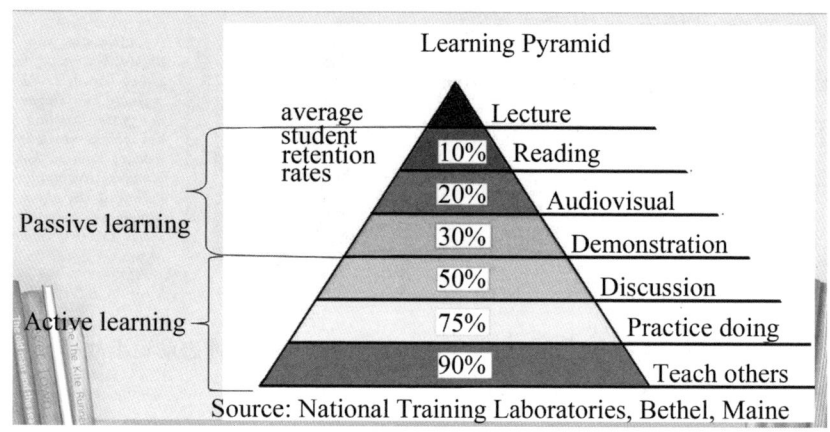

图6　学习金字塔

人",可以记住90%的学习内容。学习效果在30%以下的几种传统方式,都是个人学习或被动学习;学习效果在50%以上的,都是团队学习、主动学习和参与式学习。

小E,我第一届学生的儿子,三岁开始学英语,四岁能听懂章节书,五岁能自主阅读章节书,六岁时听读能力能达到同龄小孩的母语水平。他是怎么做到的呢?其实从他学英语的历程中能看到"学习金字塔"理论的影子。

学习语言之初,听说先行。

小E去的是个双语幼儿园,每天一小时的英语课程,主要是教孩子吟诵一首首英语童谣。每天睡前妈妈会陪小E亲子阅读半小时,读的是英语绘本。小E喜欢看动画片,"爱探险的朵拉""小猪佩奇"都曾是小E每天的陪伴,一天看一两集。小E妈妈还把动画片转成音频形式,让孩子反复听。一对一的外教每周两次,每次一小时,主要任务是用英语陪他玩。

四到五岁时,小E开始尝试了分级阅读。每天至少一个小时章节阅读。先是听音频跟读,目的是在于把所听与所读的建立一种联系。听完再开始阅读,如果对所读内容理解了八九不离十,看到某一个好笑的章节,小E笑了,那就说明他看懂了,不纠结于个别生词。

五到六岁,开始阅读与写作课程。小E被要求每阅读一篇文章,书面回答十个和文章相关的问题,问题不是简单的事实信息,而是需要思考和归纳。随后,组织语言,写下答案。这个过程中既有阅读理解，又有甄别事实信息与个人观点，又需要通过自己的语言表述所读内容，是个非常综合而富有挑战的学习任务。

小 E 三年学习英语的经历蕴含着大量的听、读和写，我们把这种语言学习称为"Language Immersion（浸入式学习）"。语言学习首先要有量的积累，这是提升语言能力的充要条件。没有大量的阅读，只拘泥于短文章的"精耕细作"，是产生不了语感的。同时，语言的输出量也须基本等同于语言的输入量，如写作是提高学习者对语言敏感性和吸收力的最有效途径。或许写作之初搜肠刮肚，颇为痛苦，但如果坚持不懈，必能达成质的飞跃。而且，写作应辅以大量阅读，写作中出现的错误也能通过阅读自我纠正。

2. 深层次阅读

2008 年 12 月，美国推出了共同核心州立教育标准（Common Core State Standards，简称 CCSS），作为统一衡量全国不同年龄孩子的知识储备量。CCSS 主要针对的是 ELA（English Language Arts 英语语言文学）和 Mathematics（数学）两个科目。英语语言文学中包括对听、说、读、写四个能力的标准定义。就阅读而言，第一层次的理解力并不仅仅要求把握故事的整体情节和基本信息，更强调孩子深度阅读文本的各种细节，包括人物的特征、动机、感受，环境、场景描写中的细微之处等。第二层次是指对文本文学性应有的理解。能够对文学修辞方法、作者的写作手法有充分的理解与掌握。这对阅读理解的要求上升到了文学分析的层面。第三层次强调了在阅读过程中整合信息的能力。对于低年级，还在阅读插图作品的学生，CCSS 要求孩子仔细观察文中的图片，将图片与文字所传达的信息进行联系、匹配。随着孩子阅读量的增加，在更高年级的标准中，CCSS 则更重视让孩子在文学作品之间做横向与纵向的比较，包括不同时间段、不同文化、不同体裁、甚至同一作家的不同作品。通过这种比较，孩子能够进一步深入地理解文学主题。得到这种融合知识与想法的能力，收获的一定不仅仅是英语阅读的能力，更是思考与认知能力的进阶。

下面以小说《查理和他的巧克力工厂》开头的一段话为例（见图 7），来体会如何通过细节，理解作者想要表达的主要思想。

图 7　查理和他的巧克力加工厂

这段文字告诉读者仅仅是在每年生日的时候，查理才会得到一小块巧克力，而这一小块巧克力是他们全家省下钱为他买的。在生日那天，查理可以独享这小小的一块巧克力。他每次收到巧克力，都好像是收到金块一般，会非常仔细地把它放进一个小木盒里。在以后的几天里，他也只允许自己看一看这块巧克力，绝不能碰它。就是这么一段开篇的文字，我们能够了解到什么呢？只是在生日那天，而且是全家省下钱，才能让查理吃到这么一块小小的巧克力，说明家庭并不富裕。但是不富裕的全家为了满足孩子喜欢巧克力的心愿，省下一家的钱来购买，说明这是一个非常有爱的家庭。文字通篇没有出现"Charlie loves chocolate"，但我们可以从查理对待巧克力的态度中，真切地体会到他有多爱巧克力。小说开篇就通过细节，让我们了解了故事的背景，认识了小说主人公查理，让我们带着极大的好奇，开启一段神奇的巧克力之旅。

图 8　Why Did I Quit Hunting

CCSS 小学阶段标准中有"学生能够准确引用原文中的细节进行推断和回答，深入描述人物或场景"的要求。下面以上海新世纪教材高二英语中一篇文章"Why Did I Quit Hunting?"为例，来看环境描写中各种值得品味的"细节"。从文章的标题，我们可以猜到作者曾经非常喜欢打猎，但是因为某种原因使他放弃了打猎。文章一开头就介绍作者疯狂热爱着打猎，喜欢把它猎杀的鹿头悬挂在屋子最醒目的地方，享受打猎时所带来的一种刺激与兴奋。紧接着，有这样一段文字见如图 8 所示。

这段环境的描写让我们感觉到光,感觉到一种温暖。但着迷"杀戮"的作者为什么会喜欢树林如同教堂般的静寂呢?或许最终促使作者放弃打猎的一个重要因素是源自于他内心对平静、祥和的趋同。环境描写所烘托的,往往不只是景物般的存在,或许是为了影射人物的性格,或许是故事最终的走向。深度阅读这些文字,我们是不是能感受到文字背后所传递的信息,体会到阅读所带来的无穷回味?

　　我们学习英语,不只是为了学习语言知识和技能,更多的是为了学习语言背后所承载的文化。学习英语,只要用对了方法,以愉悦的心情沉浸其中,相信我们会忘记压力,收获学习英语所带来的无尽乐趣。Learn English at leisure and convert pressure into pleasure!

后　记
淮海西路上的公共课堂

沪上特级教师、特级校长倾情打造的"特级教师开课啦"讲座已经开设五年了。五年里，特级教师、特级校长在每年的春天和秋天，与市民朋友相约上海图书馆，讲讲学生成长的故事，谈谈科学的教育规律，教教年轻父母教育的技巧，解解社会普遍的焦虑情绪。

初春周末的傍晚，淮海西路车水马龙，毛茸茸的梧桐絮恣意飞舞，斜阳渐渐淡去，高安路转弯角上的上海图书馆西区报告厅大楼抹上了一层金黄色。淮海西路沿街面一块巨大的广告牌，赫然写着"特级教师开课啦"，有杨敏毅、黄荣华、戴耀红、黄玉峰、应彩云的大幅照片和"家有考生、成功助考""怎样不怕写作文""家庭，孩子青春远航的港湾""人生教育与君子养成""幼儿是这样学习的"等标题。地铁1号线衡山路站进进出出的人们朝图书馆方向聚拢，有年轻的白领结伴而来的，有外公带着孩子来的，有父亲带着即将中考的女儿的，甚至有一个男孩子一个人拖着行李箱匆匆赶来，细问，原来是刚刚从宁波过来，特意来听黄玉峰老师的报告。走进西区报告厅二楼，已经有在网上秒杀抢到票的观众排队换票入场，长长的队伍会让你怀疑这是不是哪个网红的店在排队。

记得那次复旦附中黄荣华老师的讲座，雨渐渐沥沥地下着，人们排队进场，秩序井然，黄老师也是早早准备好了PPT。一开讲，黄老师问为什么怕写作文？又问作文最大的材料库在哪里？再问怎样不怕写作文？针对三大问题，他深入浅出地分析了问题背后的原因：作文与生活的联系被斩断了，使作文成了无源之水、无本之木，而生活是作文的最大的材料库，首要的是打破作文与生活之间的壁垒，建立作文与生活的紧密联系，建造让生活之水长流的作文渠道。接着，黄老师在讲解作文题《这里也有乐趣》时，举例说明生活的味道的重要，一上来就说"嚼米饭让我获得无限的乐趣"，他告诉听众看似平常的话题，却能让人非常激动，因为米饭确实是嚼起来很有味道的，每一个真正生活过的人，吃米饭长大的人，一定从米饭中获得过乐趣，这已经是作文成功的第一步了。其次，不同品种的米饭味道都很好，比如崇明大米、东北大米、泰国大米。每一种写150字就不得了了，这篇文章就够了。如果再要特写，可以写什么时候吃米饭最香、最甜，还可以写你最喜欢青椒炒肉丝饭、江西豆豉饭等各种盖浇饭，人们在看作文的时候充分调动起了味蕾，即便是批改作文的老师也会"垂涎三尺"了，这样的作文就能得高分，高分就高在大家被你的生命发现感动了。简单通俗的讲解一扫听课的学生、老师和家长对作文的困扰，也直接传递了作文的生命价值，从小培养了良好的文风，既让人看得懂，又让人感动。那天下课，已经很晚，很多家长、学生围着黄老师问了一个多小时的问题，待结束已经深夜，雨还是下着，留给雨夜的是黄老师身背双肩包的高大的背影。

2017年，很多人和我一样，特别期待何美龙老师《让孩子在文化行走中成长》的讲座。何老师说：寒暑假就是年轻父母的一件烦心事儿，一放假就急着给娃报培训班、筹划带娃旅游，还要让帮忙带娃的父母能得到休息，整个假期不是旅游打卡拍照、美食打卡拍照，就是培训打卡拍照。假期结束，一旦发现孩子作业没完成，可能紧跟着就是一阵大呼小叫，一顿"竹笋烤肉"。讲课中，何老师以深厚的地理人文底蕴娓娓道来，针对寒暑假孩子随父母一起出游，家长要么忙于工作，还在一边旅游一边处理工作邮件或者微信；要么自己在海滩上晒太阳、喝咖啡，孩子只能在旁边刷手机玩游戏、刷微信，他认为，这样的任务型旅游，既达不到打开孩子眼界和思路增长知识的效果，也没有亲子沟通的效果。我们的家长应该让孩子多在文化中行走，帮助孩子接触社会，走进历史，体验大自然，自觉思考历史文化，把个人经历、学识自觉地与社会、家国联系起来；家长要明白在文化行走的旅途中，收获的不只是美景、美食、各式风物人情，还有共同的看世界和感受世界的方式，也是最快、最多丰富学生生涯认知的重要方式。

我一直感叹徐红老师讲故事的魅力，果不其然，她用六个故事诠释了怎样让孩子成为最好的自己，王可达的故事让人信服，就好像听课家长身边的"熊孩子"，也好似班级里的顽皮学生，但是，当我们真正耐心地、科学地发现他们长和短，护长容短，那么，孩子离最好的自己就指日可待。

当初与特级教师特级校长联谊会的秘书长方培君老师一起商量讲课内容和人选的时候，一直很犹豫是否邀请理科老师。理科老师讲知识点、讲考纲、特别是在考试季如果能讲一些应试的技巧、题库等，相信家长会特别的欢迎，估计上图的礼堂也会挤爆，但是我们所有特级教师、特级校长都认为这是一种短视行为。那么，如何找到讲课的内容与家长社会的契合点？如何坚持公共课堂的初心？如何引领家长，并且能解决他的实际问题？回答好这些问题，也就是体现了公共课堂的魅力。所以不管是恽敏霞老师的《学会欣赏数学之美》、袁芳老师的《物理学习，让你脑洞大开，感受理性的力量》，还是陈寅老师的《从了解化学思维开始学好化学》，着力传递的是理科学习的思维品质，情感特质以及解决问题的方法，这些都给听课的人以极大的启发。

以张志敏、张人利校长等领衔的特级校(园)长相约公共课堂，向家长释义解惑，教会家长"了解孩子的认知规律"，学会"从陪读到陪伴"，希望家长"用欣赏的眼光看待孩子的玩"，让孩子能"童梦，指引一生"，呼吁家长要"鼓励孩子，勇敢地做唯一的自己"，可以说他们就是受到社会欢迎的教育家，远比那些满是晦涩难懂、时髦赶趟儿的所谓专家引经据典接地气！一项已经坚持五年并将一直坚持下去的公益活动在沪上特级教师和校长的精心呵护下，初见成效。

我想，"特级教师开课啦"追求的是向社会家长传递正确的教育价值，引领社会教育风尚，教会广大家长、市民科学的教育方法。如今，当看到高永娟老师20年前的学生带着孩子一起来听课的情景；当现场感受邵青老师讲完课已经不年轻的学生真诚地献花拥抱时；当看到郑朝晖老师的粉丝齐刷刷坐在下面聆听时；当每一次都能及时从"上观"上看到由解放日报记者许沁撰写的文章，报道特级教师和校长们上课的内容过程时，你会深刻感受一个教育的城市公共课堂已然形成，一帧时尚的城市文化风景画初具规模，特别希望她的出现能帮助缓解这个城市不由自主产生的教育焦虑症。

九月的开学季，淮海西路上的梧桐依旧优雅，夕阳映照下的建筑依旧"风情"，你来或者不来，这里的公共课堂始终向你公开！

此文完成于来往新疆喀什的飞机上，以此文向坚持公益的特级教师、特级校长们致敬！

图书在版编目（CIP）数据

成长解码：特级教师开课啦 / 上海市特级教师特级校长联谊会，
上海图书馆，解放日报编. — 上海:上海教育出版社，2019.8（2019.10 重印）
ISBN 978-7-5444-9132-7

Ⅰ.①成… Ⅱ.①上…②上…③解… Ⅲ.①优秀教师－师资培养
Ⅳ.①G451.2

中国版本图书馆CIP数据核字(2019)第145089号

策划编辑　刘　芳
责任编辑　李　玮　邹　楠
封面设计　陆　弦

成长解码——特级教师开课啦
上海市特级教师特级校长联谊会　上海图书馆　解放日报　编

出版发行	上海教育出版社有限公司
官　　网	www.seph.com.cn
地　　址	上海市永福路123号
邮　　编	200031
印　　刷	上海中华印刷有限公司
开　　本	700×1000　1/16　印张 21.75　插页 1
字　　数	340 千字
版　　次	2019年8月第1版
印　　次	2019年10月第2次印刷
书　　号	ISBN 978-7-5444-9132-7/G·7542
定　　价	69.00 元

如发现质量问题，读者可向本社调换　电话：021-64377165